The theory and practice of procuratorial service and judicial safeguard for the construction of Free Trade Zone and Greater Bay Area

服务保障自贸区·大湾区建设检察理论与实务

赵剑／主编

中国检察出版社

《服务保障自贸区·大湾区建设检察理论与实务》
编 委 会

编委会主任　赵　剑

编委会成员　何正华　李东翥　赵忠涌
　　　　　　杨　奕　陈景敏　郑创彬

执 行 编 辑　莫丽华

知者行之始，行者知之成

国学大师王国维曾言："古今之成大事业、大学问者，必经过三种境界。'昨夜西风凋碧树，独上高楼，望尽天涯路。'此第一境也。'衣带渐宽终不悔，为伊消得人憔悴。'此第二境也。'众里寻他千百度，蓦然回首，那人却在灯火阑珊处。'此第三境也。"此三境又可谓"立""守""得"三字。此三境，与广东自由贸易区南沙片区检察院服务保障自贸区的理论创新、实务创新之路有异曲同工之处。

南沙作为"一带一路"建设重要节点，作为广东自贸区重要组成部分和粤港澳大湾区服务功能核心区和共享发展区，担负着重要的责任和使命。2016年12月19日，广东自由贸易区南沙片区人民检察院获批成立。我们站在改革开放全局和国家战略的高度，立下司法服务保障自贸区、粤港澳大湾区建设的决心和目标，并为之探索、奋斗。经年的创新与磨砺，我们创造性地发展"南检经验"，打造出属于自己的自贸检察工作品牌。这就是我们的"立""守""得"。我们牢固树立法治先行、平等保护、宽容谦抑、司法衡平等司法理念，探索服务保障法治化营商环境的新路径；我们适应建设粤港澳大湾区优质生活圈的需要，探索在生态环境保护、国有土地资源领域开展公益诉讼；我们率先在广东省成立命名检察官办公室，授予命名检察官依法独立行使办案决定权，对部分案件开展刑事、民事、行政"三合一"办案试点；我们探索自贸区、粤港澳大湾区法治保障新路径，率先在全市成立12309检察服务中心，开展捕诉合一工作，探索人工智能、大数据、云计算等新技术与自贸检察工作融合发展智慧检务新模式，探索港澳籍特约检察员参与检察工作新方式……在这个过程中，我们积累了相当的实证案例和改革创新经验。

有所得，亦有所思，知、行不可分作两事。"真知即所以为行"，我们在探索服务保障自贸区、大湾区建设的道路上，也在不断丰富我们的理论，并由实践来检验。2018年10月12日，我院召开服务保障自贸区、大湾区检察理论与实践研讨会，来自上海、广东、海南自贸区检察院代表和本院专家咨询委员对司法服务保障自贸区、粤港澳大湾区建设的论题进行富有启发性的研讨。本书的编撰，既是对此前南沙自贸检察工作的总结及梳理，也反映本次研讨会对检察服务自贸区、粤港澳大湾区建设的思想争鸣。弥足珍贵的思路、理念和观点，应当成为自贸检察改革创新的参考依据，基于这样的想法，我们把本次研讨会的论文成果予以结辑出版，力争以检察理论创新推进自贸区检察改革创新。本书收录了4个专题34篇文章，均是南沙自贸区检察院干警根据近年来服务保障自贸区、粤港澳大湾区建设实务调研成篇，选题皆为自贸检察工作的难点、重点、热点，如自贸区容错机制、涉自贸区刑事案件的管辖、法律服务中心、命名检察官办公室的工作模式等。同时，研究的内容具备前瞻性，如对发生在自贸区内涉比特币等新型犯罪或利用自贸区政策实施犯罪进行了研究，并给出防控对策，又如对区块链等科学技术在自贸检察工作当中的应用等前沿问题进行剖析，意在推动科技与检察监督工作的深度融合。当然，我们也看到这次收录的文章相对侧重于实务研究，理论的深度和广度还可以进一步提升，这是我们自贸区检察调研工作还可以继续努力之处。这次各位干警智慧和智力的结晶恰好证明了我们一定还能做得更好。

我们从理论中汲取到为自贸区、大湾区建设提供精准服务的滋养，我们也在实践中不断提升自身的检察理论水平。着眼于自贸区、大湾区建设的新实践和新发展，践履知行合一，方可回答自贸检察工作面对的现实问题。本书的诞生，是对我们"立""守""得"的回首，也是对我们继续健全长效机制以营造自贸区国际一流营商法治环境的展望。愿在我们学习调研和躬行实践下，我们能为自贸区、粤港澳大湾区提供最优质的法治产品、检察产品。

广州市南沙区人民检察院
广东自由贸易区南沙片区人民检察院
党组书记、检察长

2018年10月19日于广州南沙

目 录

专题一 检察机关服务保障自贸区、粤港澳大湾区营商环境问题研究

自贸区法治化营商环境建设中的检察监督职能 ⋯ 赵 剑 陈景敏 003
检察机关为粤港澳大湾区、自贸区建设提供司法服务保障的
 必要性剖析及实现路径 ⋯⋯⋯⋯⋯⋯⋯⋯⋯⋯⋯ 赵 剑 011
自贸区检察院法律服务中心工作模式初探 ⋯⋯⋯⋯⋯ 郑创彬 022
南沙自贸区渎职行为容错机制研究
 ——以检察机关落实容错机制为立场 ⋯⋯ 黄丽君 王利飞 029
检察机关服务保障自贸区生态环境建设的探索
 ——以南沙片区人民检察院命名检察官办公室为视角
 ⋯⋯⋯⋯⋯⋯⋯⋯⋯⋯⋯⋯⋯⋯⋯⋯⋯⋯ 潘 蕾 朱晓文 040
自贸区检察智库建设路径初探 ⋯⋯⋯⋯⋯⋯⋯⋯⋯⋯ 齐 鸣 047
自贸区法治环境建设的创新与完善 ⋯⋯⋯⋯⋯⋯⋯⋯ 黄 志 052
自贸区重大监督事项案件化办理浅析 ⋯⋯⋯⋯⋯ 廖 亮 贺星星 059
自贸区检察院与自贸区公安机关工作协调对接关系
 ——以"捕诉合一"为视角 ⋯⋯⋯⋯⋯⋯⋯⋯⋯⋯ 廖 亮 071

专题二 自贸区、粤港澳大湾区新型犯罪与刑事法律问题研究

利用南沙自贸区政策和平台实施犯罪若干问题研究
 ——以南沙自贸片区为视角 ⋯⋯⋯ 何正华 何梓桢 廖亮 081

涉自由贸易试验区刑事案件管辖范围研究 ……… 李东蓊 吴美玉	092
自贸区金融创新的检察保障 ……………………… 黄旭东 陶 伟	100
浅谈自贸区互联网金融创新检察保护	
——以南沙自贸区为例 …………………………………… 温志达	107
南沙自贸区精准批捕问题实证研究 ………………………… 黄丽君	115
自贸区行政犯法律适用若干问题研究 ……………………… 徐田林	121
试论自贸区走私犯罪形态问题 ……………………………… 何婷婷	128
广州南沙自贸区建设中新型犯罪风险及防范机制探析 …… 王利飞	135
自贸区金融创新检察保护的困境与对策	
——以互联网金融创新为研究视角 ……………………… 赵 川	143
自贸区金融检察介入比特币监管问题研究 ………………… 莫丽华	155
自贸区建设对犯罪主体认定标准的影响	
——"揭开公司面纱"在检察办案中的适用研究 ……… 莫丽华	169

专题三 自贸区、粤港澳大湾区民商事、行政检察问题研究

自贸区检察机关行政公诉刍议 ……………………… 赵 剑 莫丽华	181
自贸区民商事、行政检察监督机制问题研究	
……………………… 自贸区民商事、行政检察监督机制研究课题组	192
自贸区行政执法与刑事司法衔接机制研究 ………… 温志达 汤玲之	204
粤港澳大湾区民事公益诉讼原告主体资格制度比较研究 … 何婷婷	213
区块链技术在检察机关提起公益诉讼中的具体应用	
——以广东自贸区南沙片区人民检察院实践为样本	
……………………………………… 贺之隽 袁训文 莫丽华	222

专题四 其他问题研究

浅论自贸区刑事诉讼模式的构建 …………………………… 李东蓊	233
南沙自贸区派驻基层派出所检察官办公室现状与路径选择	
…………………………………………………………………… 何梓桢	240

域外社区检察制度及其启示
　　——以完善派驻南沙片区检察室功能为视角 ………… 郑创彬 245
自贸区港澳籍罪犯社区矫正刍议 ……… 胡应立 雷陈媛 叶晓彬 252
美国审前分流制度对自贸区刑事诉讼制度改革的启示
　　——以南沙区人民检察院认罪认罚暂缓起诉制度为视角
　　　　　　　　　　　　　　………………… 张凌锋 莫丽华 260
自贸区检察工作与"智慧检务"工程融合发展研究
　　——以南沙区人民检察院为视角 ………… 楼再力 袁训文 273
检察机关参与自贸区共建共治共享社会治理格局建设问题研究
　　　　　　　　　　………………………… 梁向军 何嘉丽 280
司法警察职能概述
　　——自贸区检察机关司法警察职能深化初探 ………… 詹　锐 288
自贸区检察机关电子卷宗共享应用的逻辑进路 …………… 许洁琳 298

专题一

检察机关服务保障自贸区、粤港澳大湾区营商环境问题研究

自贸区法治化营商环境建设中的检察监督职能

赵 剑* 陈景敏**

【摘 要】自贸区检察监督职能是区别于检察机关参与诉讼的职能,而体现为检察机关对刑事、民事和行政诉讼的监督以及对司法机关和行政机关执行法律的监督行为。实践中,尽管宪法赋予检察机关相应的监督职能,但由于缺乏相应配套制度的建设,检察监督职能的发挥与群众的期待、立法所追求的效果仍有差距。在自贸区全面深化改革的引领下,检察机关应当通过配套制度的设计,监督案件的专业化办理,监督公信力的培养,进一步提升自贸区检察监督的水平,为保障自贸区法治化营商环境奉献力量。

【关键词】自贸区 法治化营商环境 检察监督

在法治化营商环境之下,一切侵害国家利益、公共利益和私人利益的行为均得到及时的救济,行政执法机关、司法机关均依照程序法和实体法对诉讼纠纷和破坏秩序的行为作出公允的处理,当事人尤其是跨国跨境的投资者对国内营商环境具有较高的信赖,对未来可得的经济利益具有较高的期待可能性。在此应然的状态之下,本文重点探讨作为构建法治化营商环境重要力量的检察机关,应当如何在自贸区履行和发展检察监督职能,促使执法司法机关勤勉履行职责,确保人权得到充分保障,社会利益分配公平合理,社会秩序安定和谐。

一、自贸区检察监督职能的内涵和外延

随着国家监察体制改革的实施,对国家法律实施情况的监督,既有监察监督,也有检察监督,还有人大监督、社会监督等,这些监督形式构成了较为完

---

* 赵剑,广东省广州市南沙区人民检察院检察长,员额检察官。
** 陈景敏,广东省广州市南沙区人民检察院案件管理中心主任,员额检察官。

善的法律监督体系。①检察机关虽然是宪法规定的法律监督机关,但在实然的状态下,检察机关仅仅是对行政违法行为实施监督、对民事、行政和刑事诉讼活动实施监督,但对国家工作人员个人尚未有直接的监督权,检察机关所实施的检察监督主要针对以国家机关名义作出的行为进行监督,如发现国家工作人员有徇私枉法、贪污贿赂等行为均需要移送监察机关处理。②此外,随着以审判为中心的诉讼模式改革,检察机关所履行的审查逮捕、审查起诉均是刑事诉讼行为,虽然对侦查行为进行审查,具有一定的监督色彩,但从严格意义上来说,审查逮捕、审查起诉均是刑事诉讼中的诉讼行为,在这里,不将诉讼行为纳入检察监督的范围。因此,本文所探讨的检察监督职能,是指检察机关对在履行职责过程中发现的执法司法不作为、慢作为、乱作为等行为发出纠正违法通知书、检察建议、抗诉决定书等进行纠正,促使国家行政、司法机关规范履行公权力的行为。

检察监督职能的定义,适用于我国宪法和法律所适用的一切区域。但在自贸区范围之内,检察监督职能的外延有其自身的特殊之处,究其原因在于自贸区法律规则的国际性、经济形态的涉外性、监管机制的开放性等。结合自贸区政务体制改革、司法体制改革的现状,笔者认为,自贸区检察监督职能的外延主要包括以下方面:一是检察机关对行政执法与刑事司法衔接行为的监督。自贸区实施简政放权的改革后,市场准入领域的商事登记改革走在世界前列,实现一天办结企业注册,企业住所地虚拟注册等③,大量具有商事主体资格的企业规范经营行为需要依赖于市场监管部门事中事后的监管,检察机关有必要依法监督行政监管部门是否依法履行职责,是否存在对涉嫌构成犯罪的线索不移送司法机关处理,甚至以罚款取代刑罚的行为。二是检察机关对侵害公共利益和国家利益的行为实施监督。自贸区已然成为国内最具投资吸引力的区域之一。自贸区生态环境对投资开发的承载能力,自贸区土地资源的合理利用、自贸区国有财产的保值增值等,均需要检察机关通过对违法行政行为的监督,保障自贸区有限资源的可持续发展。三是检察机关对司法审判、刑事侦查等诉讼活动实施监督。在开放型经济新体制之下,应当倡导司法审慎的原则,司法机关不提早介入法律的灰色地

---

① 李云:《试论监察体制改革后检察机关职能的再定位》,载《法治社会》2017年第4期。
② 叶青、王小光:《检察机关监督与监察委员监督比较分析》,载《中共中央党校学报》2017年第3期。
③ 许琛:《南沙"一口受理"大升级实现"多证联办"智能化》,载金羊网,http://news.ycwb.com/2017-11/09/content_25667900.htm。

带,防止司法的过早介入扼杀改革创新的积极性。但对于有法律依据的司法不作为、慢作为和乱作为,检察机关必须启动监督程序,确保司法对经济行为审查的勤勉性和准确性,确保各类投资主体的权益均得到保障。

二、自贸区检察监督职能的应然状态

自贸区法治化营商环境的构建,是一个系统性的工程,需要包括检察机关在内的立法、执法、司法和守法主体的共同努力,并促使法律规定的秩序、自由、安全等价值均得到妥善的安排。由于检察机关所具有的法律监督机关的宪法性质,检察机关不仅要充分履行诉讼行为,同时要及时有效监督法院、行政机关履行职责,维护自贸区执法司法的公正和规范。因此,自贸区检察监督职能的应然状态应当具有以下几个维度:

一是公权力机关违法履行职责的行为得到迅速的发现。启动检察监督程序,必须有发现公权力机关违法履行职责的渠道。比如当事人对检察机关的公信力产生足够的信赖,并熟悉检察机关所具有的监督职责,对侵害自身人权和财产权的公权力机关违法裁判、违法决定的行为,及时申请自贸区检察机关启动监督程序。同时,检察机关应当具有一定的自行发现的能力,包括检察机关通过对媒体、公开的法律文书、公权力机关通报的情况的研判,能够迅速发现公权力机关违法履职的行为,并且其违法行为已经损害了国家利益和社会公共利益,因此检察机关有自行启动监督程序的必要。

二是检察机关对监督案件具有一定的调查核实的权力。当检察机关决定启动监督程序后,检察机关必须对案件进行立案,并按照一定的程序对涉及的争议焦点问题进行调查,包括对公权力机关相关人员进行询问,对当事人进行询问,开展现场勘验,对其中专门性的问题邀请有关专家进行解释或者鉴定等,确保检察机关所提出的监督意见建立在充分的事实证据之上,避免因证据不充分的监督影响检察机关自身的司法权威。[①]

三是检察机关的监督意见具有一定的强制执行的效力。检察机关提出的监督意见,并不是检察机关某一个个人所提出的意见,其所提出的监督意见是基于宪法和法律赋予的监督职责,代表着国家的权威。对检察机关所提出的监督意见,被监督单位应当在监督期限之内按照监督意见启动纠正程序。如果认为

---

① 韩晓峰等:《如何深入探索重大监督事项案件化办理》,载《人民检察》2017年第15期。

检察机关提出的监督意见有误，应当按照法定的程序提请复议复核。

四是检察机关的监督职能应当具有一定的社会公信力。检察机关基于履行检察监督职能所产生的成功案例，应当推动了自贸区某一个领域重大利益的保护，推动了某一项制度的产生，对重大违法行为进行纠正，并促使相关人员被问责，产生了较大的示范效应。自贸区检察机关有必要采用编辑监督案例、发布监督情况白皮书等方式，实现对检察监督公信力的塑造，产生检察监督的示范带动效应。

五是检察机关应当具有较高的监督水平。自贸区检察机关对行政行为的监督，需要熟悉行政行为的专业工作，对民事诉讼、行政诉讼的监督，需要比被监督者更专业的知识背景和裁判技能，对自贸区金融创新、知识产权、投资贸易具有一定的背景知识。

本文认为，上述五个维度的应然状态，应当是自贸区检察监督所追求并应当予以实现的目标。但这些目标的实现，必然需要对现行检察监督的形势任务进行分析，并需要相应的配套制度的建设，需要借鉴和创新检察监督的机制，否则自贸区检察监督职能将没有自身的特色，自贸区检察改革将无法产生引领和示范作用。

三、自贸区检察监督职能的实然状态

按照宪法和法律规定，检察监督的职能主要包括刑事、民事、行政诉讼监督，公益诉讼和正在探索的督促行政执法机关履职的监督等。下面，结合自贸区检察监督的现状，剖析当前自贸区检察监督职能运行的实然状态。

一是监督的效力与监督的强制力密切相关。监督的效力，在这里理解为被监督对象对监督意见的接纳程度，被监督对象是否按照监督意见启动自我纠正的程序。由于检察机关本身并不具有作出终局性裁判的职能，检察监督一般仅具有程序的启动权，目的在于推动被监督对象按照监督意见启动重新审查的程序。检察机关根据被监督的行为的违法程度和诉讼法的规定，一般通过发出检察建议、纠正违法通知书、抗诉决定书等启动监督程序。其中检察建议、纠正违法通知书一般被称之为非强制性的监督意见，抗诉决定书被称之为强制性的监督意见。① 就带有强制力的抗诉决定书而言，只要上级检察机关支持抗

---

① 姚志强、邹莉：《侦查监督与人权保障法律问题的研究》，载《犯罪研究》2007年第6期。

诉，法院就必须重新开庭审理。以刑事审判抗诉为例，某区检察院提出抗诉的某职务犯罪案件经过两级法院四次审判终审确定有罪判决。[①] 但带有非强制力的检察建议、纠正违法通知书，如果被监督对象不予以接纳，不予以回复监督结果，检察机关需要通过上一级检察机关向被监督对象的上一级单位发出监督意见。实践中这种需要上级检察机关协调纠正的程序极为少数。除了上级检察机关的提级监督外，下级检察机关并没有过多的救济渠道。因此，对于检察建议、纠正违法通知书这种监督意见，被监督对象往往重视不够，甚至在回复意见中仅仅作出一些喊口号的原则性的答复，未见有实质性的整改行动。

二是监督的质量与监督的专业性密切相关。对于检察机关提出的监督意见，一般都要经过证据收集、事实认定和法律适用等过程。如果检察机关收集的证据较为扎实，法律论证较为严密，监督意见被接受的可能性更大。如2017年，某区检察院运用公益诉讼的诉前程序，对社会影响较大的某陵园有限公司非法占用国有土地61亩的案件进行调查取证，收集了有关土地出让材料和图册，确定了某陵园有限公司超土地出让范围使用土地的违法行为，并督促国土规划部门成功收回土地。[②] 在2018年年初，某区检察院运用卫星遥感技术对某人工湖泊被非法倾倒建筑余泥情况进行调查取证，并成功督促相关职能部门对非法倾倒余泥的企业进行处罚和恢复人工湖原状，取得较好成效。可见，检察监督工作必须建立在精准监督的基础之上。

三是监督的创新与相互配合密切相关。当前自贸区检察机关为加强对行政执法和刑事司法衔接的监督，普遍建立了行政执法与刑事司法衔接的机制，如某区检察院与30家行政执法单位建立行政执法与刑事司法衔接信息共享平台，行政执法机关应当将移送的案件在信息共享平台录入，移送公安机关立案的案件应当同时移送检察机关备案。但仍然存在个别行政执法单位未向检察机关备案移送案件，未及时录入案件信息，选择性录入案件信息等，故检察机关对行政执法机关那些不移送司法机关处理的案件，并不享有知情权。[③] 即便那些行政执法机关决定移送并向检察机关备案的案件，检察机关也主要依赖于行政执

---

① 金聪：《公务员撞死人用公款赔事后未入刑反而还升了官》，载南方网，http://news.southcn.com/community/content/2016-12/14/content_161630570_2.htm。

② 《检察机关提起公益诉讼试点工作典型案例》，载最高人民检察院网站，www.spp.gov.cn/zdgz/201706/t20170630_194402.shtml。

③ 赖喆：《论行政检察监督的权能拓展与制度重组》，载《萍乡学院学报》2017年第5期。

法机关所移送的材料，一般不再进行调查取证，故检察监督的效果有所折损。

四、自贸区检察监督职能的发展路径

检察监督职能的范围，宪法和人民检察院组织法已经有比较原则性的规定，本文需要探讨的问题是如何将原则性的规定转化为具有可操作性的实践，如何进一步运用实体和程序规则的设计，发挥出自贸区检察监督应有的作用。

一是完善自贸区刚性检察监督机制。在监察体制改革后，自贸区检察机关在职务犯罪侦查权划转监察机关后，自贸区检察机关的刚性监督需要相关配套制度的建设，重点在于当检察监督意见不被接受时，检察机关应当如何启动下一步的监督程序，迫使检察机关的监督意见得到实现。这方面，检察机关公益诉讼的程序设计具有比较成功的典范。检察机关对怠于履行公共利益监管职责的行政机关发出督促履职的检察建议一个月后无效果的情况下，检察机关可以向行政机关所在地的基层法院提出行政公益诉讼。这种带有强制力的制度设计，促使当前检察机关在诉前程序中对行政机关成功督促履职的案件明显多于检察机关以公益诉讼人对行政机关提起行政公益诉讼的案件。因此，自贸区检察机关在开展行政执法与刑事司法衔接工作中，即便目前相关工作尚未上升到立法的层面，但是应当对检察机关建议行政执法机关移送线索，以及检察机关监督侦查机关立案的行为赋予一定的强制力，这种强制力可以是以自贸区检察机关与自贸区市场监管部门会签文件的形式确立，如对检察机关在确定的期限内要求履行的检察建议既不提出复议也不予答复的，检察建议应当执行。① 否则检察机关有权将拒不履行的行为通报监察机关，由监察机关对相关行政机关的工作人员进行诫勉谈话甚至党纪政纪处分，情节严重造成严重后果的，由监察机关启动调查程序。通过这种带有强制力的规则设计，促使检察机关的检察建议、纠正违法通知书等具有较高的执行力。

二是完善自贸区精准监督机制。当前检察机关的监督线索主要来源于介入式审查案件中的自行发现，以及申请人的控告申诉，因此监督的线索显然比较少，与类型化的审查逮捕案件、审查起诉案件相比不可同日而语，凸显不了检察机关法律监督机关的宪法地位。对此，自贸区检察机关应当大胆探索，积极争取上级检察机关的顶层设计和本地政法委的支持，向本地政法委阐明检察监

---

① 胡肖华、胡彬彬：《检察机关在行刑衔接程序中的功能定位》，载《湖南社会科学》2017年第1期。

督对于规范执法司法，提升自贸区法治公平性的重要性。以构建自贸区智慧检务工作为契机，运用大数据、云计算、人工智能等新技术，争取行政执法与刑事司法大数据的互联互通，检察机关可以方便快捷地查询自贸区市场监管的动态信息和相关行政处理决定，对明显异常的执法司法大数据进行分析研判，比如筛选出同案不同判的执法司法不均衡的案件，增强主动开展执法司法检察监督工作。[①]同时，检察机关应当规范监督线索的管理，完善监督线索由立案、调查、处理、反馈的全流程的案件化办理机制，促使检察机关每一个监督线索均做到精准化。

三是完善自贸区重点监督机制。结合自贸区国际航运中心、国际创新中心、现代金融服务体系发展的形势，自贸区检察机关应当重点加强与海关、知识产权局、一行三会等行政执法机关的工作衔接，共同研判和分析海关监管、知识产权保护、金融监管存在的风险点，对于涉及走私、侵犯商业秘密、过境贸易中的侵犯知识产权、利用地下钱庄和跨境贸易实施的洗钱犯罪，及时介入行政执法机关调查活动，并提出是否建议移送司法机关的意见，促进行政执法与刑事司法的衔接。同时，针对自贸区涉外民商事活动的增加，检察机关还应当加强对涉外民商事刑事审判和执行活动的监督，熟悉涉外民商事审判的规则，对于涉外国际仲裁裁决的执行，研究自贸区检察机关介入监督的规则，进一步提高自贸区检察机关处理涉外民商事检察监督的能力。此外，由于境外投资者和境外人士在自贸区的各类社会活动，必定作为行政相对人的身份出现在行政执法的范畴，对于外国人不服行政审判的申诉，检察机关也要积极研究应对的方式，包括配备一定熟悉法律英语的专业人才，熟悉行政执法的专业规则，确保对不服行政审判的申诉案件能够及时应对。

四是完善自贸区监督公信机制。检察监督的公信力建设，对于更充分地发挥检察监督职能具有重大的意义。检察监督的公信力与监督的效率密切相关。如有关内部性文件规定检察机关审查立案监督申诉案件的期限是3个月，个别检察官直到3个月的办案期限即将届满时才作出要求公安机关说明不立案理由的决定。但是我们都知道，刑事侦查工作如果过于滞后，则可能造成原始证据的灭失，不利于发现客观真实。因此，自贸区检察监督应当借鉴于自贸区商事登记的高效率，在尽可能短的时间内启动监督程序，给予申诉人及时的答复。

---

① 王素珍：《信息共享机制下的行政检察监督之完善》，载《中共四川省党校学报》2017年第4期。

如限定自贸区立案监督案件应当在 7 日内办结等。同时，检察监督的公信力，还在于检察机关是否通过监督工作真正维护了社会公平正义，否则即便有较高的工作效率，但并无维护司法公正的价值，也不利于满足人民群众对司法的期待。因此，检察机关对成功的监督案例应当通过官方网站、官方微信进行推送，剖析检察机关办案的思路，为类似案件的当事人提供普法服务，指引类似当事人通过检察监督维护自身合法权益。

五是完善自贸区专业化检察队伍建设。长期以来，检察机关民事行政检察监督在检察机关处于相对弱势的地位，不仅人员配备数量少，办理的抗诉监督案件也少，但群众反映强烈的司法不公案件仍然见诸于各类自媒体。[①] 可见究其原因在于检察机关监督力量的薄弱和专业性的不足。随着自贸区民商事法律关系连结因素的复杂性，如当事人来自不同国家，合同签订地和合同履行地均在不同国家，当事人选择适用有关贸易的国际条约甚至第三国的法律等情况，迫切需要检察机关加强自身检察监督队伍的建设。一方面要深度挖掘自身潜力，发挥自贸区检察院的创新优势，培养一批具有深厚民商事视野的检察队伍；另一方面要加强自贸区检察智库的建设，引入国际私法、国际经济法等领域的专家教授为检察监督工作提供专业化的咨询。检察机关要履行好自身的监督职责，充当公平正义的守护者，应当比刑事司法、行政执法、民商事审判的从业者更高的专业水准，更丰富的执法司法实务经验，方能推动执法司法的公正。

检察机关对其他机关的监督，旨在实现国家治理能力和治理水平现代化的目标。自贸区检察监督职能的充分和有效实施，必将有助于推动自贸区公权力机关审慎和依法执法司法，形成法治经济稳定发展，社会秩序井然有序，公民利益各得其所的局面。

---

① 章芳芳：《论增强对民事虚假诉讼的检察监督》，载《绍兴文理学院学报》2017 年第 4 期。

检察机关为粤港澳大湾区、自贸区建设提供司法服务保障的必要性剖析及实现路径

赵 剑*

【摘　要】检察机关为粤港澳大湾区、自贸区建设提供司法服务保障，面临着一国三法域内司法协助，检察机关与行政执法机关的合作，检察机关自身的专业化建设等问题。本文结合自贸区、粤港澳大湾区投资贸易创新政策，提出检察机关提供司法服务保障有助于防控大湾区、自贸区的经济社会风险，有助于促进市场的综合监管，有助于推动跨法域的司法合作。同时在分析当前检察机关司法服务面临问题的基础上，提出检察机关提供司法服务应当树立衡平司法、意思自治、谦抑司法、平等保护等司法理念，并对检察机关刑事检察、行政检察、民商事检察乃至跨法域刑事司法合作等司法服务路径进行探讨，以期有助于推动检察机关司法服务保障工作的发展。

【关键词】检察机关　粤港澳大湾区　自贸区　司法服务保障

　　自由贸易区是我国探索实施高标准国际投资贸易规则，减少政府对资本、货物、服务和人员管制的特殊经济功能区域。粤港澳大湾区是我国对广东、香港、澳门三大省级行政区实施城市群协同发展和经济合作的重要战略区。自由贸易区和粤港澳大湾区两者实施区域有重合之处，但均要求在一定的法治规则之下开展新一轮的改革创新和对外开放。检察机关为自由贸易区、粤港澳大湾区提供司法服务保障，旨在推动更加市场化、国际化和法治化的营商环境建设。据此，本文拟在剖析检察机关提供司法服务保障的必要性和存在问题的基础上，提出检察机关应当坚持的司法理念和司法服务保障路径。

---

* 赵剑，广东省广州市南沙区人民检察院检察长，员额检察官。

一、检察机关提供司法服务保障的必要性剖析

防控经济社会风险需要发挥检察追诉职权。我国是实施外汇管制的国家，但自贸区对外汇的管制有所松动，如允许资本可兑换，允许人民币跨境流动，这些措施均可能带来洗钱犯罪的风险，对传统金融监管秩序造成冲击。自贸区实施负面清单投资管理机制，在市场准入方面实施"法无禁止皆可为"，有些犯罪分子可能误导自贸区投资贸易政策，实施非法经营、非法集资等刑法所禁止的犯罪，损害金融经济秩序。[1] 此外，海关货物通关的便利化以及以信用约束为基础的企业监管机制，也可能存在伪报货物走私和骗取出口退税的犯罪风险。在城市基建项目和征地拆迁过程中，一些村民可能因为利益诉求得不到满足而发生寻衅滋事、扰乱社会秩序的风险。检察机关发挥追诉犯罪的职权，依法打击自贸区、大湾区建设过程中各种经济犯罪，妥善处理刑民交叉案件，有助于发挥法律的指引作用，告知社会主体哪些行为是法律所认可的，哪些行为是法律所否定。检察机关在审查和追诉犯罪的同时，还可以对犯罪的类型、趋势、规律进行统计分析，发布司法白皮书，向决策层提供对策建议，促进对经济社会风险的有效防控。

市场经济的协同监管需要发挥检察监督职权。自由贸易区是我国经济融入世界经济的重要平台，有赖于我国落实国际条约和地区协议所应当承担的法律义务。如世界贸易组织的《与贸易有关的知识产权保护协议》（TRIPS）协议，我国内地与香港地区、澳门地区分别签订的《内地与香港关于建立更紧密经贸关系的安排》《内地与澳门关于建立更紧密经贸关系的安排》（CEPA）投资协议。内地司法对国际条约和地区协议一般不直接适用，而是通过转化为内地法律进行间接适用。按照中央的部署，自贸区投资贸易制度的创新，需要对标代表国际投资贸易最高标准规则，如《跨大西洋贸易与投资伙伴协议》（TTIP）和《跨太平洋伙伴关系协定》（TTP）。由于我国不是TTIP和TTP的成员国，故我国需要通过行政法规、地方性法规、部门规章和政府规章等尚未上升为法律的软法[2]，实施投资贸易制度的创新，测试我国承受高标准国际投资贸易规则的压力。这种压力可能具体表现为各种风险，化解风险有赖于行政机关对国家

---

[1] 刘宪权：《自贸区建设中刑法适用不可回避的"四大关系"》，载《政法论坛》2014年第5期。

[2] 韩永红：《我国自贸区制度创新的合法性问题研究———种软法的路径》，载《江汉学术》2018年第2期。

安全、外交关系、产业政策的监管和维护。检察机关是宪法规定的法律监督机关，具有对行政不作为和乱作为的检察监督。如对行政执法部门是否正确履行反垄断、环境监管、劳工保护和知识产权保护的职责进行监督，对不履行行政职责损害社会公共利益的行为提起公益诉讼，对应当移送司法机关犯罪线索而未移送犯罪线索的，监督其移送犯罪线索。检察机关的这种监督，既通过启动监督纠正程序促使相关单位自我纠正，同时也警示行政不作为、乱作为可能面临的法律责任，保障行政法和刑事法的权威。

涉外司法协助需要检察机关的参与。我国粤港澳大湾区具有与世界其他湾区相比的独特优势，即一国两制形成的三个不同的法域。我国既要保持一国两制的优势，又要促进三个关税区、法域经济的融合，需要协调处理好三个法域的司法协助问题。但目前，粤港澳大湾区跨法域刑事司法协助尚未形成制度层面的规定，仅依靠刑事个案的协调，不利于提高司法协助效率。内地民商事判决和裁定，还因为被域外法院认为诉讼结果并非不可逆转而得不到域外法院的承认和执行[①]，个别跨法域互涉民商事纠纷，不得不重复在不同法域提起诉讼。可见，当前粤港澳大湾区三大法域对司法协助事项尚未达成一致的共识。检察机关作为内地司法机关的组成部分，检察机关在司法个案中与不同区际司法主管部门的交流与合作，对粤港澳大湾区三法域互涉法律问题的处理案例，可以为粤港澳大湾区司法协助提供理论和实证依据，推动三大法域司法协助的常态化和制度化。

二、检察机关提供司法服务保障的问题剖析

一是自贸区司法管辖问题。自贸区司法管辖的争议性问题，集中体现在刑事案件的管辖权问题，这种困扰对于实行"一个机构两块牌子"的自贸区法院、检察院尤甚。虽然自贸区法院、检察院均分别任命法官、检察官，但对何种情况下对何种类型的刑事案件以自贸区检察院的名义起诉，以自贸区法院的名义审判，仍然未达成共识。在改革试水的过程中，刑事管辖权的确定，可以由上级检察院、法院的解释、指导意见作出规定，这些规定虽然效力层级较低，却是实践中有效可行的，但目前尚未有相应的规定。此外，刑事管辖权问

---

① 王玄玮：《内地民事抗诉制度与香港司法制度的区际冲突》，载《国家检察官学院学报》2007年第5期。

题，还需要公安机关、法院、检察院的相互协调，对刑事管辖问题达成一致，也便于自贸区名义的法院、检察院、公安警署行使刑事管辖权。

二是自贸区行政检察监督问题。检察机关对行政执法机关移送犯罪线索的监督，具有一定的被动性，局限于行政执法机关的法律咨询或者新闻舆论对重大事件的报道，检察机关很难获取行政执法机关第一手的执法信息材料，从中主动发现应当监督的涉嫌犯罪线索。对海关、税务部门在行政执法中发现的犯罪线索，通常由市一级检察院管辖，自贸区对此类与自贸区密切联系的犯罪案件的检察监督相对较少。对行政执法机关的监督，除了提起公益诉讼具有一定的强制性外，检察建议的强制性相对较小，也不利于对自贸区行政执法的监督。

三是自贸区涉外民商事检察监督问题。按照广州中院涉外民商事案件指定管辖的指导意见，广州市将涉外和涉港澳的一审民商事案件交给越秀和南沙两个基层法院集中管辖[①]，按照管辖权对等的原则，自贸区检察院将承担大量的涉外民商事案件的判决与执行的检察监督。涉外民商事检察监督，如何适用法律冲突规范，开展域外法查明，也是需要解决的问题。

四是检察机关自身建设问题。自贸区法律问题具有较强的专业性，与国际私法、国际贸易法、知识产权法等密切相关，与自贸区投资贸易和经济金融的政策密切相关，但当前司法机关对相应的前沿专业知识相对缺乏。同时，随着人工智能、生物医药和装备制造业的发展，自贸区将成为智慧产业的集聚区，但知识产权检察保护的措施还不够多，对知识产权的检察预防的方式方法还有待创新。在粤港澳合作领域，自贸区检察机关为基层检察机关，与港澳司法机关与法律界人士的交流均为外事活动，需要经过上级检察机关外事部门的层层审批。在自贸区改革过程中，检察机关自身的制度改革空间有限，仅能进行工作机制的创新，存在改革是否于法有据的疑惑。这些问题，均影响着检察机关提供司法服务的专业性和有效性。

三、检察机关提供司法服务保障的司法理念

司法谦抑理念。在刑事立法领域，刑法作为最后适用的强制法，应当坚

---

① 董柳：《涉外涉港澳台民商事案件将由越秀、南沙法院集中审理》，载金羊网，2018年9月12日。

持最少适用的原则,如果通过民事法、行政法可以调整的社会关系,则刑法不应进行调整。[①] 在刑事司法领域,司法的谦抑性主要体现为罪刑法定、疑罪从无和非法证据排除的原则。自贸区、大湾区是政策创新、制度创新、粤港澳合作的高地,检察机关提供司法服务保障,应当做到刑事司法不过早地介入改革创新领域,不因为改革没有上位法的依据而作出否定性的评价。《广东自由贸易试验区条例》第 4 条规定,在自贸试验区进行的创新未能实现预期目标,但是符合国家确定的改革方向,决策程序符合法律、法规规定,未牟取私利或者未恶意串通损害公共利益的,对有关单位和个人不作负面评价,免追究相关责任。这项地方性法规涉及规制渎职犯罪的法律效力层次较低,但表明了地方立法机关对改革创新产生失误的宽容态度,有助于鼓励自贸区大胆闯、大胆试。

司法衡平理念。在法律所不能调整的领域,或者虽有法律,但法律的适用将可能损害自然法则和社会公允,允许司法裁判者按照良知、正义和公平的原则作出自由裁量。在中世纪的英国,大法官多由神职人员担任,大法官在实行衡平司法时,本能地将良知作为调整社会利益的宗教标准。[②] 在古罗马时期,罗马法认为衡平是按照正义原则对偏离正义原则的法律进行纠正。罗马法学家乌尔比安对法的正义的最高信条则是:"诚实生活,毋害他人,给予每个人他应得的部分。"[③] 上述都是司法衡平理念的理论渊源。自贸区、大湾区的各项改革强调于法有据,并开先河由全国人大常委会停止部分法律的实施,为自贸区制度创新提供宽松的法律环境。但当前调整自贸区改革创新的效力性依据,主要不是法律,而是大量管用的地方性法规、政府规章和部门规范性文件,这些并非法律的规范性文件一定程度也体现了衡平的理念。检察机关在涉及尚未有法律规定或法律规定不明确的法律纠纷时,当然需要考虑公平、正义和良知的原则,并作出符合社会公允的自由裁量。

意思自治理念。意思自治是指当事人依法享有自愿订立合同的权利,任何单位个人不得非法干预。意思自治是确定合同准据法的最普遍的原则。这一概念来源于 16 世纪法国杜摩兰(1500—1566)的意思自治说。他主张契约应

---

① 石聚航:《刑法谦抑性是如何被搁浅的》,载《法制与社会发展》2014 年第 1 期。

② 冷霞:《不一样的正义:英国大法官与罗马裁判官衡平司法的路径比较》,载《枣庄学院学报》2013 年第 4 期。

③ 李中原:《欧陆民法传统的历史解读》,法律出版社 2009 年版,第 70 页。

适用当事人自己选择的习惯，法院也应推定当事人意欲适用什么习惯于契约的实质要件和效力。①在维护自贸区交易安全的前提下，检察机关要尊重法院对合同效力的判定，除非明显违反效力性强制性行政管理规定或损害社会公共利益，一般不轻易启动监督程序否定合同效力。充分尊重当事人对私权的处分，除非损害公共利益、善良风俗、侵犯人身权利，一般不轻易启动监督程序否定当事人合意达成的协议。

平等保护理念。平等保护是指法律对法律关系中各类主体的保护规定是相同的，适用法律时不能区别对待。自由贸易区和粤港澳大湾区，在投资领域普遍对内资与外资实行相同的负面清单管理制度，实行相同的国民待遇，体现经济待遇的平等性。如内地对居住和工作在内地满半年的港澳台人士实行居住证制度，对领取内地居住证的港澳台人士提供出行、居住、教育等国民待遇。②检察机关落实平等保护的理念，对内资和外资各类主体应当坚持权利平等、程序平等，适用法律平等，法律责任平等，体现对粤港澳大湾区社会主体财产权和人身权的平等保护。

四、检察机关提供司法服务保障的逻辑进路

（一）创新自贸区司法管辖的原则和范围

司法管辖制度，是确定自贸区与行政区司法机关管辖分工，凸显自贸区司法机关保障自贸区、大湾区法治环境专业特色的具体规定。在广州知识产权法院、广州互联网法院成立后，均由广东省高院迅速公布了专业性法院的案件管辖范围，有利于专业法院发挥功能，也有利于诉讼参与人向合适的法院表达诉求。但广东自贸区南沙片区人民法院、人民检察院成立后，尚未公布自贸区专业司法机关的案件管辖范围。对于自贸区民商事行政裁判和执行的检察监督的管辖范围相对比较容易确定，只要以自贸区法院名义作出的民商事裁判，则按照对等的原则，以自贸区检察院名义进行检察监督。但对于刑事管辖问题，目前只有理论上的探讨。如有观点认为，按照地域管辖原则确定自贸区法院、检察院刑事管辖范围，只要发生在自贸区的案件就以自贸区检察院名义起诉。也有以密切联系原则确定管辖权，如将发生在自贸区的破坏社会主义市场经济秩

---

① 李先波：《合同准据法的含义及其历史演变》，载《法学杂志》2000年第5期。
② 《广东受理港澳台居民居住证已逾3万人更有归属感》，载《广州日报》2018年9月21日。

序罪、侵犯自贸区企业财产权犯罪确定为自贸区刑事管辖案件。有观点认为，并行使用自贸区检察院和行政区检察院的名义，自贸区检察院和行政区检察院均为县级检察院，实行一个机构两块牌子，故刑事管辖权无特殊之处。我们认为，按照地域管辖原则确定管辖权，将普通的故意伤害、盗窃和贩毒案件均纳入其中，不能体现自贸区创新金融、投资贸易等专业化改革功能。按并行管辖说，在一份法律文书上书写两个检察院的名义，在国内外均无先例，且也未能体现自贸区检察院司法服务保障自贸区的专业特色。结合自贸区、大湾区的经济社会建设功能，建议按照密切联系原则确定自贸区法院、检察院的刑事管辖权。在确定自贸区司法机关刑事管辖权问题上，可以由政法委牵头，自贸区司法机关、公安机关先行调研，并达成协议，报请上级司法机关、公安机关联合出台有关刑事司法管辖权的文件规定。对以自贸区检察院名义提出的行政检察监督的范围，建议也基于密切联系的原则，对与海关、税务、环保、劳工、金融、知识产权等相关的行政检察监督业务，建议以自贸区检察院的名义进行检察监督。

（二）探索粤港澳大湾区司法协助和法律冲突解决规范

粤港澳大湾区既要保持"一国两制"的制度优势，同时也要建立一国三法域司法协助和法律冲突的解决规则。由于一国三法域内均适用各自区域内的法律，均有各自的终审法院，故建立一国三法域法律冲突规范及其司法协助的规则，可以由全国人大制定相应法律规定，并列入基本法的附件，作为香港和澳门司法机关适用法律的依据。但是建立法律层面统一的区际冲突规范解决和司法协助规则，需要复杂的立法技术和立法程序。但粤港澳大湾区的国家战略实施，离不开三法域司法机关相互的协助。因此，建议先由粤港澳大湾区三地省级司法机关对上述问题先行磋商，并借鉴国际上处理区际法律冲突的规则，签订粤港澳三地的司法协助协议。在粤港澳三地尚未达成协议前，建议为便于自贸区与港澳的法治交流，由省级司法机关授予自贸区司法机关直接与港澳进行法律交流合作的权利，比如直接协商开展调查取证、送达法律文书以及举办法律论坛等工作。由于自贸区各项制度创新更加接近于国际投资贸易规则，由自贸区与港澳直接进行司法协助，更有助于为未来建立统一的区际冲突解决规范和司法协助规则。建立粤港澳域外法律查明中心，三地可以相互协助进行域外法律的查明，有效发挥港澳服务内地，连接国际的优势。加强粤港澳法律界人士的交流，聘请港澳人士担任内地司法机关专家咨询委员，聘任港澳人士担任特约检察员，促进内地与香港司法工作的交流。

（三）创新适度容错的刑事检察机制

建立自贸区渎职犯罪容错机制。中央要求自贸区、大湾区在新一轮改革过程中大胆闯、大胆试，势必可能存在因改革失败给国家和公共财产造成损失的情形。司法机关服务保障大湾区、自贸区应当有相应的制度创新，保障改革者不因改革失败而承担相应的刑事责任，保障改革者的活力。对此，建议自贸区检察机关认真落实《广东自由贸易区条例》提出的容错机制，创新检察工作机制，对符合决策程序但改革失败者不予以追究刑事责任。在落实层面，建议检察机关可以与纪检监察机关联合出台自贸区渎职犯罪容错机制，统一刑事司法标准，对国家工作人员推进自贸区制度改革过程涉嫌犯罪情节较轻，虽造成国家和公共财产损失，改革过程符合规定的决策程序，并及时采取措施减少国家和公共财产损失的，检察机关可以在审查案件过程对其采取取保候审强制措施，并结合其犯罪情节、悔罪表现确定是否作出相对不起诉决定。

完善自贸区适格犯罪嫌疑人暂缓起诉制度。借鉴日本起诉犹豫主义[①]，对涉嫌危险驾驶等轻微刑事犯罪，认罪悔罪且对自贸区建设有一定贡献的企业高层管理人员和业务骨干，决定暂时不提起公诉，并对暂缓起诉的犯罪嫌疑人进行三个月至六个月的考察帮教，对经过考察帮教期的犯罪嫌疑人作出不起诉决定。由于现行刑事诉讼法尚未明确规定暂缓起诉，但可以通过审查起诉阶段的取保候审和退查程序，保障犯罪嫌疑人有充分的期限获得检察机关的社会考察帮教。对经过考察程序的，依法认定犯罪情节轻微，并作出不起诉决定。暂缓起诉实现刑事诉讼的审前过滤，减少司法资源的投入，并促使犯罪情节轻微的犯罪嫌疑人获得帮教。

创新自贸区检察社会服务令制度。根据香港的社会服务令制度，涉嫌轻罪的被告人，法院可以判处其参加不超过 240 小时的社会公益服务。如香港某明星发生交通事故顶包案件后，因妨害司法被判处参加 240 小时的社会公共服务令。[②] 香港的社会服务令制度本身是刑罚的执行方式，与我国国内检察机关正

---

① 彭俊：《暂缓起诉制度在中国的展开——以能动检察为背景的分析》，载《河北法学》2012 年第 8 期。

② 钱晓峰：《香港的社会服务令制度》，载《社会》2003 年第 4 期。

在推行的社会服务令有所不同。如南沙区检察院对暂缓起诉的犯罪嫌疑人发出社会服务令，要求其在三个月的考验期内参加社会共公益服务，对参加规定要求公益服务且没有其他违法犯罪行为的犯罪嫌疑人作出不起诉决定。这种社会服务令，本身不是刑罚执行方式，而是检察机关对犯罪嫌疑人的考察帮教方式。与传统的不起诉相比，实施检察社会服务令的构罪的被不起诉人均获得社会帮教的机会，促使其认清犯罪的危害，有效减少新的犯罪。但传统的构罪不起诉，只有不起诉宣告，相关的帮教活动并无真正惠及被不起诉人。

（四）完善自贸区行政检察机制

完善行政执法与刑事司法衔接机制。行政违法与刑事违法的区别，实际上仅是违法程度的区别，但行政违法的程度符合刑法规定的严重情形，则应当启动刑事司法程序进行追究。检察机关对行政执法与刑事司法衔接进行法律监督，旨在防止对符合刑事违法情形的案件按照行政违法情形进行处理，损害国家法律的权威性。尤其是自贸区税务、海关、金融、知识产权保护等相关的行政执法工作具有较强的专业性，检察机关对上述行政执法的监督需要有相应的配套制度。一方面，强化执法司法信息的互联互通，由上述执法机关将作出行政处理决定的相关案件电子档案开放给检察机关浏览等，检察机关定期对重大可疑的处理决定启动检察监督程序，对其中可能构成犯罪的行政处理决定，要求上述执法机关将线索移送检察机关处理。同时，根据刑事诉讼法的规定，检察机关在办案过程中发现的涉嫌行政违法的线索也要及时移送行政执法机关。对此，检察机关在审查案件过程中，必须重视行政违法行为的审查，并及时落实刑事诉讼法的规定，将相关行政违法线索移送行政执法机关，确保无论行政还是刑事法律均得到统一的贯彻实施。此外，针对自贸区实施以信用约束为前提的市场监管机制，对于存在刑事违法、行政违法行为的企业，将可能被纳入失信企业名单，失信企业在办理政府服务过程将受到严格的审查。①因此，检察机关所办理的企业实施的单位犯罪案件，也可以通报自贸区信用办公室，由其决定是否纳入失信企业名单。

加强自贸区行政公益诉讼工作。行政公益诉讼，是指当行政执法机关不履行职责的行为损害国家利益和社会公共利益时，检察机关可以向行政执法机

---

① 张豪：《助力提升自贸区营商环境 南沙搭建信用共享平台对接市场监管》，载金羊网，http://news.ycwb.com/2018-08/01/content_30056964.htm，2018 年 8 月 1 日访问。

关发出检察建议，要求其履行职责，如果仍然不履行职责，检察机关有权向法院提出行政公益诉讼，要求行政执法机关履行职责的制度。检察机关除了传统的污染环境、国有土地使用、国有资产保护等领域实施行政公益诉讼外，还可以进一步拓展公益诉讼的范围，在危害食品、药品安全等侵犯消费者合法权益的领域提出行政公益诉讼。同时，完善相关调查核实机制，积极调取行政执法机关作出处理决定的依据，核实侵害行为、侵害结果之间的因果关系，做好检验鉴定工作，合理评估国家和公共财产的损失，为提出诉前检察建议和行政公益诉讼提供依据。建立指导案例制度，及时将行政公益诉讼的典型案例予以发布，及时总结行政检察监督的策略，促进行政公益诉讼的科学发展。

（五）加强自贸区检察院专业化建设

建立专业化办案组织。深化检察官员额制改革，探索成立由资深检察官领衔的主办检察官办案组，由主办检察官领衔办理专门案件。主办检察官办案组由若干检察官组成，并配备若干检察官助理和书记员。如根据公益诉讼案件刑事、民事、行政交叉的特点，主办检察官办案组探索对污染环境、危害食品药品安全犯罪案件"三合一"办案机制，即由主办检察官办案组负责上述案件刑事、行政和民事违法犯罪问题的审查、处置和监督，有利于确保线索资源的完整，减少行政、刑事衔接的遗漏，确保行为人和相关行政机关的应当履行的责任均得到监督落实，保障国家利益、公共利益、被害人的利益得到及时保护、平等保护。大湾区、自贸区与国际社会的货物、服务和资本的流动极为频繁，其中相关的知识产权、金融和职务犯罪的法律适用，专业性很强。比如对于与海关货物进出境相关的侵犯知识产权犯罪如何适用法律和收集证据，均涉及复杂的国内法和国际条约的规定。对于利用虚假贸易和地下钱庄进行的洗钱犯罪，涉及资本可兑换和跨境人民币使用等创新政策。对此，建议由主办检察官办案组负责专门办理和犯罪趋势研判分析，与海关、税务、金融、市场监管等行政执法机关进行办案协作，如联合开展进出口侵犯知识产权货物、虚假贸易背后的逃税骗税、利用地下钱庄与国际贸易进行的洗钱犯罪等特殊法律适用问题的研究，统一刑事司法标准，防止发生系统性、区域性的经济金融风险。

建立便利化的检察服务模式。建立基于互联网、人工智能和大数据的检察服务模式，便利当事人开展诉讼活动，是提高自贸区、粤港澳司法公信力的手段之一。建议实施12309检察服务中心建设，全面运行12309检察服务中心官方网站、微信小程序和实体平台,向社会公布检察机关办事指南,对查询案件程序性信息、预约办理辩护与代理业务,只要求当事人在网上上传相应的证明手续,对符合条件的申请信息及时在网上答复。对当事人控告申诉、国家赔偿、司法救助等较为复杂的问题,及时启动调查核实程序,并在网上答复办理进度。通过基于互联网的检察服务,减少群众来回奔波的诉累,通过清晰明确的办事指南,实现对检察权的自我约束。针对服务保障装备制造、人工智能等高端产业发展的需要,建议在大型工业园区建立检察机关派驻大型工业园区检察服务工作室,如南沙区检察院派驻广船国际法律服务室,积极通过法律咨询、检察建议、信息研判等方式,为企业保护商业秘密,解决劳动纠纷,防范商业贿赂犯罪提供法律意见,保障自贸区企业的健康发展。

五、结语

检察机关为自贸区、粤港澳大湾区建设提供司法服务保障,既是新形势下检察机关面临的新任务,也是检察机关深化自身改革创新的重要战略机遇。检察机关不断探索粤港澳大湾区、自贸区背景下的司法制度改革,有助于促进粤港澳司法合作,更好借鉴和吸收大陆法系、英美法系的司法制度,实现对粤港澳、国内外主体合法权益的公平公正的司法保护,为建设更加市场化、国际化、法治化和便利化的营商环境提供良好的司法保障。

自贸区检察院法律服务中心工作模式初探

郑创彬*

【摘　要】随着南沙自贸区法治化、国际化营商环境的构建对检察机关法律服务工作提出新需求，特别是在淡化打击惩治理念，强化服务保障功能，推崇改革创新的自贸区建设主旋律下，进一步找准法律服务中心服务保障自贸区发展的切入点和着力点，显得尤为必要。为此，本文尝试对自贸区检察院法律服务的功能定位、面临形势等进行分析，并提出相应改进措施，力争提升自贸检察法律服务水平。

【关键词】检察机关　法律服务　自贸区

　　建立中国（广东）自由贸易试验区是党中央、国务院作出的重大决策，是新形势下全面深化改革、扩大开放和促进内地与港澳深度合作的重大举措。随着财税、金融、外汇、与港澳往来等政策在广东自贸区的不断开放，相关法律、行政法规、政策的变化对检察工作提出了诸多新的问题。近年来，广东自由贸易试验区南沙片区检察院法律服务中心主动将法律服务工作纳入南沙自贸检察工作大局来谋划和推进，进一步延伸法律服务工作触角，通过发挥法律服务职能，协助自贸区机关、企事业单位堵塞刑事法律风险漏洞，降低自贸区重点工程职务犯罪风险，受到自贸区各单位广泛好评。风清气正的政务环境、公平有序的营商环境，为南沙自贸区经济快速增长、更好吸引企业落户发展作出应有贡献。

　　广东省委十二届二次、三次全会要求，以打造国际一流湾区和世界级城市群为目标推进粤港澳湾区建设，强调要高水平推进自贸区建设，把南沙建设成为承载门户枢纽功能的广州城市副中心。随着南沙自贸区法治化、市场化、国际化营商环境的构建对检察机关法律服务工作提出新需求，特别是在淡化打击

---

*　郑创彬，广东省广州市南沙区人民检察院控申科科长，员额检察官。

惩治理念，强化服务保障功能，推崇改革创新的自贸区建设主旋律下，进一步找准法律服务中心服务保障自贸区发展的切入点和着力点，显得尤为必要。

一、法律服务中心功能定位及其工作原则

（一）法律服务中心功能定位

检察机关法律服务中心作为对外服务窗口部门，承担着窗口接待功能、法律宣传功能、涉外法律服务、信息收集发布等作用，具体包括：

1. 窗口接待功能：接待来访群众、律师，提供涉自贸区法律咨询、涉自贸区控告、申诉案件、民行行政案件监督。

2. 法治宣传功能：组织实施涉自贸区检察工作检务公开、检察宣传等传播活动；组织协调开展代表联络、联系自贸区各机关企事业单位沟通活动，及时为各单位提供优质高效检察服务。

3. 涉外法律服务功能：积极参与粤港澳大湾区"一带一路"法律服务基地建设，协助自贸区"走出去"企业防范法律风险及企业家刑事责任。

4. 信息收集发布功能：对检察机关办案中收集到的涉自贸区信息，及时向自贸区相关单位反馈；收集公众对自贸区检察工作的意见，进行综合分析评估后，为本院领导决策提供参考；定期发布涉自贸检察工作各方面情况。

（二）法律服务中心功能定位及其工作原则

开展检察服务工作是加强检察群众工作的一项尝试，是一项创新性的检察工作方式，需要有序实施、逐步规范。① 因此，在组织实施过程中必须坚持一定的原则，才能保证检察服务工作方向正确、顺利推进、健康发展。笔者认为，在现阶段必须坚持以下三项原则：

1. 立足职能原则。开展检察服务工作必须坚持检察属性，应当在检察职能范畴内开展工作，其工作外延可以不断丰富完善充实，但其内涵应当统一到宪法确定的检察机关法律监督的性质定位上来，在不超越检察职能的基础上，根据自贸区发展不同时期、南沙自贸区各片区现实情况，不断调整检察服务工作的重点和方式。

2. 便民利民原则。检察服务工作的宗旨是践行政法干警核心价值观的"为

---

① 邓万良、怀检：《找准切入点为企业提供到位的法律服务》，载《河北法学》2010年第3期。

民"要求，必须坚持以人民为中心的理念，本着便民利民的原则，选择开展检察服务的工作方式、工作措施和工作内容，把以人为本的要求贯穿于流动检察服务工作的全过程。

3.统筹规划原则。检察服务工作是一项综合性的工作，需要统筹各方。不仅要整合检察机关内部资源，注意协调好与自贸区司法机关、负有监管职责的机关、自贸区各企业的关系，积极争取各方的支持，进而有计划、有方案，统筹规划有序实施。

二、法律服务中心面临的形势

（一）南沙自贸区法治化营商环境构建对法律服务工作提出新期待

南沙自贸区对接粤港澳，对标国际最高规则，在全面深化改革和扩大开放的形势下，与金融创新、知识产权、国际贸易等元素交织的新型犯罪，以及涉外民商事行政检察监督工作将与日俱增，自贸区主体提出更高的法治诉求。自贸区"金融创新""一线彻底放开，二线安全高效管住""负面清单管理""改善公司企业投资环境"等一系列方针政策的确立，以及暂时停止实施外资企业法、中外合资经营企业法和中外合作经营企业法等法律的背景下，我国刑法中诸多行政犯如逃汇罪和骗购外汇罪、逃避商检罪、虚报注册资本罪、虚假出资、抽逃出资罪、非法经营罪等，在自贸区内将或多或少失去适用的空间和存在的意义。鼓励创新、倡导自由开放的自贸区建设，不能通过高压的刑法来严厉惩治和打击一切违背和破坏社会经济秩序的行为，刑法应侧重于服务经济的顺畅自由发展，倡导刑法的轻缓化与谦抑化。自贸区的成立使得刑法中部分罪名在自贸区内适用困难甚至无法适用。[①] 为此，检察机关需要以服务自贸区大局为中心，淡化打击惩治色彩，强化犯罪预防、风险防控和法律服务，特别是提供更加高效便捷检察法律服务。同时，自贸区是新时期我国加快政府职能转变、探索管理模式创新、促进贸易投资便利化的改革试验田，承担着先行先试、积累经验的历史使命。需要检察机关科学把握好依法惩治违法犯罪和全力支持改革的关系，从宽容谦抑的检察执法理念出发，严格把握办案尺度，正确界定适用刑事法律调整的执法边界，正确区分工作探索中的失误与失职渎职等

---

① 刘宪权：《中国（上海）自由贸易试验区成立对刑法适用之影响》，载《法学》2013年第12期。

执法界限,为自贸区有效形成鼓励创新、支持改革的环境氛围提供帮助。①

(二)南沙企业"走出去"对法律服务工作提出新需求

在全球法治背景下,司法保障体系和法律水平更加彰显一个地区的软实力和城市形象。② 目前,南沙自贸区正充分发挥政策叠加优势,不断构建吸引总部落户和推动国内企业"走出去"的政策体系,南沙逐渐成为企业调整全球业务布局的重要基地和实施"走出去"战略的重要平台。南沙自贸区作为"21世纪海上丝绸之路"重要枢纽、粤港澳大湾区建设深度合作示范区,通过专业化法律法律服务建设形成南沙品牌,通过规范化的法律服务建设形成南沙优势,打造立足南沙、服务粤港澳,与国际接轨的法治化营商环境显得尤为必要。在此背景下,检察机关在自贸区法治化营商环境构建方面作用仍有待进一步挖掘,检察服务的深度和广度仍比较薄弱,精通涉外、涉港澳法律实务的专业检察人才仍不足。

(三)"两反"转隶后,法律服务工作侧重点转移面临新形势

转隶前的法律服务工作,主要由综合预防部门、控申部门、派驻检察室承担,以开展法律服务"五进"活动为抓手,其中重要部分就是预防部门针对国家机关、企事业单位的职务犯罪预防工作,以及对非公企业的预防工作。转隶之后,职务犯罪预防职能将交由监察委行使,法律服务中心服务内容将转移到普通刑事案件方面的预防宣讲。为此,在"两反"转隶后,有必要将检察机关为自贸区机关企事业单位提供法律服务的方式,由原来主要提供职务犯罪宣传教育,转移到提供检务便民利企措施,提升到促进自贸区主体,特别是企业依法诚信经营、防范法律风险的层次,以更好发挥规范保障自贸区经济发展的作用。

三、完善法律服务中心工作模式的对策建议

(一)立足检察职能,在监督办案中提升检察服务水平

最高人民检察院张军检察长在与部分全国人大代表座谈中,提出"要更加

---

① 宋伟锋:《从自贸区经济法规变迁看经济刑法的稳定性》,载《广西警官高等专科学校学报》2014年第6期。

② 邓新建、章宁旦:《广州探索打造法律服务新高地助推自贸区发展》,载《法制日报》2017年9月8日第1版。

务实地做好监督、办案工作，寓监督于办案之中，寓办案于服务之中，努力从检察机关供给侧提供更多更好的法治产品、检察产品，确保人民群众有更实在的获得感、幸福感、安全感。[①] 按照上级检察院要求，重点开展涉产权刑事申诉、刑事申诉公开审查等专项活动，依法化解产权纠纷引发的社会矛盾。畅通诉求表达渠道，打造"信、访、网、电"四位一体的诉求表达体系，依法受理涉自贸区产权案件的申诉，为产权人寻求法律咨询、权利救济提供更加便捷高效的服务。对社会反映强烈的涉及产权的刑事申诉案件，依法导入法律程序，按照诉求性质、案件管辖和法律程序及时审查办理。凡是违反法律政策侵犯产权、不利于经济发展的决定、判决、裁定，要依法监督纠正。通过办案和服务促进市场主体信心，更好服务保障自贸区经济高质量发展。深入推进涉自贸区刑事申诉案件公开审查工作，选取典型案例，组织公开审查观摩活动，加强公开审查的便民性、规范性和有效性，使公开审查成为最好的普法课堂，以公开促公信，更好接受群众监督。充分发挥刑事申诉检察反向审视职能，及时发现、剖析涉自贸区刑事案件办理过程中存在的问题，定期分析研判自贸区重大改革措施可能存在的犯罪风险，有针对性地提出改进的意见建议，协助自贸区相关单位更好防控风险。

（二）加强涉外服务，主动对接粤港澳大湾区"一带一路"法律服务基地建设

当前，粤港澳大湾区暨"一带一路"法律服务基地已经正式启动，依托筹建粤港澳大湾区仲裁联盟总部和大湾区法商研究院，引导国际仲裁院、粤港联营律师事务所、合作制公证服务中心、知识产权保护中心等高端服务要素和法律服务实体聚集，打造南沙高端法治服务聚集总部区。作为自贸区检察院，有必要结合检察业务开展，加强与上述高端法律服务实体和沟通协调，探讨深层次合作，比如与知识产权保护中心可开展专利权、著作权、商业秘密等方面实证研究，为自贸区企业科技创新保驾护航。与大湾区（南沙）法商研究院，可在为企业提供法律服务方面开展合作，协助企业化解相关法律风险，共同开展区际司法冲突方面的研究，为企业"走出去"提供更加坚实的法律保障。

[①] 姜洪、韩兵：《首席大检察官问计人大代表：如何发力服务打好三大攻坚战》，载《检察日报》2018年6月6日第1版。

（三）加强升级建设，打造自贸区检察院一体化法律服务平台

建设12309检察服务中心是检察机关全面贯彻落实党的十九大精神，践行以人民为中心的发展思想，不断满足新时代人民群众日益增长的新需求的一项重要举措。①12309检察服务中心整合检察机关所有服务群众功能，是检察机关统一对外的综合服务平台，可向社会公众提供"一站式"综合性服务。在为自贸区服务方面，12309检察服务中心将发挥重要作用。一方面，需要加快推进12309检察服务中心建设。按照全国文明接待室要求，做好检务大厅的改造工作，完善各功能室设置，打造规范、高效的接待群众窗口。引入控申接访机器人，通过智能语音识别、大数据信息检索，为来访人提供更加高效的涉检办事指南、法律咨询等服务。另一方面，打造网络法律服务小程序，在技术部门的支持下，开发法律服务微信小程序，涵盖案件信息公开、网上接访、自贸区法律服务、接受监督等主要模块，其中自贸区法律服务模块包含信息发布、互动交流、普法宣传、涉企法律刑事风险防控等功能，可以为自贸区机关企事业单位提供定制式、互动式法律服务。通过该小程序，将我院线上法律服务提升到更高水平。

（四）强化沟通协调，继续做好自贸区机关企事业单位沟通联系机制

继续加强与区自贸办、金融办、市场监管局、区中小企业服务中心等自贸区职能部门日常沟通联系机制。定期走访、联席会议、定期通报、共同调研等方式，及时了解自贸区相关单位单位不同的法律服务需求，有针对性开展日常普法宣传，协助完善内控制度、提供法律咨询。继续抓好派驻镇街检察室、派驻广船国际法律服务工作室的各项工作，开展特色检察法律服务工作室创建，提供各类法律服务。着眼自贸区重点建设工程项目，积极配合自贸区相关建设单位，深入开展重大基础实施工程的刑事法律风险防控，确保工程项目顺利推进。

（五）加大调研投入，为自贸区法治建设提供决策参考

在自贸试验区高度自由开放的营商环境下，法律法规的适用具有一定的特殊性，检察执法办案工作只有主动适应法律适用的变化，才能更加准确适用法律，产生良好的法治效果。为此，要加大检察机关对自贸试验区法律政策研究

---

① 徐盈雁、史兆琨：《最高检12309检察服务中心实体大厅正式启用》，载《检察日报》2018年6月29日第1版。

投入，加强对自贸试验区内刑事民事法律适用的实务性和前瞻性理论研究，为今后检察机关办理自贸区各类刑事案件和加强民事行政检察监督提供实践经验。同时，还要积极参与自贸区法律法规调整制定活动。要结合检察执法，不断拓宽法律研究视野，注重将自贸试验区内发现的一类问题、一类案件以及经济社会现象上升到法律规范层面，并通过积极借助外部法律资源和社会资源，建立与专业律师事务所和法律专业研究机构合作机制等途径，充分吸收和运用涉及自贸区建设最新研究成果，及时提出专业性检察意见，为立法机关和有关部门调整制定自贸试验区相关法律法规提供决策参考。

南沙自贸区渎职行为容错机制研究
——以检察机关落实容错机制为立场

黄丽君[*] 王利飞[**]

【摘 要】我国正处于全面深化改革的关键时期，亟须领导干部勇于创新、敢于创业。南沙区作为自贸区，更加需要愿干事、能干事、敢干事的改革创新者，建立切实可行的容错机制刻不容缓。笔者对渎职行为容错机制的背景、内涵、价值进行了探讨，并梳理了当前各地探索的容错机制的特点和缺陷，对南沙自贸区容错机制存在的问题进行了分析，提出了在检察环节探索建立渎职行为容错机制的设想。

【关键词】容错机制 渎职行为 自贸区

当前，我国各项改革，尤其是经济领域改革已进入深水区和攻坚期，任务重、难度大，充满艰难险阻。改革本质上是充满不确定性的全新探索，没有现成经验可以借鉴，十一届三中全会以来中国的改革正是在"摸着石头过河"的试错性探索中不断前进的。在改革过程中，涌现出一批勇于创新、锐意进取的干部，但也有个别干部因为担心"多干多错"而尸位素餐，由"不敢为"变成"不想为"，影响改革的进程。自2013年以来，习近平总书记和李克强总理在多种场合多次提出要"允许试错、宽容失败"，要探索建立健全"容错纠错机制"。由此，容错机制成为政治话语及其实践构造中的热门概念，全国多个省、市、区相继出台政策、意见或暂行规定，"容错机制"成为一个"明星概念"。

2015年，广州市南沙区被确定为广东省自贸试验区三大片区之一。南沙区承载了建立高水平的国际化城市和国际航运、贸易、金融中心，支撑和引领全

---

[*] 黄丽君，广东省广州市南沙区人民检察院公诉科副科长，员额检察官。
[**] 王利飞，广东省广州市南沙区人民检察院公诉科科员，员额检察官。

省新一轮对外开放的历史任务,更加要求领导干部要创新创业。为鼓励领导干部创新创业,免除后顾之忧,目前南沙自贸区正创新容错机制,给改革创新者撑腰鼓劲。但何为错,何为罪,错与罪的边界在何处,容错的程序如何启动,普通违纪与容错的情形有什么区别,南沙自贸区目前的容错机制文件均未规定清楚。只有厘清"错"与"罪"的边界、细化容错的标准、设定容错的底线、设置容错的程序,才能更好地构建容错机制。笔者站在检察机关的立场,以渎职犯罪为切入点,梳理了目前各省市区出台的容错机制的相关政策、意见和实施办法的优缺点,提出了构建自贸区容错机制的设想。

一、法理检视:容错机制的内涵与价值

任一制度的构建及其实践运行,都应当具有合理性与规范性基础,尤其是在法治国家,政治制度、社会制度和法律制度的构建都需要从法律或法理层面予以证成,以彰显其规范性、正当性与合理性。① 对渎职犯罪容错机制的背景、内涵、价值进行探讨,有利于正确界定其功能与使命,从而在制度构建上更好地设置条件、程序,以实现制度设置的初衷。

(一)构建容错机制的背景

党的十八大以来,习近平总书记多次强调,要正确区分和对待干部在改革探索中出现的失误和错误的性质,支持和保护那些作风正派、敢作敢为、锐意进取的好干部。习近平总书记多次在会议和讲话中提出要鼓励创新、宽容失误,李克强总理在政府工作报告强调要健全激励机制和容错纠错机制,给改革创新者撑腰鼓劲,让广大干部愿干事,敢干事,能干成事。

2016年1月,习近平总书记在省部级主要领导干部学习贯彻党的十八届五中全会精神专题研讨班上的讲话中提出了"三个区分",即"把干部在推进改革中因缺乏经验、先行先试出现的失误和错误,同明知故犯的违纪违法行为区分开来;把上级尚无明确限制的探索性试验中的失误和错误,同上级明令禁止后依然我行我素的违纪违法行为区分开来;把推动改革发展的无意过失,同为谋取私利的违纪违法行为区分开来"。

国家主要领导人在各种会议、讲话中传达出中央建立容错机制的政治导

---

① 胡杰:《容错纠错机制的法理意蕴》,载《法学》2017年第3期。

向,其出发点和根本目的在于宽容改革失误,全面推动改革创新。正因为中央的认识和导向如此明确,才有力推动了多省、市、县、区纷纷出台容错相关的政策、意见和暂行办法。

(二)渎职行为容错制度的定义与内涵

"容错机制"本是计算机技术领域的术语,是指"当系统在运行时有错误被激活的情况下仍能保证不间断提供服务的方法"。[①] 容错机制的原理是在一定范围内包容错误情况发生,即便错误发生系统仍旧不受影响,继续运行。

容错能力本是衡量计算机系统的一个重要指标,如今被运用到治国理政当中来,成为衡量社会管理系统的一个指标,具有一定积极意义。被运用到公共管理领域的容错机制,也被赋予了新的内涵。从其定义来看,容错机制具有三个关键词,分别是"包容错误""一定范围""系统不受影响"。按照惯常的思维,人们对错误避之唯恐不及,而容错机制却是包容错误的一种机制。渎职行为容错机制的构建,旨在对改革创新中的渎职行为进行正确划分,界定犯罪与错误之间的差别,杜绝盲目立案,随意入罪,保护国家机关工作人员参与和推进改革创新的履职积极性。

(三)构建渎职行为容错机制的价值与意义

党中央提出全面深化改革以来,全国上下,各个领域都掀起了改革的浪潮。当前社会治理局面日益复杂,各种社会矛盾交织,改革创新更是属于充满不确定性的全新探索,没有现成经验可供借鉴。领导干部也都是"摸着石头过河",在试错性的探索中不断曲折前行。自2015年挂牌以来,广州市南沙区自贸区建设已走过三年。为进一步深化自贸试验区改革开放,广东省自贸区南沙片区作为建设粤港澳大湾区国际航运、国际金融、国际科技创新的重要承载区,南沙区的干部们一直在积极创新、努力干事。然而马克思主义唯物辩证法告诉我们,事物发展的方向是前进的、上升的,但发展的道路是曲折的、迂回的,任何事物的发展都不是一帆风顺。人们对事物发展的认识也是曲折的。事物发展的曲折性以及人们对事物发展规律认识的曲折性,决定了"改革探索只许成功不许失败"是一个伪命题。人无完人,焉能不错?既然存在行政问责、

---

① 李蕊:《容错机制的建构及完善——基于政策文本的分析》,载《社会主义研究》2017年第2期。

司法追究的机制,同样应该存在允许试错、包容错误的制度。渎职行为容错机制的建立,实际是在马克思主义唯物辩证法和认识论的理论基础上社会管理制度的一次完善。

二、实践考察:当前渎职行为容错机制的积极探索

作为一项新的制度,从提出到成熟,需要一个探索、实践、反馈、完善的过程。目前,容错机制尚处于构建阶段,笔者对各地的探索进行了简单梳理。

(一)地方层面容错机制的探索

在中央第一次明确提出宽容改革失误之前,已有部分地方在政府文件中体现出容错的意思表示。比如作为中国改革前沿阵地的深圳市。① 2016 年以来,关于容错机制的政府文件,犹如雨后春笋般破土而出。笔者通过网络、报刊等渠道,选取了几个建立容错机制的省份进行了统计,具体如表一。

表一 省级有关"容错机制"政策性文件一览表

省份	时间	文件名称	内容	出台单位
重庆	2009 年	《重庆市促进开放条例》	符合三个条件可容错	市人大常委通过
上海	2013 年 6 月	《上海市人民代表大会常务委员会关于促进改革创新的决定》	第 11 条涉及宽容失败	市人大常委通过
湖北	2016 年 1 月	《湖北省全面深化改革促进条例》	第 38 条涉及容错机制	省人大常委会通过
江西	2016 年 3 月	《关于支持、保护和鼓励党员干部改革创新、担当有为的意见》	规定了涉及容错免责在内的四大机制	省纪委、省委组织部通过
广东	2016 年 5 月	《中国(广东)自由贸易试验区条例》	立足自贸试验区建设,第 4 条提及容错机制	省人大常委会通过

---

① 2006 年深圳市出台了《深圳经济特区改革创新促进条例》,其中规定:"改革创新工作未达到预期效果,但同时符合以下情形的,可以免于追究有关人员的责任:(一)改革创新方案制定和实施程序符合有关规定;(二)个人和所在单位没有牟取私利;(三)未与其他单位或者个人恶意串通,损害公共利益的。"

续表

省份	时间	文件名称	内容	出台单位
四川	2016年6月	《关于充分调动干部积极性激励改革创新干事创业的意见（试行）》	区别对待探索失误和违纪行为，规定了可予容错的7种情形	省委、省政府印发
陕西	2016年7月	《陕西省党政干部鼓励激励办法（试行）》《陕西省党政干部容错纠错办法（试行）》《陕西省党政干部能上能下办法（试行）》	鼓励激励、容错纠错机制相互配合	省委办公厅印发
山西	2016年11月	《激励干部担当作为干事创业办法（试行）》《支持干部改革创新合理容错办法（试行）》	鼓励激励、容错纠错机制相互配合	省委办公厅印发
湖南	2016年11月	《关于鼓励、规范改革试点和探索的实施意见》	规定符合4种情况可以容错	省委办公厅印发
安徽	2017年05月	《安徽省促进战略性新兴产业集聚发展条例》	立足发展，第5条涉及容错	省人大常委会通过
北京	2017年04月	《中共北京市委实施〈中国共产党问责条例〉办法》	增加的"容错机制"条款	市委印发
山东	2017年10月	《关于激励干部担当作为干事创业的意见（试行）》	合理界定容错情形和条件，规范容错免责程序	省委、省政府印发

（二）试行中的容错机制文本分析

各地制定的容错机制文本，具有如下特点：

1. 容错机制出台的地方层级涵盖各级。各地相继出台与容错纠错相关的文件，涵盖省、市、县各级。省一级出台相关文件的有四川、湖北、浙江、安徽、重庆、上海、江西、广东、陕西等。地市一级出台的相关文件最多，县一级相对较少。同时，省级出台文件后，市、县一般都会出台文件与省保持一致。如四川省自贡市、巴中市、广元市、德阳市、资阳市、眉山市均出台了容错机制有关文件，陕西省的西安市、延安市、宝鸡市、咸阳市等市陆续出台与省级精神一致、内容相近的容错机制，山东省的济南市、青岛市、潍坊市、淄博市、德州市等市也在省级出台文件后陆续出台内容相近的容错机制文件。

2. 容错机制出台部门以党委、政府发文为主。从文件出台部门来看，部分地区是经过省级人大常委会议通过，部分地区是以党委、政府的名义共同发文，少部分地区党委单独发文，党政机关、监察机关单独发文出台容错机制的不多，相比较之下，检察机关出台渎职犯罪容错机制的还比较多。湖南省、安徽省、济南市、株洲市等地检察机关出台容错机制，旨在充分发挥检察职能作用，探索建立检察环节上依法容错免责新机制，明确改革创新中的工作失误与渎职犯罪的本质区别，依法支持改革者、保护创新者、宽容失误者、惩治犯罪者。

3. 现有地方性政策对容错的目的、原则、条件、程序基本达成了共识。对于容错机制的目的，无疑是为了"激发和保护干部改革创新的积极性"，治理懒政、庸政；容错的原则则是围绕习近平总书记提出的"三个区分"进行细化，设置的条件虽然存在细微差别，但对于容错的基本边界和标准是相似的，并在以下几个方面达成共识：看动机，是为公为民之误还是损公肥私之错；看主观，是无心之过还是有意为之；看程度，是遵纪守法还是违法乱纪；看程序，看你的决策程序，你是集体决策还是个人肆意妄为，是依法决策还是独断专行。关于容错的程序，则基本都是设立了申请、核实、认定等基本程序。

（三）容错机制存在的实践难题

作为一项正在探索中的制度，尤其是在制度形成初期，容错机制在实践运行中存在诸多问题。必须从理论及实践的双重角度，对容错机制进行理性剖析，才能为后续的制度优化和路径完善提供有价值的构建路径。

1. 缺少全国统一的政策文本。构建渎职行为容错机制，虽有中央层面的政策倡导，但并无全国统一的政策文本，各省市对容错机制的探索虽然在大方向上是一致的，但是各方试行的实施细则、操作规程存在的分歧还是普遍存在。因为全国政策文本的空缺，导致各省、市、县等不同层级的党委、政府，要么自上而下纷纷模仿上级机关制定的政策文本，要么自下而上集中下级机关实践经验制定政策文本。无论哪种路径，都导致了规范重叠、产生分歧的乱象。

2. 对错误的界定和宽严把握不一。2009年，重庆市人大常委会审议通过的《重庆市促进开放条例》1月1日正式施行，然而却因为开放条例中的容错机制引发舆论质疑。质疑者担心容错机制可能成为地方政府的保护伞。质疑者的担心有一定的合理性,各地容错机制均为自行制定,对错误的界定及宽严把握确实存在分歧,如浙江、江西等省出台的容错条件,规定为"同时符合以下条件",而陕西省规定的则是"具备下列条件之一";有些省份明确规定了不予容错的情形,有些省份则没有规定容错的否定性规定。以致相同的渎职行为,作出不同的处理,引发群众的质疑。

3. 监察机关、司法机关参与度太低。试行中的容错机制,对程序均进行了设置,一般程序是受到追责的单位、个人主动提出申请,由相关部门受理后调查核实,最后进行认定、反馈。因多数容错机制由人大常委会议通过,或由党委、政府牵头印发,监察机关、司法机关理应受文件牵制,配合有关部门进行认定。按照现行实践来看,除部分省市检察机关出台了相关政策[1],监察机关、审判机关较少出台专门的容错文件。渎职行为一旦发生,除了本单位的纪检部门参与调查,移送监察机关、司法机关是正常程序。如果监察机关、司法机关参与度不够,可能导致不应该被包容的错误在党政机关"内部消化",或者导致可以包容的错误进入司法程序,浪费司法资源,违背容错机制设置的初衷。

三、现行建制:南沙自贸区现行容错机制解析

在全国各省市如火如荼构建容错机制的背景下,广东省自贸区南沙片区也出台了相关容错机制文件。

(一)上级机关出台的与容错机制相关的文件

2016年5月,广东省人大常委会通过了《中国(广东)自由贸易试验区条例》,第4条明确规定,鼓励自贸试验区先行先试,探索制度创新。对法律、法规和国家政策未明确禁止或者限制的事项,鼓励公民、法人和其他组织在自贸试验区开展创新活动。在自贸试验区进行的创新未能实现预期目标,但是符合国家确定的改革方向,决策程序符合法律、法规规定,未牟取私利或者未恶意串通损害公共利益的,对有关单位和个人不作负面评价,免予追究相关

---

[1] 2016年4月,湖南省人民检察院出台的《关于在查办渎职犯罪案件中服务和保障改革创新的意见》。2017年3月,安徽省人民检察院《关于充分发挥检察职能服务保障五大发展美好安徽建设的意见》。2017年4月,《株洲市检察机关推行"除虫护花"办案机制暂行规定》《株洲市检察机关推行"依法容错"办案机制暂行规定》两个操作规程。2017年9月,济南市检察院出台《关于服务改革创新支持干事创业的实施意见》。

责任。

2016年8月，广州市人大常委通过了《关于促进改革创新的决定》，尝试就"宽容失败"作出可操作性规定，"改革创新工作中未达预期目标，只要符合诸如程序合规、个人尽责、未谋私利等相关条件，可不予以追责，并不作负面评价"。

2017年3月，为推动治理为官不为工作深入开展，广东省纪委省监察厅研究起草并以省委名义印发了《广东省党的问责工作实施办法》和《关于贯彻"三个区分开来"治理为官不为的意见》，列出了20条免责和减责条款，既划定纪律规矩"红线"，又划出干事创业的"安全区"。广东省还专门制定了《关于推动构建新型政商关系的若干意见》，列出政商交往的正面和负面清单，消除党员干部因正常履职与企业接触的思想顾虑。

2017年，广州市委、市政府联合印发由广州市纪委牵头制定的《关于支持改革创新宽容失败的意见》，提出了宽容失误适用的原则、领域，明确了免责和减轻、从轻处理的适用条件。

（二）南沙自贸区出台的容错机制

创新容错纠错机制是廉洁南沙自贸片区建设的一大亮点。2016年7月，按照省委"三个区分"要求，结合南沙自贸片区建设实际，南沙区在全省率先印发了《中共广州南沙开发区（自贸区南沙片区）工委中共广州市南沙区委关于落实"三个区分"大力支持先行先试探索创新的若干意见（试行）》（以下简称《意见》，坚持"五看五要"的原则，给改革创新者撑腰鼓劲，使宽容失败纠正错误成为监督执纪自觉行动，保护干部干事创业热情。

根据新闻报道，为进一步增强《意见》的操作性，南沙区正在研究制定《广州市南沙区关于进一步贯彻落实"三个区分开来"大力支持先行先试探索创新的意见》，初步拟定了"三个区分开来"的具体操作规程，明确了"三个区分开来"的启动情形、10种可免责情形、5项工作程序以及4种结果运用情况。但笔者通过网络及询问相关单位，截至目前，该份文件尚未出台。

（三）南沙自贸区容错机制存在的问题

根据我国政体层级的设置，上级党委政府的文件效力当然及于辖内所有地方政权组织。南沙自贸区容错机制不仅包括当地党委政府出台的文件，也当然包括上级党委政府制定的文本建制。目前，省市区三级均已制定容错机制的相关文件，然而容错机制在运行中，还是遭遇了困境。具体概述如下：

1. 容错的边界划分不清。构建容错机制，前提是界定清楚"错误"的边界。《意见》仅仅是大而化之的原则概括，规定可以容错的情形为"失误"与"无意过失"两种。范围不仅过窄，且与中央倡导的容错机制理念不符。按照我国各省市探索的容错机制以及南沙区上级党政机关公布的容错机制政策文本，可容之错并不仅仅是"失误"，还包括部分故意主观形态之下所犯的错误。故《意见》列举的容错情形是不全的。

2. 规定的容错主体不全。按照《意见》第四大点的规定，各级党组织要切实履行党委主体责任，选好用好干部，纪检监察组织要监督执纪问责。容错不仅仅需要区分行为性质——是违纪、失职还是渎职，还有可能需要对构成犯罪的轻微渎职行为予以容错。作为承担法律监督的检察机关，不能缺席。一旦缺席，容错机制的初衷极有可能实施不了。

3. 规定的容错程序模糊。对于容错的具体程序，《意见》仅一句话带过——各级纪委监察组织要严格按照有关要求对受理的问题线索及时开展初核、调查、审理工作。对于可能容错的情形与普通违纪情形，在调查主体、程序、依据等方面，并无实质区别。此种情况下，则可能导致名义上设置容错机制，但实则如同虚设。

四、路径选择：自贸区渎职行为容错机制之构建

笔者认为，完善南沙自贸区容错机制，司法机关的参与必不可少，尤其是检察机关必须参与进来。探索建立检察环节容错机制，对于完善南沙自贸区容错机制，具有重要的意义。

（一）完善容错主体，增强司法机关的参与度

对于渎职行为是否应当追究刑事责任，检察机关是最有话语权的单位之一。南沙自贸区的容错机制，既有上级机关的文件指导，也有区委区政府出台的本土文件，然而制定的文件政策指导性强，实际操作规程付之阙如，且司法机关参与度不够。检察机关是中国特色社会主义事业的建设者和捍卫者，服务和保障改革创新责无旁贷。检察机关应当通过法律监督职能，依法保护国家机关工作人员参与和推进改革创新的履职积极性，既引导国家工作人员依法履职、规范履职，又鼓励国家工作人员敢于担当、勤勉工作。

作为享有调查权的监察机关，与享有国家追诉权的检察机关，应当互相配合，联签文件，形成常态工作机制。一旦有渎职行为启动容错机制，监察机关、检察机关，甚至审判机关均应当派员参与调查小组，做到不枉不纵。

（二）厘清容错边界，明晰容错的适用范围

科学界定容错内容，是宽容失败、鼓励创新的重要前提，也是容错机制健康运行的基础。目前出台的地方性容错机制对于容错的条件、范围、标准都具有较大的弹性标准，存在极大的自由裁量空间，再加上容错最有可能适用的改革创新领域，本就是在法无明文禁止的领域摸索，导致容错的边界和尺度更难以把握。检察机关应结合平时办案的经验，量化指标，限缩自由裁量权，使容错的边界清晰、尺度易于掌握。

1. 确定容错机制适用的范围。当前容错机制一般采取满足以下条件之一或者满足全部条件后方可进行容错。笔者认为，上述两种方式各有利弊，应该采取两相结合的方式。工作中出现失误或者错误，但符合以下条件：一是国家工作人员在法律法规没有明令禁止；二是符合中央政策和省、市党委、政府决策部署；三是按照实际情况经过民主决策程序；四是没有为个人、他人或者单位谋取私利；五是没有给国家和人民利益造成重大损失。符合上述所有条件后的失误和错误，属于以下情形之一的可以适用容错：一是在改革创新中敢于先行先试、积极探索的；二是在推进重大决策、重点工作落实中攻坚克难、率先突破的；三是处置突发事件，主动揽责涉险、临机决断，积极促进问题解决的；四是执纪执法坚持原则、铁面无私、敢于动真碰硬的；五是因政策界限、制度规定不明确造成工作违规或者由于不可抗力、难于预见等因素，造成负面影响或者经济损失的；六是其他可以依法容错的情形。

2. 明确容错机制不适用的范围。为防止容错机制称为犯罪的保护伞，还需要进一步明确容错机制不适用的范围。不应纳入依法容错的范围：一是对于涉及重大质量、安全责任事故；二是重大失密、泄密事故；三是严重环境污染、生态破坏责任事故；四是因不作为、乱作为引发重大负面舆情或者群体性事件等严重影响社会稳定的行为。

（三）细化容错程序，增强容错的实操性

从理念到制度，容错机制是社会的一项进步，但能否实现，则在于设置的程序能否让其安稳落地执行。容错机制既要警惕"容错"变"纵错"，也要防

止制度虚设。

1. 启动程序。容错机制应当规定依申请和依职权两种启动方式。问责启动后，被追责的单位、个人可以申请启动容错程序。追责主体也可以在追责的过程中，认为渎职行为可能适用容错机制的，可以依职权启动。

2. 组成调查小组。调查小组应当由被调查人所在的党组织、纪检部门、区纪委监察委、区检察院、区法院派员组成，调取相关书证、询问被调查人、相关证人，并形成书面材料。如调查的是单位，则由该单位上一级机关党组织、纪检部门派员参加。由调查小组成员开会讨论渎职行为性质，确定究竟属可以容错的情形还是普通违纪情形、需要追加刑事责任的情形。讨论后，形成正式处理文件，并按照不同处理结果报送相关部门。

3. 救济程序。对于被调查人、被调查单位不服处理结果的，可以允许被调查人、被调查单位申诉一次，并要求上述参与调查的单位重新派员进行调查，重新讨论，形成书面材料、讨论结果，形成正式处理文件。

4. 在审查起诉环节落实容错机制。对于进入刑事追诉环节的案件，经审查属于在改革创新、推动发展中涉嫌过失犯罪，具有以下五种情形的，依法给予宽缓处理：轻微犯罪中的初犯、偶犯或者犯罪情节较轻的从犯；所犯罪情节较轻、主观恶性不大、社会危险性较小、有悔改表现的；自首或者有立功表现的；因供述自己罪行避免特别严重危害后果发生的；犯罪嫌疑人、被告人及其亲友自行发现问题并采取合法手段积极有效地挽回损失或者消除不良影响的。具有上述情形的，可羁押可不羁押的不羁押，可起诉可不起诉的不起诉，符合依法从轻减轻处罚的，积极向法院提出相应量刑建议。

5. 坚守依法容错制度底线。要准确把握和运用法律法规，防止随意扩大容错机制适用范围，特别是要着力防范假借容错之名放纵、包庇犯罪的行为。

检察机关服务保障自贸区生态环境建设的探索

——以南沙片区人民检察院命名检察官办公室为视角

潘 蕾[*] 朱晓文[**]

【摘 要】自贸区在经济飞速发展的同时,生态环境污染和破坏日益严重,已然成为可持续发展道路上的一个必须要跨越的障碍。习近平总书记多次强调,司法工作要找准与经济社会发展的结合点、着力点,为经济社会持续健康发展提供法治保障。为此,促进经济可持续发展,服务保障生态环境建设,是自贸区检察工作的应有之义。广东自由贸易区广州南沙片区检察院(以下简称南沙自贸区检察院)勇于突破困境,发挥主观能动性,成立命名检察官办公室,在服务保障生态环境建设中先行先试,取得了良好效果。

【关键词】生态环境 面临困境 路径选择 具体成效

一、服务保障生态环境建设是自贸区检察职能的应有之义

(一)自贸区可持续发展建设的需要

张军检察长在深圳大检察官研讨班中要求:"新时代检察工作创新发展,必须始终服从服务顺应党和国家中心工作、服从服务顺应发展大局。"[①] 生态环境保护已放在自贸区建设大局的重要位置,成为关系经济社会和民生的重大问题。环视国内的多个自贸区,生态环境建设也受到高度重视,正全面融入经济建设、政治建设、法治建设中。在此过程中,检察机关发挥检察职能作用,服

---

[*] 潘蕾,广东省广州市南沙区人民检察院民行科副科长,员额检察官。
[**] 朱晓文,广东省广州市南沙区人民检察院控申科副科长,员额检察官。
[①] 参见《贯彻落实全面深化司法体制改革推进会部署 在转机中推动新时代检察工作创新发展》,载《检察日报》2018年7月26日第1版。

务和保障生态环境具有其深刻必然性。一方面，贸易自由化有利于环境资源最优配置，各生产要素通过市场经济下更有效率的组合可以缓解有限的资源与无限的生产需求之间的矛盾；另一方面，生态环境问题外部的不经济性和各国发展水平的差异，使得商品生产厂家只追求经济利益却对生态环境资源的污染破坏视而不见，甚至通过污染转嫁等手段，将污染源转移到生产技术相对落后的发展中国家，进一步加剧了生态环境的污染和破坏。

自贸区发展建设，是推动中国更深层次参与全球价值链，提高竞争力的新部署、新战略。自贸区在发展经济的同时，一定要有长远的眼光并保持清醒的头脑，不要为一时的经济繁荣冲昏头脑，而是要认识到自贸区的发展不是一时的发展，是可持续的发展，在努力发展经济的同时，要保护好生态环境，为我们的后代提供一块可供发展建设的绿土和一片可供自由呼吸的蓝天。自贸区检察机关作为国家的法律监督机关，肩负着保障国家法律统一正确实施的重要职责，在"生态自贸试验区"进程中，不应置身事外，应充分发挥检察职能作用，依法为生态环境保护提供司法保障，促进人与自然的和谐共进。

（二）生态环境保护政府主导的局限性

我国的生态环境保护一直以政府权力主导为特征。随着时代的发展，经过多年改革开放的中国，依靠政府环保部门作为生态环境保护的主导机关，其执行力提升空间的局限越发显现出来，在自贸区的大环境下亦未能避免。尤其是生态环境刑事案件多发，生态环境保护滋生新型腐败，生态环境公益诉讼机制尚不完善等问题的出现，使得检察机关在生态环境保护中监督职能的发挥愈显重要。

检察机关强化对生态环境保护领域的监督，是基于对生态环境保护机制与手段的综合性认识，并强调以法律手段作为根本保障。自贸区检察机关的介入突出体现了其履行打击生态环境领域违法犯罪、保护公共利益、保障公民基本权利的职责。检察机关的介入还体现了对政府生态环境行政执法权力进行监督与制约的必要需求。

（三）服务保障生态环境建设是自贸区检察工作的重要组成

2013年6月，最高人民法院、最高人民检察院《关于办理环境污染刑事案件适用法律若干问题解释》发布施行，特别强化对生态环境监管执法与生态环境犯罪刑事司法活动的法律监督。党的十八届四中全会明确提出"探索建立检察机关提起公益诉讼制度"。2015 年 7 月，最高人民检察院正式发布《检察机关提起公益诉讼改革试点方案》，确定了以生态环境和资源保护领域为重点，对公益诉讼范围、诉前程序等作出细化规定，进一步增强检察机关保护生态环境的可操作性。同时，在司法实践中，各地检察机关坚持把生态文明建设作为一项重要政治任务，主动负担起司法护航职责，不断加大对破坏生态环境污染刑事犯罪打击力度，配合监察委员会严肃查处污染事件背后的国家公职人员职务犯罪案件，取得良好成绩。近年来，自贸区检察机关也在生态环境保护方面先行先试，不断探索，在专业化办案、快速化办案等方面创新完善了一批新机制，有力震慑了自贸区生态环境领域各类犯罪，可见检察机关保护自贸区生态环境已成为检察职能重要组成部分。

二、传统生态环境检察工作面临的困境

综观各地司法实践，传统的检察办案模式和做法，没有充分彰显和发挥检察职能，不能切实解决自贸区高速发展所产生的生态环境问题，面临许多困境。主要表现在以下几个方面：

（一）监督效果不到位

检察机关在服务保障生态环境建设中，传统做法是发出检察建议和履行诉讼职权，强调事后惩治，忽视事前、事中的监督，必然导致生态环境保护效果不理想的问题。同时，破坏生态环境的侵权成本低，大量破坏生态环境行为没有进入检察环节，仅仅停留在行政处罚层面，且行政处罚力度轻，导致边治理边污染的恶性循环，保护生态环境效果较差。此外，针对在现实中存在大量的生态环境违法行为，部分检察机关存在不愿监督、不敢监督和不善监督的问题，直接导致了检察机关在生态环境保护中的力量配备单薄，人手不足，专业性不强，办案效果不佳，不能与自贸区公众期待相适应。

（二）案源渠道不顺畅

生态环境案件来源主要是侦查机关自我发现、行政执法机关移送和群众举报。在司法实践中，由于侦查机关尤其是基层公安机关，存在案多人少的问题，受时间和精力的限制，其挖掘生态环境犯罪线索的主动性较低。同时，办理生态环境案件要求办案民警的专业性强，囿于专业人员匮乏，侦查机关办理此类犯罪的积极性普遍不高。因此，生态环境犯罪案件线索主要依靠受害人或

知情人举报的途径获得。但鉴于群众特别是农村基层群众的法制意识较低，对生态环境犯罪容忍度高，且生怕遭受打击报复，不敢举报等原因，致使许多生态环境犯罪未能得到应有的惩罚。

（三）合作机制欠缺

从机制层面来说，还欠缺检察机关与公安机关、行政执法机关、其他公益组织之间的合作机制和切实可行的操作模式。生态环境犯罪呈现专业性、隐蔽性、技术性特点，使得生态环境案件办理对行政执法存在较高的依赖性，不仅对案件的认定需要行政部门提供技术支持，而且对违法的严重程度以及是否达到犯罪的标准也受制于行政执法部门的解释和结论。同时，缺乏信息共享、联席会议、案件咨询、协助调查等机制，未能为检察机关办理生态环境案件提供便利和支持。此外，生态环境犯罪也依赖于侦查机关收集第一手证据，及时查办和移送案件，否则容易导致关键证据灭失，无法追究犯罪嫌疑人刑事责任。

三、命名检察官办公室服务保障生态环境建设的实践探索

鉴于上述传统的办案模式和做法存在较多问题，已不适应自贸区生态环境保护需要，南沙自贸区检察院创新性地成立了命名检察官办公室。由命名检察官办公室主要办理生态环境案件，对服务保障生态环境进行有益探索。主要做法如下：

（一）多番调研，完善命名检察官办公室架构

为确保南沙自贸区实现"金山银山"的同时，也保住"绿水青山"的优美生态环境，经与中山大学、华南理工大学等高校学者以及兄弟检察院调研论证后，南沙自贸区检察院设置命名检察官办公室，建立破坏生态环境犯罪办案绿色通道机制。由命名检察官、检察官和检察辅助人员组成，依法独立行使办案决定权、承担办案责任、落实相应的权力清单，除明确由检察长或分管领导决定的事项外，其他均由命名检察官自行决定，直接对检察长或检委会负责。开展涉及生态环境污染等刑事犯罪案件，实行审查逮捕、审查起诉、公益诉讼"三位一体"的工作机制，同步将该类涉及生态环境公益诉讼的线索转化成公益诉讼案件。加强与行政机关、人民法院等相关单位的联系沟通，搭建线索移交平台、探索共同协作工作机制，主动对接、积极融入，更好发挥打击、监督、服务等职能作用，推动形成全面支持检察机关生态环境公益诉讼的工作架构。

（二）规范执法，健全检察监督协作机制

命名检察官办公室结合南沙自贸区的区域特色，针对容易滋生问题的生态环境执法，不断完善监督措施，促进生态环境执法司法行为规范化。同时，为防止仅靠检察机关一己之力，难以实现可持续发展的问题，与政府部门、司法机关等签署协议，建立合作机制，确保工作的有效开展。与南沙区环保水务局会签《关于办理环境公益诉讼案件加强协作的实施办法》，加强与环境保护部门的协调配合，构建联席会议、生态环境公益诉讼案件信息通报，以及专业协助等工作机制。与南沙自贸区法院签订《关于检法协同化解矛盾，落实民事诉讼监督机制的实施办法（试行）》，与自贸区法院就生态环境案件的流转等事宜，确定了具体衔接流程，并在实践中得到了具体落实。此外，还与海洋渔业部门互通有无，对整治和预防海洋环境等问题达成了加强协作、共同维护国家海洋权益的共识，就促进依法行政、维护海洋生态环境保护等问题进行探讨调研。

（三）科技助力，有效破解取证难问题

命名检察官办公室深入推进智慧检务助力生态环境公益诉讼，综合运用法律智库、类案推送辅助办案系统、网络爬虫技术，区块链存证平台等技术手段，全面拓宽公益诉讼线索来源，有效破解公益诉讼案件办理中存在的认定违法时间起点难、收集初始违法证据难等实务问题，大量节省检察官查阅法条和案例的时间，提高办案效率和精准度。同时，在调查取证过程中，引入"无人机"技术，利用"无人机"对案件现场进行勘查、取证，为生态环境公益诉讼插上科技的翅膀。在办理南沙自贸区"凤凰湖"非法倾倒垃圾污染环境一案过程中，编外侦查员"无人机"的加入，有效突破了以往人工拍摄的视觉盲区，调查范围更扩大至人力难以到达的险峻地势，使取证更为全面、深入、细致，办案效果更具说服力。

（四）普法并行，提高群众保护生态意识

除了依法打击破坏生态环境行为外，命名检察官办公室还注重开展事前预防工作。通过"送法到乡村""送法到企业""送法到学校"，深入开展生态环境宣传教育工作，提升自贸区群众生态文明意识，营造全社会共同支持、参与环境保护和生态文明建设的良好氛围，动员全民保护青山绿水。围绕国家生态保护的相关要求，强化生态环境保护法制宣传，组织干警编印多款生态保护宣传手册，派发辖区群众。精心制作生态环境保护宣传栏，设置在派驻万顷沙检

察室、派驻大岗检察室外，让来往群众知晓生态环境保护的重要性，同时就近接受群众举报破坏生态环境的行为。命名检察官办公室派员自制微电影《湖之变》，在电视、网络等媒体对生态环境保护进行宣传。该微电影是改编自命名检察官办公室办理的一起泥头车倾倒垃圾案件，不仅宣传生态环境保护的重要性，还告诫广大群众破坏生态环境所要付出的代价。该片被中国长安网、正义网转发。

四、命名检察官办公室服务保障自贸区生态环境的成效凸显

（一）案件数量大幅提升

正如前述，案件线索是生态环境公益诉讼案件办理工作的击锤，没有线索，生态环境公益诉讼案件办理工作就是"无米之炊，无源之水"。此类案件线索少、线索成案率低，一直是困扰生态环境公益诉讼案件工作顺利开展的一大瓶颈。南沙自贸区检察院命名检察官办公室成立后，通过主动走访、提前介入等方式，加强了行政职能部门对案件工作的认识与了解。与公安、环保部门达成了生态环境公益诉讼案件协作制度，切实解决了以往生态环境公益诉讼案件取证难、流转慢的问题，提高了南沙自贸区该类案件的两法衔接率。侦查机关在办理生态环境公益诉讼案件的过程中，协助收集固定公益诉讼所需的相关证据，破解以往生态环境公益诉讼工作案源不足的局面，保障了生态环境公益诉讼活动的顺利开展。命名检察官办公室成立至今，作出诉前程序61件，提起生态环境公益诉讼2件，同比增长率均为100%。

（二）成功打造精品案件

南沙自贸区检察院命名检察官办公室由于权力深度下放，与以往的办案组织相比，具有灵活高效的特点。2018年4月，生态环境部暗查发现南沙自贸区某大型企业存在非法处置危险废物行为。命名检察官办公室以案件调查为契机，迅速启动重大案件提前介入机制，主动对接环保、公安部门，针对非法处置危废的案件进行联动执法，一方面督促环保部门依法全面履行监管职责，引导公安侦查方向；另一方面通过办案探索经验做法，深入研究非法处置危险废物的成因和对策。通过检察、公安、环保三家配合协作，不仅处理了一批非法处理危险废物的企业和个人，同时就该类案件的取证标准、两法衔接流程达成共识，形成对非法处置危废行为立体打击的态势，南沙自贸区内非法处置危废

的情况得到有效遏制。

（三）办案效率显著提高

命名检察官办公室深入推进智慧检务助力生态环境公益诉讼，短期内成功办理辖区内两起非法倾倒余泥污染环境和非法占用农用地的公益诉讼案件。一方面，运用网络爬虫筛查技术，对辖区舆情进行整合分析，获取大量泥头车向南沙自贸区凤凰湖4号湖非法倾倒垃圾污染环境的舆情热点。通过周边居民的现场指认和无人机技术拍摄的全方位图片比对，初步确定案件事实。通过将涉案现场定位的卫星遥感图像数据，介入区块链存证平台和数据提供方在服务器端部署算法，客观还原涉案现场区域污染前后各时间节点的精确图像，认定涉案建筑余泥倾倒的违法事实及危害性。此非法倾倒垃圾污染环境案件通过高科技技术，在4天内全部查清了案件事实。另一方面，在涉及基本农田破坏的公益诉讼案件中，通过将国土部门提供的该农用地不同时间节点的卫星遥感数据、现场图片录入区块链存证平台，经平台系统自动比对，快速生成包含涉案农用地硬化持续时长、土地硬化面积、范围的变化及速率情况等关键性数据的综合分析报告。在数据导入当天，便精确认定该案基本农田破坏面积达19.884亩。

自贸区检察智库建设路径初探

齐 鸣[*]

【摘 要】 作为检察机关服务和保障自贸区建设的前沿窗口，建立自贸区检察智库，是进一步贯彻落实党的十八届三中全会、十九大精神和上级检察机关部署，深化司法体制改革和检察改革，推进和完善地方法治建设，实现依法治国的必然要求。本文从建设自贸检察智库的必要性、现实性出发，分析自贸检察智库的功能与作用，并从智库专家遴选、智库功能以及运行机制等方面提出完善自贸检察智库建设的对策建议。

【关键词】 自贸区　检察智库　检察改革

一、自贸区检察智库建设的可行性分析

（一）自贸区检察智库建设的必要性

"十三五"期间是我国全面贯彻实施依法治国战略，推动经济转型升级的关键时期。十八届三中全会把智库建设作为民主政治的内容，明确提出"加强中国特色新型智库建设，建立健全决策咨询制度"。2015年1月20日，国务院颁布了《关于加强中国特色新型智库建设的意见》（以下简称《意见》）。该《意见》明确指出：到2020年，统筹推进党政部门、社科院、党校、行政学院、高校、军队、科研院所和企业、社会智库协调发展，形成定位明晰、特色鲜明、规模适度、布局合理的中国特色新型智库体系，重点建设一批具有较大影响力和国际知名度的高端智库，造就一支坚持正确政治方向、德才兼备、富于创新精神的公共政策研究和决策咨询队伍，建立一套治理完善、充满活力、监管有力的智库管理体制和运行机制，充分发挥中国特色新型智库咨政建言、

---

[*] 齐鸣，广东省广州市南沙区人民检察院办公室副主任。

理论创新、舆论引导、社会服务、公共外交等重要功能。据此，智库建设将深入到社会发展的各个方面，检察机关也不例外。最高人民检察院张军检察长指出，"党的十九大作出了中国特色社会主义进入新时代、我国社会主要矛盾已经转化的重大判断。满足人民群众对民主、法治、公平、正义、安全、环境等方面内涵更丰富、水平更高的新需求，检察机关不能单打独斗，要充分发挥社会力量特别是专家学者、专职律师、资深法官、有法律背景的人大代表政协委员等的作用，共同为人民群众提供更多更优的法治产品、检察产品。充分发挥智库专家的多种功能，对于促进政府部门依法决策，保证政府决策的科学性和民主性，具有至关重要的作用。"因此，作为检察机关服务和保障自贸区建设的前沿窗口，建立自贸区检察智库是进一步贯彻落实党的十八届三中全会、十九大精神和上级检察机关部署，深化司法体制改革和检察改革，推进和完善地方法治建设，实现依法治国的必然要求。

（二）自贸区检察智库建设的现实性

自贸区建设是与国际接轨的全面深化改革，涉及金融、税收、外汇等多种制度的创新，这也带来了系统性的法律调整。在解决区内纠纷、适用法律过程中，复杂多变的法律政策冲突对检察机关执法办案工作提出了新的要求。由于自贸区内投资、贸易、金融等领域的创新都没有经验可循，这也意味着贸易摩擦、新类型的商事纠纷将不断出现。对于各种新类型的纠纷、摩擦，仲裁调解等非诉争端解决方式与民商案件审判活动都会大量运用，检察机关如何确保上述活动在实体和程序上的公正就成为自贸区检察监督的一项重要内容。作为检察机关服务和保障自贸区建设的前沿窗口，自贸区检察室应该树立监督、保障、建设的理念：监督是检察机关的立身之本；保障是基本的职能和目标，要保障区内公平交易和公平竞争；建设指的是制度建设、制度创新，把检察工作的创新合到自贸区管理体系和管理机制的创新当中。要结合自贸区的区域特点，对短期内亟须重视和解决的刑事管辖权存在争议的案件、涉外、涉港澳台的刑事案件、刑民交叉的案件等典型案件及早预判、加强应对。自贸区所施行的诸多金融创新措施和新型监管服务模式，在简化手续、拓展功能促进经济迅猛发展的同时，会加剧走私罪、骗取出口退税罪等犯罪现象的发生。针对自贸区服务业开放的一系列举措，将会出现金融衍生品、融资租赁等许多新的业态。这种先行先试会带来一些法律适用上的真空，也会产生大量知识产权侵权问题。自贸区条例强调，政府要在税收、监管和政府采购方面对所有经济主体给予平等待遇。不可否认，围绕这些方面将会出现诸如贪污贿赂、泄露国家机密、渎职等犯罪行为，因此，检察机关要积极适应政府职能转变的变化，重点为竞争中立的制度环境提供司法保障。

（三）检察机关智库建立具备良好的实践基础

早在1999年，最高检就下发《关于设置人民检察院专家咨询委员会的决定》和《最高人民检察院专家咨询委员会工作办法》（以下简称《办法》）。2008年1月，最高检党组会议对《办法》进行修订，进一步明确了专家咨询委员会的主要职责、专家咨询委员的任期、联系机构、提请咨询和论证的程序、经费保障等。各地检察院随后也纷纷制定相关规范性文件。截至2013年3月，高检院及27个省级检察院和80个地市级检察院、61个区县检察院先后开展了专家咨询委员工作，共聘请专家咨询委员1426名。委员结构不断优化，已由单纯的刑事法学向宪法、法律基础理论、民法、国际法等多领域发展，委员的专业领域也逐渐扩展到医学、经济学、金融、管理、建筑规划等十多个领域。因此，基于上述司法实践，建立自贸区检察智库，是在我国检察改革和自贸区开发建设的大背景下，对原有人民检察院专家咨询委员会制度的一次深化，借助全国学界一流专家学者的智慧，借助他们渊博的法律知识和深厚的理论功底，借助他们高层次的学术水平和广泛的社会影响，积极参与自贸检察建设，为检察机关创新服务保障自贸区法治化营商环境建设提供强有力的智力支持。

二、自贸区检察智库职责与功能

一是为检察机关与专家学者交流学习提供重要平台，促进依法办案、科学决策；二是畅通社情民意的重要渠道；三是解决自贸检察专业问题的得力助手；四是扩大社会监督的重要力量；五是实现检察工作科学发展、创新发展的客观需要。

三、发挥自贸区检察智库功能的途径

（一）结合自贸区案件特点确定聘请专家的范围

在设定聘请专家的选择范围上，可以考虑运用"行政机关工作人员＋高校相关领域的专家学者＋专业鉴定机构鉴定人"的模式。在行政机关推荐人员层面,建议与自贸改革相应重点领域具备监管职能的行政单位建立相互配合协作机制,并由其推荐相应的工作人员作为联络员;在高校相关领域的专家学者层面,建议由高校相对集中的市级检察机关根据办案需要统一向省级检察机关推荐,由省级检察机关统一聘请,对应不同类别案件形成专家咨询组,方便各级检察机关随时咨询、开展个案研讨等;在专业鉴定机构的联系层面,建议由省级检察机关组织协调,建立相对稳定委托鉴定和技术协助关系,在全省范围内根据各级别检察机关办案需要申请调配。在完成聘任环节后,制作行政诉讼咨询委员会专家名录,颁发聘书,继而形成全省范围内行政诉讼咨询委员会共享专家库,同时报市级以上铁路检察机关备案。

(二)分类别确定自贸区检察智库成员的权利和义务

1. 自贸区检察智库成员共有的义务和权利

(1)依法接受咨询的义务:咨询的内容必须紧贴各成员的专业范畴;没有正当理由不得拒绝咨询活动;咨询活动不受任何单位及个人的干涉;咨询意见应具备事实依据、科学依据和法律依据。(2)依法回避和保密义务:对于委员会中专业鉴定机构鉴定人、高校相关领域的教授专家在咨询、鉴定活动中,因案件涉及利害关系人,委员会成员有主动向检察机关提出回避请求的义务;检察机关发现被委托的成员有上述情况,应该要求其回避。同时,接受咨询和案件委托的委员会成员应严格遵守案件保密制度。(3)其他共同的权利:委员会成员有权就委托咨询事项参与检察机关的个案讨论和检委会会议,必要时,在办案人员的参与下,专业鉴定机构鉴定人、高校相关领域的教授专家有权对案件当事人进行相关问题的询问。此外,委员会成员还有按照相关规定就个案咨询、鉴定获取报酬的权利。

2. 自贸区检察智库成员的特殊权利(权力)和义务

(1)行政机关工作人员:主要包括协助检察机关调查取证义务和对案件办理过程的监督权力。建议就具体行政公益诉讼案件接受检察机关咨询、协助检察人员到公益损害现场进行勘查、提供所在行政监管职能部门的部门规章制度和内部规定;可应邀参加检察机关举行的案件讨论,发表个人意见和建议,特别是涉案行政部门的对应上级单位,可就涉案部门是否存在不当监管行为提出建设性意见供检察人员参考,并对检察机关行政公益诉讼案件办理过程进行监督等,以上的协助办案和监督过程均应如实记录在案。(2)高校相关领域的教授专家：针对行政公益诉讼案件需要给予参阅权、询问权、建议权和监督权。建议严格按照法律规定的重点办案领域，在省内各高校范围内招募行政法学领域、生态环境和资源保护、食品药品安全等专业领域的专家教授，对应不同类别案件形成专家咨询组。充分发挥各专业领域的技术优势和资源，以个案咨询、专家评议等方式加强协作交流，为司法办案提供有力的理论与技术依据，为行政公益诉讼工作提供权威性咨询论证意见。（3）专业鉴定结构鉴定人：鉴定人有权利对鉴定有关的所有案件材料进行了解，必要时可根据鉴定的需要，在办案人员的陪同下，询问当事人或者证人问题协助鉴定工作；有权向检察机关、涉案行政部门提出补充资料的要求，如果相关单位不能及时补充材料，鉴定人有权停止鉴定。最后，鉴定人需在法院要求出庭作证时亲自接受有关人员的发问并对自己参与的鉴定的理由和根据进行说明，遵守秩序和庭审纪律，服从审判程序。

（三）专家咨询委员会制度的运行机制

1. 咨询的形式。主要包括口头咨询和书面咨询。书面咨询过程中，由委员会成员根据检察机关的个案委托申请和相关专业技术资料，向检察机关出具书面文字咨询意见。具备鉴定资格的鉴定人或专家，根据个案委托要求，对某项专门技术问题以司法鉴定的形式，提供具有证据功能的咨询结论。

2. 咨询意见的法律效力。委员会的咨询意见引发两种法律效果：一是对检察机关正确使用各类法律规范、依法科学解决在行政公益诉讼实务中遇到的专业性较强的专门问题具有极高参考价值时，咨询意见易于转化为检察官的办案方向，但也不排除不被检察官认可、采纳的可能。二是依据诉讼法相关规定，鉴定机构依法受检察机关的委托出具的司法鉴定意见，具有科学证据的法律效力。

3. 咨询意见与检察官意见不一致的协调。一是非司法鉴定意见的咨询意见与检察官意见不一致时，应将咨询意见作为独立意见提交检察委员会讨论决定，若咨询意见仍不被检察委员会采纳，委员会成员可按程序向上一级人民检察院进行口头或书面反映，以求上级检察机关对下级检察机关实行法律监督。二是司法鉴定意见。若鉴定的依据和资料是客观、全面、程序合法的，检察机关应该采信；若司法鉴定与其他相关证据不能吻合，存在明显的鉴定纰漏的，经检委会讨论后，应按诉讼程序依法向司法鉴定机构提出复核申请意见，必要时可由检察机关另行委托委员会成员名册中其他鉴定机构进行重新鉴定。

自贸区法治环境建设的创新与完善

黄 志[*]

【摘 要】2013年以来,我国分别在上海、广东、天津、福建设立自由贸易试验区,其他地区自由贸易试验区的设立也在规划酝酿之中。自由贸易试验区的设立是新形势下我国推进改革开放的重大举措,对创新对外开放模式、加快政府职能转变具有至关重要的意义。而法治环境的建设与完善是自贸区得以良好发展的基础,本文在介绍自贸区设立的意义、法治环境建设的现状、重要性的基础上,着力探讨今后自贸区法治环境建设的措施与建议,以期能够为自贸区法治建设起到借鉴作用。

【关键词】自贸区 法治环境 创新与完善

当今世界经济有两大显著特点:一是经济全球化,二是区域经济一体化。20世纪90年代以来,以自贸区为目标的区域经济一体化协议已遍及全球,全球自贸区发展势头越来越迅猛。党的十八大提出要加快实施自贸区战略。2013年以来,我国分别在上海、广东、天津、福建设立自由贸易试验区,自贸区的设立对我国对外贸易有着深远的影响。现代经济是全球化的经济,又是法治化的经济。法治环境的建设与完善是自贸区得以良好发展的基础,是自贸区建设的制度保障。

一、我国自贸区概述及设立的意义

2013年9月27日,国务院批复成立中国(上海)自由贸易试验区。2014年12月26日,党中央、国务院决定设立广东、天津、福建三个自贸区,并扩展上海自贸区的实施范围。2015年4月20日,国务院批复成立中国(广东)自由贸易试验区、中国(天津)自由贸易试验区、中国(福建)自由贸易试验区3个自贸区,并扩展中国(上海)自由贸易试验区实施范围。2016年8月

---

[*] 黄志,广东省广州市南沙区人民检察院公诉科主任科员,员额检察官。

31日，党中央、国务院决定设立辽宁、浙江、河南、湖北、重庆、四川、陕西7个自贸区。2017年3月31日，国务院批复成立中国（辽宁）自由贸易试验区、中国（浙江）自由贸易试验区、中国（河南）自由贸易试验区、中国（湖北）自由贸易试验区、中国（重庆）自由贸易试验区、中国（四川）自由贸易试验区、中国（陕西）自由贸易试验区7个自贸区。至此，中国形成"1+3+7"共计11个自贸区的格局。

自贸区（Free Trade Zone，简称FTZ）是指在贸易和投资等方面比世贸组织有关规定更加优惠的贸易安排。在主权国家或地区的关境以外，划出特定的区域，准许外国商品豁免关税自由进出。实质上是采取自由港政策的关税隔离区。对自贸易区本身概念的界定没有一个完全统一的标准，比较宽泛，可以通过如下三个方面，更加深入了解自贸区：一是开放性。自贸区国际化程度较高，与国际市场的接轨更加广泛、频繁和密切，与国内其他地区不同的是，自贸区实行特殊的法律法规和政策，以便因地制宜更好地应对国际贸易交往的特殊需要。二是灵活性。为了鼓励国际贸易交易，促进经济的发展，自贸区制定了特殊的贸易政策，而这些政策在为自贸区的发展提供依据的同时，也已成为国家经济发展战略一个重要的因素。三是权威性。为了将自贸区的政策得到良好实施，国家必须赋予自贸区管理机构相关的行政管理权，这样才能提高自贸区政府的公信力，使得自贸区政策得到有效实施，而不是一纸空文。

设立自贸区意义重大，主要体现在以下几个方面：首先，自贸区能够促进全球资源配置能力，为中国经济转型升级营造良好的发展环境。并由深化改革完善市场机制来提升效率和实现改革红利。其次，自贸区能够建设新兴高端产业，特别是金融等现代服务业，从而弥补中国产业发展中的较弱环节。再次，自贸区作为国内区域发展协作的龙头。在通过巩固国内重点的领先发展基础后，可再以辐射及拉动广大国内协作区的发展，保证梯度开发动力，同时又为自贸区扩阔腹地。最后，自贸区还可成为建设海上丝路的基地，和内外经贸的衔接点。

当前，"一带一路"建设已成为中国开展对外经贸关系的重要基础及内容，而建设海上丝路须有一批开放及发展水平较高的基地，方便"引进来"及"走出去"的双向流通。自贸区乃承担此类任务的最佳选择，并可由此促进沿海地区成为海上丝路的内外衔接地带。由此可见，建立自贸区的经济发展战略意义重大。在巩固沿海发达地点的领先优势后，将有助促进内陆地区的开发和增强对境外的辐射能力，并促成内外联接以协调内部及对外经济的发展。

二、自贸区法治环境建设的重要性及目前现状

习近平总书记指出，凡属重大改革都要于法有据。在整个改革过程中，都要高度重视用法治思维和法治方式，加强对相关立法工作的协调。法治是一种由法律作为社会最高统治权威的社会治理模式，其具有突出的民主性、稳定性和合理性的优点。建设现代化的自贸区，没有高度发展的法治作为制度保障是不可能成功的。

（一）法治是自贸区建设的制度保障

法治对于自贸区建设的制度保障作用主要体现在以下几个方面：

1. 法治可以保障自贸区建设的正确方向。从政治方向来讲，最重要、最强有力的方式是法治方式，即通过立法的方式把自贸区的政治方向予以明确，并通过各级立法和执法、司法活动把这一基本政治方向贯彻到自贸区建设的各个方面，从而确保自贸区建设的正确的政治方向。我国保税区建设的经济方向是自贸区。保税区与自贸区在功能定位、管理模式和运作方式等方面均有较大差异，要保障我国的保税区顺利地从保税区转向自贸区，需要立法、执法、司法以及工商、税务、海关、金融、外贸等各个领域、各个部门的通力合作，而要保障这些部门政策的统一和各实际执法部门的通力协作就必须采取法治的方式，而不能采取行政命令的方式。

2. 法治可以把自贸区建设中行之有效的政策、措施和制度法律化，保障自贸区健康发展。自贸区建设在我国是新事物，需要通过实践探索行之有效的政策、措施和制度。这些政策、措施和制度是从实践中总结出来的适合我国国情的，具有无法估量的价值，必须通过法律化的方式将其固定、稳定，并通过法律的稳定性、明确性、强制性来保证这些行之有效的制度能够在自贸区的建设中进一步予以完善和发展。

（二）自贸区建设是法治的突破口

自贸区法治水平的提高有助于提升我国社会整体的法治水平。具体来讲，自贸区发挥这种示范区和突破口功能的途径主要包括以下两个方面：

1. 自贸区高度的开放性和自由性为引进国外先进的法律制度提供了优越条件。自贸区是高度开放、高度自由、高度发展的区域，这些优越条件使得自贸区可以更加容易地借鉴和吸收国外反映市场经济一般规律的先进的法律制度及其法治建

设的成功经验,也就导致了自贸区的法治建设总体水平可以走在全国的前列。由此,自贸区充分发挥了我国法治建设实验基地和示范区域的重要作用。

2. 自贸区可以成为我国法治建设的突破口。如何借鉴以及如何探索适合我国特殊国情的法治建设模式一直是困扰我国改革者和决策者们的一大难题,而自贸区建设则很可能成为一个突破口。首先进行借鉴和探索法治建设模式的实验,这将比全国直接借鉴和探索来得容易。其次,自贸区地区面积不大,进行实验的成本和风险与全国相比,相对较小。最后,自贸区监管相对宽松,进行法治建设实验的阻力和障碍较小,更容易推陈出新、与时俱进。自贸区的这些得天独厚的优越条件完全可以充当我国法治建设突破口的重任,自贸区的法治实验将在我国法治建设的历史上写下庄严的一章。①

五年来,我国自贸区建设成效显著,但是自贸区法治建设过程中依然存在诸多难题,与自贸区内在特性和发展需要相适应的法治保障体系亟待建立。一是自贸区尝试的新业态、新产品、政府行政监管等诸多方面还存在法律空白领域。参照世界贸易组织的统计,在全世界的12大类服务部门和143个服务项目之中,我国目前有部分服务行业基本上还是无法可依、无章可循。二是新的自贸区法律法规与我国现有法律和行政规范的冲突与衔接问题仍需得到解决。由于体制、机制的局限以及执法人员思维意识、知识储备等都不太能够适应这种变化,从而导致了事中、事后监管面临着诸多困境。三是自贸区多元化争议解决方面的国际化差距仍然较大。比如上海近年来努力引入国际商事仲裁机构入驻,并致力打造亚洲国际仲裁中心。但是就仲裁制度而言,其与国际化标准仍存在较大的差距。四是在全国范围内多个自贸试验区建设同步进行的情况下,国家加强法律层面的协调和顶层设计尚有不足。

法治并非简单的口号,也不是抽象的概念,它是通过具体的制度内容来表现和实现的。总的来看,我国自贸区法治环境建设的理想形态应具备三大特征:一是法律体系构造完整;二是事权划分合理;三是制度内容蕴含法治的精神。因此,自贸区法治环境建设的核心生命力在于制度创新。可以说,制度创新是法治建设的内在动力,是推动自贸区由"法制"向"法治"跨越的引擎。二者相辅相成,缺一不可。

---

① 刘剑文、魏建国、翟继光:《全球化视野下的自贸区与法治建设》,载《人民政坛》2015年第9期。

三、完善自贸区法治环境建设的建议

完善的法治环境是自贸区得以发展的基石，目前，我国自贸区法制体系已见雏形，但是还不够完善，且自贸区深化改革和制度创新都离不开优良的法治环境作为保障。结合我国经济社会自身发展的特点，考虑到现阶段自贸区发展过程中存在的不足，探索适合我国自贸区的发展之路是当务之急。

（一）制定自贸区的专门性法律规范

当前，我国针对自贸区并没有统一的立法，现在的自贸区法律都是一些法规和地方规章，并没有直接可以适用的法律。我国一直主张要"先行立法，充分发挥立法的指导和规范作用"，只有这样才能使得自贸区法律建设逐步完善。自贸区要想得以长期稳定的发展必须要加强立法，完善法制体系，使自贸区可以"有法可依"。所以，我国应尽快出台与自贸区发展相配套的系列法律法规，把自贸区的发展模式、相关政策通过立法得以明确下来，为自贸区的发展奠定坚实的法治之基。①

首先，要制定施行国家层面的自贸区法律法规。一是为自贸区建设提供顶层法治保障，在更高法律位阶统筹规划、合理布局、引领建设中国自贸区。二是依据"新法优于旧法、特别法优于一般法"原则修订、变更与自贸区制度创新不一致的现行法律法规，以便自贸区在涉及国家事权的经济、金融、税收、海关等领域进行制度创新。三是合理限定中央与地方、地方与地方、不同自贸区之间的制度创新权限及范围，促进国内多个自贸区之间的优势互补与协调发展。

其次，要改革现行授权立法制度。自贸区管委会至今仍属于所在地政府的临时性派出机构，其法律性质与法律地位依然模糊。一方面，明确自贸区管委会的法律地位和法律性质，赋予其独立合法的行政法律地位。另一方面，许可全国人大及其常委会、国务院直接向自贸区进行授权立法，通过改革授权立法与管理权限，允许自贸区管委会在一定范围内进行自主制度创新，从而有效提升区内行政管理效率、激发区内市场经济活力。

（二）深化行政管理体制改革

改革是事物发展前进的动力源泉，对自贸区的发展要改革创新政府管理方式，理顺政府和市场的关系，优化行政管理服务环境，按照国际化、市场化、

---

① 杜娜、马秋：《自贸区法治环境建设探讨》，载《法制与社会》2017年第1期。

法制化要求，探索建立与国际贸易规则相适应的行政管理和服务体系。建设自贸区良好的法治环境，必须加快政府职能的转变。一是要创新改革政府管理模式，根据法治化的要求，探索建立和国际投资贸易规则体系相适应的行政管理体系，实现跨部门协同动态管理。二是政府应立足于服务，放权于市场，完善信息公开机制，提升政府行政的透明度，促进各投资主体之间实现公平竞争。三是建立便捷高效的管理服务模式，由政府主导转变为由企业或者政企混合主导，大大提升自贸区投资和通关的效率。四是改革行政审批制度，精简审批事项和流程，实行简单化和便利化的服务模式。[1]

天津自贸区在行政体制改革方面花了大力气去努力打造自贸区要求的高效政府体系，作出了较好的尝试，取得了显著成效。一是在审批管理体制上突破。天津自贸区已经建成了统一和集中的行政审批机构。把过去分散在18个部门的行政审批权限全部集中于一个部门，进一步减化了审批机构，包括审批的流程。这是管理体制方面的重要突破。二是清单式强化行政职责。天津自贸区发布了自贸区的行政审批，包括服务的市场门路，总共是241项，涉及行政许可的项目是220项，服务21项。通过这种管理模式来实现法定职责必须为的情况。三是通过行政手段发挥"互联网+"的作用，天津自贸区建立了全市统一的行政审批工作，推进了行政许可办法，企业可以在网上直接办理相关行政许可。四是推进了具有天津自贸区特色的制度改革，率先实现改革的基础上，进一步把一般纳税人的登记、税种合并，包括一些涉税事项一并纳入了审批当中。通过这些工作进一步理顺市场和政府的关系，明确了市场的边界，简化了相关行政审批的流程，提高了行政效率。

良好的法治环境还要加强市场监督和对行政权力的监督。充分运用社会力量参与市场监督制度，创新政府管理方式，研究制定行业协会管理模式，打造社会力量参与市场监督工作机制，引导社会公众积极参与监督。

（三）优化区域法治环境

司法是法治的重要维度，没有司法的保障，法治将无法实现。因此，公正、高效审理各类涉自贸区案件，平等保护中外当事人合法权利、依法打击涉自贸区的刑事犯罪、支持和监督政府在自贸区依法行政，为自贸区的建设提供

---

[1] 穆秀英：《法治化视阈下的辽宁自贸区营商环境建设》，载《当代经济》2018年第6期。

优质高效的司法服务和有力的司法保障,才能实现自贸区的法治化及其肩负实现的目标。

为了更好地解决上海自贸区内的各类法律争议,人民法院、仲裁机构等已经做了有益的尝试。上海市高级人民法院、上海市第一中级人民法院、上海市浦东新区人民法院分别发布了一些文件,要求各级法院必须充分发挥化解矛盾纠纷、支持改革创新、营造法治环境的职能作用,并对上海自贸区的司法保障工作提出了具体要求。上海国际经济贸易仲裁委员会也制定发布了《中国(上海)自贸区仲裁规则》,完善了上海自贸易区内的仲裁程序和仲裁规则,特别提出了仲裁和调解相结合的纠纷解决方式。①

为了促进自贸区法治建设,各自贸区法庭先后成立,以集中化、专业化审理各类涉自贸区案件。例如,上海浦东新区人民法院自贸区法庭、上海海事法院自贸区法庭等。这些法庭主要受理涉自贸区的投资、贸易、金融等合同纠纷,商事侵权纠纷、房地产纠纷及知识产权纠纷等民商事纠纷,以及知识产权刑事、行政诉讼,海事海商行政一审案件。为自贸区提供司法服务的并非只限于这些自贸区法庭。例如,在诉讼标的额超过一定金额时,将由上级人民法院管辖。再如,在厦门,涉自贸区的涉台案件由海沧区人民法院和厦门市中级人民法院集中管辖。而广东则是建立了广东自贸试验区南沙片区人民法院。广东自贸试验区南沙片区人民法院是全国第一家自贸试验区法院。自贸区法院管辖与南沙自贸区相关联的第一审民商事案件,同时根据自贸区建设和运行的实际,对受案范围作相应的调整。

尤其值得关注的是,广州南沙片区检察院、深圳前海蛇口检察院、珠海横琴新区检察院均先后制定实施了保障自贸区建设指导意见,并突出精细化办案,着力为自贸区建设营造安全稳定的社会环境。如广州南沙片区检察院积极推进智慧公诉建设、建立涉自贸区适格犯罪嫌疑人暂缓起诉制度等办案模式等,取得了较好的法律效果和社会效果。广东自贸区检察院围绕服务保障自贸区建设,充分发挥检察职能,为自贸区建设营造国际化、法治化、便利化的营商环境作出了有益的探索和努力。

---

① 夏小雄:《自贸区建设需要法治保障》,载《经济参考报》2015年5月19日第8版。

自贸区重大监督事项案件化办理浅析

廖 亮[*] 贺星星[**]

【摘 要】"探索实行重大监督事项案件化办理模式"是最高人民检察院《"十三五"时期检察工作发展规划纲要》的要求。重大监督事项案件化办理模式试点工作在全国检察机关内部稳步推进,各个地方根据本地的司法实践进行了有益的探索,总结了宝贵的经验。同时,在司法实践中,出现不少亟须解决的问题。笔者所处的自贸区检察院,在试行重大监督案件化办理的过程中,也出现了不少特殊的问题。问题的解决直接影响到了制度的畅顺运行。本文旨在对发现的问题进行总结,对提出初步看法,为进一步探索提供一点思路。

【关键词】自贸区 侦查监督 聚焦监督 办案模式 规范化

南沙自贸区多重叠加的国家战略任务,要求自贸区内法治化营商环境的建设。自贸区检察机关是法治化营商环境建设的重要组成部分,而重大监督事项案件化办理模式正是南沙检察机关服务自贸区积极探索的新途径。重大监督事项案件化办理模式是在新时期检察机关贯彻全面依法治国战略,司法体制改革不断深入,聚焦监督主业满足新时代群众司法需求的背景下应运而生,着重解决检察机关在实施法律监督过程中,特别是对侦查机关侦查活动的监督,遇到的实践难题,旨在通过转变监督的工作模式,从而提高侦查监督工作的法治化、现代化。在实际工作随着重大监督事项案件化办理模式的探索稳步推进中,笔者发现,无论是在理论研究、制度规定,还是在司法实践操作层面,该办案模式都存在需要探讨明确的问题,且这些问题直接影响到该制度的运行效果,约束了监督职能的发挥。

---

[*] 廖亮,广东省广州市南沙区人民检察院侦监科科员,员额检察官。
[**] 贺星星,广东省广州市南沙区人民检察院侦监科科员,员额检察官。

一、自贸区重大监督事项案件化办理概述

自贸区重大监督事项案件化办理是指为了更好服务自贸区，营造法治化环境，由侦查监督部门对立案、侦查活动、"两法衔接"的重大事项实施监督时，参照案件办理的模式，形成从监督线索受理、审查立案、调查核实、实施监督、审核决定、跟踪反馈、复查复核到结案归档的案件化办理流程。该模式之所以称为自贸区重大监督事项案件化办理，是因为之前两项监督工作以办事模式进行，而现在转变为办案模式。模式的转变不是简单的名称变更，而是涉及内涵的丰富和制度的创设，且为侦查监督工作带来重大的变革。

（一）自贸区重大监督事项案件化办理内涵

自贸区重大监督事项案件化办理把两项监督工作转变为办案模式[①]，增加自贸区要求的司法透明化和公开化，应当遵循办案的一般规律，应当具备四个基本的要素和内容。

1. 办理过程案卷化。案卷是案件的载体，通过各种的内外文书记录着检察官在调查、审查、作出决定的全过程。立案、侦查活动、"两法衔接"的重大事项在之前往往是依附于审查逮捕程序、控告申诉程序等相关程序，是其中的一个子程序，不具有独立性，不需要单独设立独有的对内、对外法律文书，也不需要单独的结案归档。重大监督事项案件化办理实现案件化从其他相关程序诉讼程序中单列出来，成为一个独立的监督程序，而独立的基础就是独立成卷。因此，只有实现案卷化才能赋予了重大监督事项案件化办理独立案件的特性，才能使检察官办理侦查监督案件全程留下痕迹，明确侦查监督的司法办案职责，才能促进侦查监督办案的规范化。

2. 认定事实证据化。在司法证明活动中，认定事实应当遵循证据裁判规则，即司法人员根据调查过程当中收集的证据，在综合各个证据的基础上，运用证据裁判规则，认定案件事实。重大监督事项案件化办理作为一个司法活动，其在证明侦查人员是否存在违法活动时，应当适用证据裁判规则。检察官实施立案、侦查活动、"两法衔接"的重大事项监督，需要通过询问相关人员、调取涉案材料、核实情况等调查方法，获取各种证据，证实是否存在违法

[①] 韩晓峰、陈超然：《诉讼监督事项案件化的思考——以侦查监督为分析视角》，载《人民检察》2016年第21期。

活动，确定违法侦查活动的主体和违法活动造成的损害程度。检察官作出决定的直接认定和推断都建立在牢固的证据基础之上，禁止随意性的猜测和主观臆断。因此，只有实现证据化才能赋予重大监督事项案件化办理司法属性，才能增强侦查监督活动的合理性，才能提高作出监督活动决定的权威性。

3. 案件流程程序化。司法公正追求实体公正和程序公正，而程序公正是司法公正的外部表现，是一种看得见的正义。坚定地遵守严格的程序，是我们赖以实现人人在法律面前平等享有正义的主要保证。① 重大监督事项案件化办理属于司法活动，必然追求司法公正，而程序公正也是应有之义。办案流程实现程序化就是严格按照规定的制度启动调查和运行。为了实现程序化，体现程序正义，应当对侦查监督活动的立案标准、启动步骤、期限等进行规制；应当对调查范围、措施、期限等进行规制；应当对案件审查的证据规则、证据标准等进行规制；应当对决定作出的内容、种类、方式等进行规制。因此，只有实现流程程序化才能赋予重大监督事项案件化办理程序正义，才能确保侦查监督活动的正当性，才能确保监督活动决定的正确性。

4. 调查结果决定化。重大监督事项案件化办理的程序化决定了调查必须有结果，并根据结果作出既定的决定。以往的侦查监督办事模式只是将结论记录在审查类的对内文书上，不对外出具独立文书，导致了侦查监督活动具有封闭性，公开透明性不足。侦查监督办案过程从办事模式向办案模式转变后，按照以往办事模式根据证据认定事实，得出结论并不能满足办案模式的要求，应当在得出结论的基础上，再把结论归结到既定的决定种类，以正式对外法律文书的方式予以确定。因此，只有实现决定化才能赋予了重大监督事项案件化办理独立案件的法律效果，才能增加侦查监督的公开透明化，才能增加被监督对象对结果认受性。

（二）自贸区重大监督事项案件化办理的重大意义

自贸区检察机关要保障法治化营商环境，必须要从自身的监督主业进行着手，把监督程序纳入法治化的进程。同时，从侦查监督部门成立以来，侦查监督工作存在线索发现难、调查核实难、监督处理难三大难题，严重阻碍着侦查监督职能的发挥。在以审判为中心的刑事诉讼制度改革、深化司法体制改革、

---

① 陈瑞华：《看得见的正义》，中国法制出版社 2000 年版，第 4 页。

完善检察监督体系改革的大背景下，重大监督事项案件化办理成为了破解侦查监督工作难题[①]，扫除法律监督工作发展障碍的有益探索。

1. 自贸区法治化营商环境要求。南沙区检察院紧紧围绕国家重大战略实施，充分发挥检察职能，扎实推进项目建设，创新服务保障自贸区建设新方式，不断深化制度试点工作，持续打造高质量检察创新产品，助推广东"四个走在全国前列"。同时，南沙区检察院紧紧围绕南沙自贸区、粤港澳大湾区法治化营商环境建设，深入推进检察制度创新、工作机制创新和创新平台建设，打造更加规范公正高效的司法服务保障体系。这就决定了自贸区的监督主业，应当实施重大监督事项案件化办理。

2. 司法体制改革的内在要求。司法体制改革的核心内容是司法责任制。完善司法责任制是建立权责统一、权责明晰、权力制约的司法权运行机制，该机制贯穿整个司法体制改革。在以往的侦查监督工作中，侦查监督工作依附于审查逮捕等诉讼程序，只是审查逮捕工作中对证据证明能力判断中的一个环节，不是一个独立的监督程序，不具有程序价值。该办事工作模式使检察官对待监督工作有较大随意性，导致监督过程虚化、监督质量不高。同时，事后无法通过案件质量评查机制进行约束，导致权力监督缺位，权责不明。处在检察机关改革风口的重大监督事项案件化办理把权责模糊、监督缺位的办事模式转变为权责明晰、监督全覆盖的办案模式，是落实司法责任制的重要体现，也是完善司法体制改革的要求。推行重大监督事项案件化办理，把两项监督工作拉回办案模式的轨道，通过既定程序化的办案流程，限制了检察官的随意性，完善了监督的启动、调查、审查、决定的制度权责，完成案卷化的流程为案件反馈机制创设基础，实现权责统一。

3. 聚焦监督主业的重大举措。宪法赋予检察机关法律监督的职能。最高人民检察官检察长、首席大检察官张军在云南省调研中指出，检察机关的法律监督职能说到底要在办案中实现，没有空头的监督。长期以来，侦查监督部门把审查逮捕工作作为主业，使得审查逮捕工作发展相对规范，而立案监督、侦查活动监督在主客观原因的作用下，推进缓慢落后，甚至停滞不前。究其原因，不难发现客观上有线索发现难、调查核实难、监督处理难[②]的三座大山，更为

[①] 朱启鹤：《对建立重大监督事项案件化办理模式的一点思考》，载《法制博览》2017年第36期。

[②] 於乾雄、马珣、黄露：《推进重大监督事项案件化若干问题思考》，载《中国检察官》2017年第13期。

重要的是主观上有"重配合，轻监督"的理念。所谓"理念一新天地宽"。推进重大监督事项案件化办理，就是要将工作重心聚焦案件办理，实现法律监督主责主业回归的重要体现。重大监督事项案件化办理通过案卷化、证据化、程序化、决定化的方式，使得检察官在观念上摒弃"重配合，轻监督"，向敢于监督、善于监督、依法监督、规范监督迈进。

4.提升司法公信力的强力手段。司法公信力是依法行使司法权的客观表现，是人民群众对司法裁判过程和结果充分信赖、尊重和认同的反映。重大监督事项案件化办理通过制度的框架，以法定的手段和标准展开调查，以严格的监督标准认定事实，以正式的决定形式宣告，实现规范办案的全过程，提高侦查监督的品质，满足人民群众日益增长的司法需求。同时，监督案件的申诉控告人或者被监督对象可以通过严格的司法程序，规范化的办案，合法合理的解释，对检察机关产生信赖感，对侦查监督办案决定产生尊重和认同，在司法案件中体会到公平正义。

二、自贸区重大监督事项案件化办理的实践

重大监督事项案件化办理在部分地区已经出台了相关的规定，总结了不少值得借鉴的经验，为进一步推动该制度的遍地开花夯实了基础。湖南省长沙市检察院制定了《重大监督事项"案件化"办理规定（试行）》，山东省济南市检察院分别制定了《刑事立案监督案件办理细则（试行）》和《侦查活动监督案件办理细则（试行）》，上海市检察机关制定了《社区检察诉讼监督案件办理工作细则》[①]，广东省广州市白云区检察院制定了《重大监督事项"案件化"办理规定（试行）》[②]等。笔者所在的广东省广州市南沙区检察院处于南沙区自贸区的特殊地理位置上，也制定了有自身特色的实施办法。目前已形成了一些较为成熟的工作机制、积累了一些实践、也取得了一些成效。

（一）实践概述

1.实行两个分离的制度。一是将监督与审查逮捕工作分离，二是交监督岗位及审查逮捕岗位分离，确立监督专业化工作模式。目前南沙区院监督岗位由一名员额检察官和一名助理组成，主要负责立案监督、重大侦查活动监督和两

---

① 万毅、韩晓峰、龚培华：《如何深入探索重大监督事项案件化办理》，载《人民检察》2017年第15期。
② 刘莺莺：《重大监督事项案件化办理的路径探索》，载《中国检察官》2018年第3期。

法衔接工作事宜。为突出该岗位的独立性与专业性，调动组员工作的积极性，已在员额检察官考核评价体系中特别增设监督岗位的考量指标。

2. 监督成效较为显著。自推行该机制以来南沙区院共办理案件16件，其中11件是涉及自贸区营商环境案件。众所知周，南沙自贸区优惠政策吸引了大量企业入驻，但也有投机分子利用自贸区企业注册便利化实施犯罪。自2017年以来，该区先后发现多家企业在登记注册公司时使用虚假材料（包括身份证和假的房产证件），此行为不仅扰乱了公司登记机关的行政管理秩序，损害政府公信力，还严重侵害了公民个人信息、妨害了社会管理秩序。同时，企业代理机构为了追求经济利益，不核查资料来源、不追问材料真假，通过微信或者QQ平台购买房产证件，为制假造假行业提供了生存发展空间，严重影响了自贸区营商环境和管理秩序。自发现上述现象后，南沙区院与相关职能部门进行深入沟通、提供法律意见，监督公安机关立案侦查。针对公安机关怠于侦查的情况进行调查，并发出催办函督促公安机关调查取证。

（二）存在困境

结合在自贸区司法实践中的有益探索，在自贸区重大监督事项案件化办理运行过程中，笔者发现了不少需要明晰和解决的问题。

1. 在适用范围上存在的问题。自贸区重大监督事项案件化办理制度，首先要确定的是适用范围，即启动调查的标准。适用范围存在两个维度，一个是适用的广度，另一个是适用的程度。综观上述规定，在适用的广度上，不同的地方有不同的做法，但是适用的程度上存在普遍的问题。

第一，在适用的广度上，各地根据本地的司法实践，规定了不同的做法都是有益的探索。有的地方规定刑事执行监督、民事监督、侦查活动监督、立案监督、"两法衔接"都囊括入大监督体系当中，适用同一个监督规定。有的地方将由侦查监督部门主导，将立案监督、侦查活动监督和"两法衔接"先行规定，进行初步的探索。南沙区检察院就把重点放在了涉自贸区的案件上，凡是涉及自贸区的监督案件都必须按照重大监督事项案件化模式来办理。但是对"涉自贸区"的概念没有进行厘清，导致适用上的混乱。

第二，在适用的程度上，从规定上看，其他省市检察院的做法都各有特色，但普遍存在较少使用量化标准来定义重大监督事项的问题。作为广州市试点的白云区检察官和笔者所在的南沙区检察院也存在同样的问题。虽然在制定规定之初进行先行先试,过度限缩重大监督事项的"重大"的定义会造成制度适用范围过窄,不能达到规定的目的,但是伸展性较强的定义,增加了检察官或者申诉人启动的恣意性,造成调查启动的滥用,违背了设立重大监督事项案件化办理制度的初衷。本院和白云区检察院都规定,重大监督事项是指以下案件或事件:(1)严重违反法定程序或侵犯当事人权益,社会影响恶劣的;(2)经新闻媒体曝光或互联网广泛传播,社会关注度高的;(3)辩护律师、当事人及其家属申请监督的;(4)存在重大信访、维稳风险的;(5)严重影响区域经济的;(6)领导批示或上级交办、督办的;(7)其他需要监督的严重情形。在司法实践中,笔者就办理过申诉人滥用重大监督事项的案子。申诉人和其律师根据本院的重大监督事项案件化办理规定,要求对案件进行立案监督。本院依法作出决定后,申诉人再次以侦查活动监督为由,认为取保候审措施适用不当。然该申诉人暂时没有再次申诉,但是本应该按照一般申诉案件可以处理的案件,适用高阶的重大监督事项案件化办理,暴露出适用程度上存在漏洞。

2. 在监督途径上存在的问题。监督途径主要包括调查核实的手段和作出决定的方式。法律监督调查核实方面,最高人民检察院侦查监督厅于2013年制定下发的《关于侦查监督部门调查核实侦查违法行为的意见(试行)》第5条明确规定了讯问犯罪嫌疑人,询问证人、被害人或者其他诉讼参与人;询问办案人员;听取辩护律师意见;查看、调取讯问笔录、讯问录音、录像,查询、调取犯罪嫌疑人出入看守所的身体检查记录及相关材料;查阅、调取或者复制相关法律文书或者案件材料;鉴定等十种方式。在监督方式上,主要有纠正违法、提出纠正意见、排除非法证据、建议更换办案人、移送职务犯罪线索、制发检察建议等六种类型。[1] 各地检察院重大监督事项案件化办理的规定都是自行按照上述工作办法制定,由于信息收集渠道有限,笔者无法通过期刊等途径看到其他检察院的问题。但是笔者所在的检察院实践过程中,就存在权限不足,监督刚性不强的情况,导致调查核实开展难、监督处理难。最高人民检察院侦查监督厅于2013年制定下发的《关于侦查监督部门调查核实侦查违法行为的意见(试行)》[2] 是在检察系统侦查监督部门开展工作的意见,其效力不及于检察系统内设部门,更无法约束检察机关外的其他被监督部门。侦查监督部

---

[1] 万毅、韩晓峰、龚培华:《如何深入探索重大监督事项案件化办理》,载《人民检察》2017年第15期。
[2] 黄河、赵学武:《侦查监督的现状、问题和发展方向》,载《人民检察》2016年第21期。

门开展调查活动时，必然会与其他部门产生接触，需要其他部门配合，仅凭单位之间的友好协作关系并不能完全保障按时按质按量完成调查的目标。同时，监督方式多为意见建议，不具有监督刚性，无法对被监督单位，甚至对被监督个人，产生强制力，难以形成好的监督效果，使得制度大打折扣。

3.在证据上存在的问题。调查的目的是取得证据，而作出决定也以证据为基础。因此，综合调查取得的证据和运用证据裁判规则，认定案件是否存在违法情况，是重大监督事项案件化办理的核心内容。综观上述几个试点检察院的规定，在实施办法当中只是提及调查手段或者证据种类，但是都没有涉及证据规则问题。笔者向本院制定实施办法的检察官了解制定过程，发现制定之初并非没有考虑不周全，而是制定者们认为证据规则存在普适性，审查逮捕中的证据规则一样适用于重大监督事项案件化办理，无须在实施办法中累赘表述。不可否认，证据规则具有普适性，但是在不同的程序中，也会有各自的特点。

第一，证明标准上的问题。审查逮捕程序中的证据种类和范围、证明方法、证明责任等方面与审查起诉程序基本一致，但是在证明标准上，两者就存在明显的差别。批准（决定）逮捕对案件事实的证据标准是"有证据证明有犯罪事实"，而起诉的证据标准则是"犯罪事实已经查清，证据确实、充分"。审查逮捕程序适用审查起诉标准，必然会导致人为拔高证据标准，不利于打击犯罪。反之，即降低起诉标准，可能会侵犯人权。同为诉讼程序都存在该情况，更何况诉讼程序与监督程序。重大监督事项案件化办理是监督程序，与审查逮捕程序为诉讼程序，两者是相分离，存在差异性。将诉讼程序的证明规则移植到监督程序，可能会出现排斥情况，甚至影响到受体的存活。

第二，证明责任的问题。《刑事诉讼法》第51条规定，"公诉案件中被告人有罪的举证责任由人民检察院承担，自诉案件中被告人有罪的举证责任由自诉人承担"。诉讼程序中，举证责任全部落在检察院身上。但是在重大监督事项案件化办理的监督程序中，举证责任也适用诉讼程序，必然导致很多监督案件无法处理。笔者了解到一个案例就出现套用举证责任出现了问题。在一个"两法衔接"的案件中，行政机关将涉嫌刑事犯罪的案件移交给侦查机关进行侦查，而侦查机关在接收涉案物品时，只是书面上接收，将涉案物品按照双方协定由行政机关保管。但是，案件到了审查逮捕阶段，办案检察官发现涉案物品已经灭失，行政机关与侦查机关相互推诿责任。检察官启动重大监督事项案件化办理程序，经过调查，收集到了侦查机关的签收单，侦查机关辩解只是书面签收,涉案物品按照惯例保管在行政机关。行政机关也辩解按照惯例应该保管,但不知道涉案物品是否真实保管。按照诉讼程序的举证责任,该案无法认定违法主体。

4. 在内设机构职能交叉上存在的问题。由于重大监督事项案件化办理在适用广度上,不同地方有不同的经验做法,不同的做法涉及不同的内设部门,但是内设机构交叉职能不理清,多头管理,权责不清,可能会严重影响着重大监督事项案件化办理的运行。以笔者所在的检察院为例,在适用广度设定上,属于以侦查监督部门的两项监督工作来实施重大监督事项案件化办理的模式。实践中,职能交叉问题不同程度影响着重大监督事项案件化办理的实施。规定设立了框架,没有将涉及的内设部门权责进行划分,但实际操作涉及其他部门,又无章可循,降低了办案效率。依照重大监督事项案件化办理规定,办理侦查活动监督案件时,程序主导者为侦查监督部门的检察官。由于内部权限设置效力无法及于看守所,该检察官运用调查手段到看守所讯问犯罪嫌疑人时,就需要刑事执行部门的配合。在没有规章制度的情况下,办案检察官实施调查需要刑事执行部门配合,靠的是每次进行部门之间的沟通协调,或者检察官们的感情联络。在本院运行过程中,刑事执行监督部门是十分配合工作的,但是也会在主观上认为是帮助,而不是职责。由于内设部门职权划分,在有控告申诉人的侦查活动监督案件,检察官作出决定后,由控诉申诉部门检察官向控告申诉人解释,二传手的传达,导致解释不到位。笔者就曾经遇到由于沟通上不顺畅导致控告申诉人缠访的情况。

三、自贸区重大监督事项案件化办理的进路

自贸区重大监督事项案件化办理模式在先行先试的过程中,积累了不少可复制可借鉴的宝贵经验,但是也暴露出尚待解决的问题。笔者从制度运行实践出发,提出五点初步意见,为制度的完善提供一点思路。

1. 转变司法监督理念,建立良性共赢关系。最高人民检察院检察长、首席大检察官张军在政法领导干部专题研讨班上提出,要树立、养成共同的执法司法理念,建立监督与被监督的良性关系,实现监督者与被监督者双赢、多赢、共赢。[①] 监督者与被监督者之间应当是相互配合追诉犯罪的同行者,是相互制

---

① 《首席大检察官张军最近一直强调的问题是?》载法律读库微信公众号,2018年5月16日。

约规范互动的支持者。检察官实施重大监督事项案件化办理的过程中，应当摒弃以往"监督就是高人一等的"和"重配合，轻监督"的错误理念，树立、养成有共同的司法公正目标，有共同的价值取向的司法理念，为重大监督事项案件化办理制度协调发展奠定思想基础。

落实司法监督理念的转变，应当让侦查机关参与到重大监督事项案件化办理制度的制定和修改的过程，听取侦查机关的意见，将有益的建议加入规定，体现侦查机关意志，使得监督以更为容易接受的方式落实。

2. 强调内涵运行原则，明确制度适用范围。在适用广度方面，笔者认为建立大而全的重大监督事项案件化办理制度在司法实践条件不成熟的情况下，不能一蹴而就，一步到位建立完善的监督体系。以侦查监督部门为主导，整合两项监督工作为主业的模式较为合适。由于侦查监督工作相比其他监督工作发展相对成熟，且与侦查机关关系密切，可以较好开展重大监督事项案件化办理工作。待司法实践条件成熟后，再将其他监督工作纳入规定，循序渐进逐步完善重大监督事项案件化办理制度。

在适用程度方面，通过积累实践经验，尽量使用量化直观标准来定义启动标准和厘清部分容易产生模糊地带的概念。制度制定之初，为了测试可行性和稳定性，订立较为宽松的定义是可行的。但是随着制度运行畅顺后，宽松的标准可能会给制度的发展带来不利后果。适时的修订是非常必要的。修订时，建议多使用量化直观标准，使得标准更容易操作，减少使用概括式、主观式的标准。"涉自贸区"案件可以将其解释为被害人或者被害单位是自贸区企业。

同时，界定是否属于重大监督事项时，应当遵循必要性原则和监督比例原则。重大监督事项案件化办理制度监督程度高、周期长、强度大，不可能对所有侦查违法事项都适用。侦查违法行为当中，有轻微的违法活动，例如法律文书的笔误、格式不规范等，这类一般的侦查违法行为，口头纠正或者发出《侦查活动监督通知书》即可；而对于严重的需要发出《纠正违法通知书》的行为，例如侵犯当事人的人身权利致轻微伤的，侵犯财产权利致1万元损失的等，可以列入重大监督事项的范围内。

以本院的规定为例，"存在重大信访、维稳风险的"是否可以参照大一统案件管理系统内的风险评估内容，改为更为量化直观的标准"30人（含30人）以上的群体性上访、闹访、缠访"。

3. 争取各方支持协作，强化侦查监督手段。以保障自贸区法治化营商环境为切入点，针对监督手段和方式效力不足，监督刚性不强的情况，建议和地方人大、监察机关、公安机关等加强沟通，寻求支持协作。

第一，争取地方人大支持，把制度上升为地方立法层面，将监督手段和方式的约束力扩大到地方各个部门。重大监督事项案件化办理模式是检察机关的探索，其调查手段和监督方式主要依据《关于侦查监督部门调查核实侦查违法行为的意见（试行）》，效力无法及于地方行政机关和侦查机关。得到地方支持，通过地方性法规，才能使行政机关从帮忙协助转变为有义务配合调查。因此，推动地方立法，是强化调查手段和监督方式，增强监督刚性的必由之路。

第二，加强与监察机关协作，通过会议纪要、会签文件等方式，使得法律监督机制与监察监督机制相衔接，通过监察手段增强监督手段和方式。相对于推动地方立法的严格程序、漫长的周期，与监察机关通过会签文件、会议纪要等方式会更为立竿见影。检察机关可以与监察机关建立信息共享、线索移交等协作机制。通过这些建立的机制更为有效地增强监督手段和方式。

第三，加强与公安机关的法制部门、内部监督部门协作，争取把监督方式成为公安机关内部考核、督查的考量指标。检察机关的侦查监督部门是与公安机关业务来往最多的部门。由侦查监督部门与公安机关内设的法制部门进行初步协商，搭建框架后，再由法制部门与内部督查部门共同出台文件。笔者所在的侦查监督部门已经稳步推进与法制部门磋商，取得了阶段性的成果。

4. 找准监督程序定位，构建差异化证据规则。证据规则在监督程序中的特殊性，主要表现在证明标准和证明责任。因此，重大监督事项案件化办理制度证据规则规定，对证明标准和证明责任进行明晰，其他部分参照诉讼程序即可。

第一，证明标准。由于监督程序和诉讼程序的价值取向的不同，导致了监督程序的证明标准不能照搬审查逮捕的证据标准。审查逮捕作为诉讼程序既有打击犯罪，又有保障人权的价值目标。重大监督事项案件化办理制度作为监督程序目标明确为保障侦查活动依法进行。为了限制权力的滥用，刑事诉讼证明标准最为严格，其标准直接关系到是否剥夺人身自由。但重大监督事项案件化办理制度认定的侦查活动是否合法，人为提高标准会使违法侦查活动取得的非法证据进入诉讼程序，造成严重后果。因此，笔者认为可以从民事诉讼当中借鉴"优势证据"原则来作为重大监督事项案件化办理制度的证明标准。

第二，证明责任。刑事诉讼当中，证明责任完全在检察机关。但是在重大监督事项案件化办理制度上不能完全将证明责任放在检察机关身上。在监督程序中，检察机关作为一个外部机关的调查手段不可能完全进入侦查机关内部收集到直接证明的证据。同时，侦查机关在行使刑事诉讼法规定的权力时，应当要承受相应的义务，才能取得权责相一致。因此，笔者认定在证明责任上应当以检察机关举证为原则，以责任倒置为例外。否则，重大监督事项案件化办理制度将无法肩负起监督重任。至于例外情况的甄别，还需在后续的司法实践当中丰富。

5. 立足内设机构改革，准确划分监督职能。检察机关内设机关改革的其中一个目标就是扁平化和办案专业化协调推进。重大监督事项案件化办理涉及多个内设部门，职能之间存在交叉。整合重大监督事项工作到一个部门进行办理，能提高司法效率，也能提高监督品质。侦查监督作为一个专业化较强的职能，应当整合单列出来，与审查逮捕的诉讼程序分离。有观点认为，应当将侦查监督部门的两项监督和"两法衔接"工作分离给其他部门。① 笔者不同意这种观点，把两项监督和"两法衔接"工作分离出去，即将牵头重大监督事项案件化办理的侦查监督部门打散归类，是一个本末倒置的做法。重大监督事项案件化办理目的就是为了增强侦查监督职能，而打散归类的方法无疑是对侦查监督职能的削弱。

因此，笔者建议应当将涉及重大监督事项案件化办理的部分职能从其他部门划归侦查监督部门统一行使。例如，将控告申诉部门、刑事执行部门的部分职能划归侦查监督部门行使，为重大监督事项案件化办理调查工作、决定说理工作扫清理论和法律上的障碍，使制度更为畅通的运行。同时，涉及自贸区的案件建议规定专人专办，由自贸区刑事诉讼监督组或者部门办理。

---

① 刘莺莺：《重大监督事项案件化办理的路径探索》，载《中国检察官》2018年第3期。

自贸区检察院与自贸区公安机关工作协调对接关系

——以"捕诉合一"为视角

廖 亮[*]

【摘 要】随着自贸试验区的设立,区内市场经济被注入了活力,造就了前所未有的繁荣,但是繁荣背后的犯罪也随之而来。自贸区的检察机关和公安部门相互配合、相互制约共同严厉打击破坏市场经济的犯罪。司法实践中,在各种因素的影响下,检察机关和公安部门履行职权时,出现不协调的情况,直接影响职能的发挥。如何更好地协调衔接自贸区内检察机关和公安部门的关系,形成打击犯罪的合力,遏制犯罪的发生,保障自贸区经济的发展,日益凸显其重要性。同时,在司法责任制和以审判为中心的司法改革推动下,以往检察机关和公安部门工作协调对接关系存在的问题也不断暴露,成为改革道路上的绊脚石。因此,以捕诉合一为契机,找出检察机关和公安部门工作协调衔接的症结所在,构建相应的机制使两者沟通更加顺畅,职能更好发挥,全面深化司法改革,保障自贸区经济发展。

【关键词】自贸区 法治化 捕诉合一 检警关系

自贸区以提供市场活力为目标,必须建立法治化的营商环境。公正、高效、规范是法治化营商环境的重要内容。自贸区检察院和公安机关建立起协调顺畅对接的关系才能营造法治化营商环境,才能为自贸区的经济发展保驾护航。检警关系作为刑事诉讼中重要的审前环节,其关系的好坏直接影响到庭审的质量,直接影响到刑事诉讼法保障人权和打击犯罪目的的实现。在司法实践当中,受"侦查中心主义"诉讼模式的影响,重配合、轻监督的现状使得检警关系异化成警主检辅,对服务自贸区经济发展产生了不利的影响,也与"以审

---

[*] 廖亮,广东省广州市南沙区人民检察院侦监科科员,员额检察官。

判为中心"的诉讼制度改革要求背道而驰。因此，有必要在自贸区的空间下对异化的检警关系进行反思，以捕诉合一为契机，为适应"以审判为中心"改革，构建新型检警关系提供进路。

一、自贸区检警关系的特征

自贸区检警关系本质上是一种刑事诉讼法律关系，是检察机关与公安机关在刑事诉讼法框架下的关系，同时也应当具有公正、高效、规范的特性。

（一）以监督为主要特征

我国宪法将检察机关定性为法律监督机关，检察机关根据刑事诉讼法和刑事诉讼规则行使审查逮捕、立案监督、侦查活动监督、审查起诉等职权，对侦查阶段的各项活动实施进行监督，以保障审前程序在法律规定的范围内有效运行。公安机关作为刑事诉讼中的侦查机关负责刑事案件的侦查工作，其侦查工作必然受到检察机关的监督，以保证侦查权的正确实施。法律监督地位强化了检察官的客观义务[1]，保证了审前程序中检察官的公正与中立。监督与中立是联系在一起的，法律监督要求检察官克服片面追诉倾向，成为"法律守护人"。[2]因此，检警关系以检察机关对公安机关的侦查权实行监督为主要特征。

（二）以配合为重要内容

我国刑事诉讼法将整个刑事诉讼过程划分为立案、侦查、起诉、审判，各部分之间是有机连贯的，共同为打击犯罪和保障人权发挥作用。各个阶段由不同部门负责，公安机关负责立案侦查，检察机关负责审查逮捕、立案监督、侦查活动监督和起诉，法院负责最后的审判。公安机关的职能与检察机关的监督、起诉职能都统一在打击犯罪的基础上，都是为了有效揭露犯罪和证实犯罪。正确适用逮捕措施，在最大限度保障人权的同时，充分考虑控制犯罪的能力和需要，实现两者的动态平衡。[3]因此，在日常工作中，公安机关与检察机关必须相互配合严厉打击犯罪，才能保障社会的稳定发展。

---

[1] 朱孝清：《检察官负有客观义务的缘由》，载《国家检察官学院学报》2015年第3期。
[2] 林钰雄：《检察官论》，法律出版社2008年版，第57页。
[3] 孙谦：《关于修改后刑事诉讼法执行情况的若干思考》，载《国家检察官学院学报》2015年第3期。

（三）以各司其职为基础

在我国，检察机关和公安机关是两个相互独立，互不隶属，各司其职的国家机关。根据刑事诉讼法的规定，公安机关负责对刑事案件的侦查、拘留、执行逮捕等，检察机关负责对刑事案件的批准逮捕、侦查监督、起诉等。双方都必须在刑事诉讼法规定的范围内行使职权，履行各自的职责，应当尊重对方，不得侵犯另一方的权力，不能混淆法律定位。只有双方坚守这种相互独立，各司其职的定位，才能为检警关系良性发展奠定坚实的基础。

（四）公正、高效、规范为目标

公正、高效、规范是对自贸区法治化营商环境的要求。自贸区检察院和公安机关属于自贸区框架下的要素，也必须要适应该要求。公正、高效、规范在司法中的体现就公平正义、司法效率、规范化办案，本质上是一脉相承的。只有公正、高效、规范才能保障自贸区检警关系适应自贸区的经济快速发展。

二、自贸区检警关系现状

（一）审查逮捕中的困境

逮捕是最严厉的强制措施，其实施是对前期侦查活动的监督，也是对后续诉讼程序顺利进行的保障。逮捕程序是检察机关的审查逮捕监督制约侦查权的体现，是静态制衡和动态制衡的结合。[①] 检警关系"重配合"，使逮捕措施异化成为侦查手段。我国刑事诉讼法将不同的诉讼阶段进行划分为不同的部门进行负责，使得侦查阶段的笔录一直流转到最后的起诉、审判环节，而起诉、审判环节只是对这些笔录在形式上进行确认，在事实上形成了"侦查中心主义"的诉讼模式。在"侦查中心主义"的诉讼模式下，口供成为"证据之王"。在实践中，公安机关为了使侦查的案件在后续诉讼程序顺利通过，减少警力的使用，为了保证口供的稳定性一直延续到起诉、审判阶段，将犯罪嫌疑人进行逮捕，羁押在空间相对封闭、信息相对闭塞的看守所是一个最优的选择。公安机关就会通过各种方式和检察机关进行沟通协调，尽量对犯罪嫌疑人进行逮捕，检察机关基于各种现实的原因在不违反构罪条件的情况下，也会作出配合。逮捕就成为了保持口供稳定性的一个侦查手段，保障人权的作用也无从谈起。

---

① 樊崇义：《检察制度原理》，法律出版社 2009 年版，第 138~139 页。

（二）侦查活动监督中的困境

自贸区空间下的刑事侦查离不开公正，公正往往需要监督。"一切有权力的人都容易滥用权力，这时万古不变的一条经验。"①侦查监督活动是检察机关对侦查权的一个监督权，防止侦查权的无限扩张，保障侦查权在刑事诉讼法的规定内有效运行。检察机关对公安机关在侦查阶段的监督难以实现，主要有以下三个方面：第一，监督面过窄，途径单一，局限于对审查逮捕案件中发现监督事项。在封闭式的书面审查当中，往往较难发现监督线索。同时，扣押物品、刑事拘留等侦查措施对限制公民权利较多，但是这些措施完全由公安机关自行决定，缺乏有效监督以及救济途径，当事人的合法权利无法保障。②第二，监督具有滞后性。检察机关依法行使监督权，但是这些监督权大多为事后被动的监督，对侦查活动的违法行为难以发现又未能防范于未然，即使发现事后建议纠正有时也难以达到预期的效果，难以保护当事人权益。第三，监督缺乏强制力保障。没有责任和保障措施的监督是无法实现的。检察机关的监督手段过于形式化，多为提出意见建议，不具有强制力，无法产生法律责任。在公安机关对意见不予理睬时，既不能对相关人员进行有效的惩罚，也不能强制该意见被采纳，极大地削弱了监督的效力，使监督难以落到实处。

（三）立案监督中的困境

自贸区内经济体的合法权益受到侵害时，必须提供相应的救济。例如公司到公安机关报案公司的财物被员工进行了侵占，而公安机关由于各方面原因作出不立案决定时，可以就公安机关的不立案行为向检察机关提供要求立案监督。刑事诉讼法赋予了检察机关有立案监督的权力，该权力的行使能够有效破除公安机关在侦查活动中的不作为或者乱作为的困局，有效地减少"不破不立"或者用刑事手段插手经济纠纷的行为。检察机关在行使立案监督职能时，受限于异化成为警主检辅的检警关系，使得立案监督工作举步维艰。第一，立案监督线索难发现。由于受当事人的法律意识不强等客观原因限制，检察机关通过控告申诉发现的较少。因此，通过记录公安机关工作全过程的警宗系统就成为了最重要的发现途径。但是公安机关的考核指标有破案率的考核，考核的

---

① [法]孟德斯鸠：《论法的精神》，张雁深译，商务印书馆1982年版，第154页。
② 李诏楠：《审判中心主义下检警关系重构研究》，载《安徽农业大学学报》（社会科学版）2017年第1期。

好坏直接影响到上级的评价。不破不立成了应对考核的选择。自愿开放系统权限允许检察机关进行监督，不存在现实的可能性。第二，立案监督难调查。刑事诉讼法和相关司法解释只是笼统授予立案监督权，但没有给予保障立案监督权实施的必要措施。因此，检察机关开展调查时，只能求助于公安机关。求助于被监督者来实现监督被监督者显然不现实，而且还会受到被监督者的消极协助甚至不予协助。第三，立案监督难落实。经过调查后，得出要求公安机关立案的结论，为了处理好检警关系，在发出书面材料时，检察机关一般会与公安机关进行沟通，听取意见，协调好双方的关系。由于公安机关被动立案，消极对待立案监督的案件，出现"只立不侦""久侦不破"的情况。

三、构建自贸区新型检警关系的路径

自贸区检警关系发展始于对司法现状困境的反思，通过反思寻求发展的道路。检警关系的异化本质上是侦查中心主义的运作模式所造成，只有将以审判为中心的诉讼改革落到实处，结合捕诉合一的契机，才能从根本上将异化的检察关系引导到符合我国司法改革要求的法治轨道上。

（一）加强检警交流，构建常态化沟通机制

自贸区检察院与公安机关强化沟通，才能高效维护公平正义。公安机关和检察机关是刑事诉讼的重要组成部分，要打破信息封闭性，就必须加强两者的沟通。只有两者有畅通的沟通机制，才能使得案件顺利地流转到下一个阶段，实现保障人权和打击犯罪的目的。现阶段，检察机关已经与公安机关建立重大案件提前介入制度，对侦查活动起到积极的作用。但是，大案要案受到各方面的重视，使用的警力多，侦查手段多，证据方面一般较为充分。而普通刑事案件较为常发，重视程度不够，未达到使用高级别技术手段的要求，投入的警力也少，证据反而经常出现纰漏。同时，审查逮捕和审查起诉阶段由不同的检察官负责，同一类案件通常也由不同的检察官负责，使得与公安机关办案人员联系人员不固定，造成了交流上的障碍。所以，笔者建议通过捕诉合一改革和专业办案组分工，畅通公安机关办案人员与检察官沟通渠道，构建常态化沟通交流机制。捕诉合一改革和专业办案组分工使得同一类型案件审查逮捕和审查起诉的检察官归口到一人或一个办案组身上，使得检察官与办案民警能够顺利衔接，构建常态化沟通渠道。

（二）加强检警合作，促进侦查规范化发展

规范化是法治化营商环境的一项重要内容，作为自贸区经济保驾护航的侦查也必须是规范化的。在以审判为中心的司法改革下，庭审实质化日益得到重视，身为控诉方的检察机关可能面临着许多猝不及防的打击，增加了控诉的难度。为了应对辩护权日益完善的被告人，检察机关必须加大与公安机关的合作。当然，这种合作不是违法程序的包庇纵容，因为这种包庇纵容下的瑕疵甚至违法的证据在庭审过程当中会遭到辩护方的有力驳斥[①]，产生不利的影响。此处强调的检警合作，更多的是两者之间的尊重和理解，是刑事诉讼法下对取证的一种沟通和协作。笔者认为，在捕诉合一改革下的诉讼式审查逮捕，为更好地检警合作提供了途径。随着诉讼制度改革，公安机关出庭作证可能会变得司空见惯。在侦查阶段的审查逮捕诉讼化活动中，公安机关作为控诉方出席该活动，接受辩护方的质询，从而感受庭审紧张的气氛，了解证据所需要的"三性"，为在下一个阶段庭审上接受质询打下基础。同时，公安机关为了实现犯罪嫌疑人被逮捕的目的，会在收集证据的过程中主要寻求检察机关的指导帮助，从而增强了检察机关和公安机关的交流和合作。

同时，捕诉合一下的专业化组划分，使得检察官对同类案件有更深入的研究。检察官与公安机关办案人员通过会议、培训、座谈会等形式对每个季度的类案进行总结分析，找出存在的问题，探索解决的方法，确定证据的最新标准，形成座谈会议纪要，为后续案件的办理打下坚实的基础。

（三）加强检察监督，打开法律监督新局面

自贸区的发展离不开看得见的公正，要做到公正，往往需要对权力进行监督。没有任何强制后果的软权力是无法有效制衡侦查权的运行的。因此，应当强化检察机关的监督权以保证侦查权的正常实施，以保证以审判为中心的诉讼改革顺利进行。检察机关在"十三五"计划中，提出了重大监督事项案件化以争强对公安机关侦查活动的监督。重大监督事项案件化，即赋予检察机关对公安机关在刑事案件侦查过程中的严重违法行为可以启动调查程序，对相关人员可以进行询问，对涉案的证据可以进行收集等。笔者认为，在捕诉合一的专

[①] 李诏楠：《审判中心主义下检警关系重构研究》，载《安徽农业大学学报》（社会科学版）2017年第1期。

业分工机制下，通过监督案件化增强监督的实质化，改变以往书面形式化的弊端，赋予检察机关对案件调查结果的处理权力，保障监督落到实处。通过调查，查明是否涉及职务犯罪，如涉及刑事犯罪即移送职务犯罪侦查部门进行侦查。如涉及一般违法行为，可以根据情节发出检察建议或者移送相关纪检部门。同时，检察机关还应当强化立案监督，可以通过以下三个方面进行：第一，通过与公安机关协商，为检察机关开设系统账号，合理设置账号的权限，使得检察机关能够及时掌握公安机关立案或不立案的基本状况，为进行监督提供数据支持。第二，在高层尚未形成制度之前，与公安机关通过座谈会议纪要、会签文件的方式确立提供协助的方式，保障立案监督调查活动顺利展开。第三，构建立案监督具体机制，加强对立而不侦、久侦不决等怠于侦查的行为进行监督，保障监督决定能够得到处理。

专题二

自贸区、粤港澳大湾区新型犯罪与刑事法律问题研究

利用南沙自贸区政策和平台实施犯罪若干问题研究

——以南沙自贸片区为视角

何正华[*]　何梓桢[**]　廖亮[***]

【摘　要】广东自贸区南沙片区自挂牌成立以来，在投资管理、国际贸易、金融服务和财税政策等方面进行诸多创新，有效促进高标准国际投资贸易规则的压力测试，为全国新一轮深化体制改革创造新鲜经验。但自贸区的创新政策依然存在一定的刑事犯罪风险。本文的目的在于研判自贸区创新政策带来的刑事法律风险，分析犯罪的类型及主要特点，并从检察视角构建自贸区刑事犯罪防控机制，为自贸区建设营造优质法治环境。

【关键词】自贸区政策　犯罪类型　犯罪特点　防控对策

建设自由贸易试验区，是我国在新形势下全面深化改革，扩大对外开放的一项重大战略举措。继2013年上海自贸试验区成立后，我国先后设立了12个自由贸易试验区。国家赋予自贸区更加灵活的政府管理权，即更多的行政自主权，更加精简的政府管理模式，旨在将权力更多地赋予自由市场，发挥市场在资源配置中的基础性作用。由于自贸区金融管制方式的转变、便利化的投资贸易措施、更加宽松的海关监管制度，以及跨国资本与人员的流动，导致自贸区内一些创新政策和平台不可避免地存在刑事法律风险。据统计，南沙自贸片区自2015年成立以来，利用自贸区政策和平台实施刑事犯罪呈现逐年增长的态势，主要涉及组织、领导、参加传销组织罪，诈骗罪，虚开增值税发票罪，走私罪和逃税罪等罪名。

---

[*] 何正华，广东省广州市南沙区人民检察院副检察长，员额检察官。
[**] 何梓桢，广东省广州市南沙区人民检察院侦监科科长，员额检察官。
[***] 廖亮，广东省广州市南沙区人民检察院侦监科科员，员额检察官。

一、南沙自贸区背景下容易引发的犯罪类型

（一）南沙自贸区发展概况

1993年广州南沙经济技术开发区成立，2005年广州市行政区划调整，成立南沙区，2012年国务院批准《广州南沙新区发展规划》，南沙新区成为国家级新区。2015年4月，国务院批准设立中国（广东）自由贸易试验区，实施范围共116.2平方公里，涵盖广州南沙片区、深圳前海蛇口片区，珠海横琴片区。其中广州南沙片区面积60平方公里，成为广东自由贸易区最大的片区。南沙自贸片区按经济功能分为七大区块：一是海港区块，定位为国际航运发展合作区；二是明珠湾起步区块，定位为金融商务发展试验区；三是南沙枢纽区块，粤港澳融合发展试验区；四是庆盛枢纽区块，定位为国际教育和医疗合作试验区；五是南沙湾区块，定位为粤港澳科技创新合作区；六是蕉门河中心区块，定位为境外投资综合服务区；七是万顷沙保税港加工制造业区块，定位为加工贸易转型升级服务区。目前，南沙区面积804平方公里，常住人口72.5万[①]，下辖9个街镇。

自2015年以来，南沙自贸片区的战略定位包括：自贸区、国家战略新区、广州城市副中心、21世纪海上丝绸之路重要节点、粤港澳大湾区核心区、国家自主创新示范区、粤港澳合作区、国际航运中心、国际贸易中心等。截至2018年4月南沙自贸区成立三周年，全区新设企业累计50318家，落户99个世界500强企业投资项目和103家总部型企业，平均1天就有45家企业在南沙诞生，催生出人工智能、海洋科技、新一代信息技术、新材料等一批特色科技创新产业集群。如人工智能方面，落户了科大讯飞、中科院等四个开放性人工智能平台，腾讯、亚信、云从科技、小马智行等30多家业内顶尖企业投资项目，成为粤港澳大湾区人工智能产业新兴集聚地。[②]

（二）南沙自贸区创新政策

一是实行外商投资负面清单管理体制。南沙自贸片区在投资、金融、航

[①] 《2017年广州南沙区国民经济和社会发展统计公报》，载广州市南沙区人民政府网，http://www.gzns.gov.cn/zwxxgk/tjxx/201808/t20180806_372232.html。

[②] 宾红霞黄颖川：《1天诞生45家企业、3天一项改革……3组数据透视南沙这三年》，载今日热点_e南沙网，http://www.gznsnews.com/index.php?m=content&c=index&a=show&catid=8&id=32400。

运、商贸、专业服务等领域扩大开放，逐步减少投资准入限制。2018年出台《自由贸易试验区外商投资准入特别管理措施（负面清单）》[①]，按照"法不禁止即可为"的原则，对负面清单之外的领域，实行外商投资项目备案制。同时实行商事登记确认制，允许商事主体自行申报注册地址、注册资本，全面实行电子化办理[②]，实现商事登记一天办结。

二是建设现代金融服务体系。在自贸试验区内扩大人民币跨境使用，探索以资本项目可兑换为重点的外汇管理改革，支持自贸试验区内符合条件的企业根据自身经营和管理需要，开展集团内跨境双向人民币资金池业务，便利自贸试验区内跨国企业开展跨境人民币资金集中运营业务。

三是建设国际贸易中心。按照一线放开、二线管住的原则，建立与国际贸易发展需求相适应的监管模式。自贸试验区海关特殊监管区域与境外之间的管理为"一线管理"，海关特殊监管区域与境内区外之间的管理为"二线管理"。境外货物进入围网区域，可以实行先入围网区域、再报关的通关模式，对围网区域内保税存储货物不设存储期限。按照进境检疫、适当放宽进出口检验，方便进出、严密防范质量安全风险的原则，除重点敏感货物外，进入围网区域的其他货物免予检验。

四是创新自贸区高端产业发展政策。鼓励企业在自贸试验区设立全球总部、亚太总部、地区总部及营运总部、研发总部等多形态总部，建立整合物流、贸易、结算等功能的营运中心。鼓励在自贸试验区设立各类金融法人机构、区域总部、业务总部、专业子公司、离岸金融中心、财富管理总部等。自贸试验区支持新型要素交易平台、保税展示交易、期货保税交割、融资租赁、境内外维修、跨境电子商务、汽车平行进口等新型贸易业态发展。

（三）南沙自贸区背景下容易引发的犯罪类型

一是组织、领导传销犯罪。自贸试验区鼓励资本融资方式的创新，允许金融创新与科技创新的融合，可能催生以此为背景的组织、领导传销犯罪。如犯

---

① 《自由贸易试验区外商投资准入特别管理措施（负面清单）》（2018年版），载中国（广东）自由贸易试验区，http://www.china-gdftz.gov.cn/zcfg/tzl/201807/t20180711_4339.html#zhuyao。

② 《广东省自贸办关于印发依托中国（广东）自由贸易试验区降低国际贸易成本促进贸易便利化若干意见》，载中国（广东）自由贸易试验区网，http://www.china-gdftz.gov.cn/zcfg/myl/201604/t20160427_2669.html#zhuyao。

罪分子可能通过互联网向社会发布公开募集股份的众筹方案，诱导投资者购买未经国家主管部门批准的拟上市股份，在发行众筹股份过程许诺层级发展代理人，对代理人予以一定的奖励提成，而其筹集的资金并未用于实际生产经营。这种募集资金的方式，可能涉嫌集资诈骗和组织、领导传销犯罪等多种犯罪类型。

二是走私犯罪和逃税犯罪。自贸区特殊监管区内企业允许委托区外境内企业开展加工业务，并将加工成品运入区内免征关税，有可能将区内的原材料和零部件进行境内区外销售，而将未使用区内原材料的加工成品送入区内，逃避关税。同时，由于货物通关的便利化，普遍由企业自行申报货物名称，并对信用评级较好的企业通关效率更高，可能存在个别企业采取伪报、瞒报、少报等方式走私普通货物。此外，自贸区允许特殊监管区开展国际集拼业务，即允许对拼箱柜中的货物在监管区按照国际中转和区外境内销售的方式进行分拆，有可能将销售到境内区外的货物按照国际中转货物进行处理，逃避海关税收等。

三是洗钱犯罪。从自贸区商事登记确认制看，自贸区允许企业住所集群注册，仅对企业自报的申请材料进行形式审查，有可能造成一批伪造企业住所地产权证明、伪造股东身份证明的皮包公司的存在。洗钱犯罪分子有可能利用皮包公司的主体，从事资本项目限额内可兑换的业务，不断进行人民币资本的境内投资、境外支付等资本兑换业务。同时，洗钱犯罪分子也可能通过购买人民币债券或以跨境贸易等方式，将犯罪所得收益转换为合法收入等。

四是玩忽职守犯罪。自贸试验区为吸引总部型企业、科技创新型企业以及其他新兴产业的落户，出台了不少产业扶持政策，并对税收征管关系、统计关系和注册地在南沙的相关企业给予政策性补贴①，甚至在土地招标挂过程中给予相关中标企业予以政策性的扶持，如要求中标企业必须在180天内将企业总部迁入南沙自贸区等。但可能相关企业在骗取政策性补贴和获得优惠价格的出让土地后，并未按照战略合作备忘录的承诺对相关地块进行投资开发，或者仅仅对地块进行小规模的产业投资，有可能会偏离南沙产业扶持政策的初衷，引发相关国家机关工作人员对投资项目审批不严，监管不到位等玩忽职守的行为。

---

① 《南沙区推出"1+1+10"产业政策体系打造产业发展新高地》，载中国（广东）自由贸易试验区广州南沙新区片区网，http://ftz.gzns.gov.cn/zcfg/tzl/201706/t20170607_347328.html。

二、南沙自贸区犯罪特点剖析

（一）利用南沙自贸区商事登记便利化政策实施的犯罪

南沙自贸区借鉴新加坡、新西兰等商事登记效率世界前茅的国家，全面推行商事登记流程改革，实行"一个窗口"受理商事登记申请，二十六章联办，一天之内颁发营业执照。商事登记机关只要求股东身份证明和商事主体住所地产权证明复印件，极大降低注册企业门槛，也带来普通公民身份证信息和房产信息被冒用来注册企业，相关涉案人员可能构成伪造公司、企业、事业单位、人民团体印章罪、伪造、编造、买卖身份证件罪，使用虚假身份证件、盗用身份证件罪。2017年南沙自贸区商事登记机关在例行核查中发现，2家公司在设立登记时涉嫌冒用他人身份证、202个公司在设立登记时涉嫌提供伪造的房地产权证明。

如2017年5月，广州市南沙区市场和质量监督管理局发现，吕某的身份证被冒用注册为广州市壬朋建材有限公司的股东、广州市雄丽企业管理咨询有限公司法定代表人及股东。吕某对涉案两家公司的成立均不知情，公司的工商登记资料中的法定代表人或股东的签名均系伪造。广州悦河进贸易有限公司等五家公司设立登记时提供的房地产权证复印件经核查均涉嫌伪造不动产登记证书。广州市南沙区市场和质量监督管理局依法撤销上述公司的注册登记，并按照南沙区检察院的案件移送函将案件移送公安机关立案侦查。

由此可见，自贸区国际化商事登记改革一方面提高了商事登记效率，增加市场经济的活力；另一方面在改革过程中也还存在制度漏洞，容易被不法分子利用。在上述两个案例当中，行政机关和司法机关在遇到新情况、新问题时都迅速反应，开展专项活动，清除违法登记，堵塞改革漏洞，移送刑事案件，追究相关人员责任。

（二）利用南沙自贸区金融创新政策实施的犯罪

近年来，南沙自贸区积极落实金融创新政策，鼓励金融产品创新，尤其注重科技创新与互联网金融的融合，但由于相关金融或类金融企业相关风险管理措施较为滞后，或者利用自贸区金融创新的背景，大肆开展互联网金融领域的非法集资或股权网络传销，严重扰乱社会经济秩序。

如2015年4月，林某某借自贸区成立的东风，率先在南沙自贸区内设立广州放飞旅游有限公司。2015年12月，放飞旅游公司在未经国家有关主管部门批准，没有取得发行股票等资格的情况下，发起以众筹广州放飞旅游有限公司30%注册资本为名的"中国放飞股权众筹网络平台"。放飞平台运营期间，广州放飞旅游有限公司通过设立微信群、开展公司年会等一系列活动，宣传放飞平台的零风险及高回报率，规定放飞平台1股价值人民币1元，承诺持有1000股以上放飞股股一定时长可享有每天1%~2%的利息收入的静态收益。放飞股持有人通过发展下线，可获"推荐奖"及"管理奖"等动态收益。2015年12月至2016年10月，放飞平台累计滚动交易金额7亿多元，涉及全国17000多名投资者。最后，林某某等人由于资金链断裂，平台崩盘，携带资金出逃国外，严重扰乱了自贸区内市场经济秩序。2018年，南沙区法院对林某某及放飞旅游公司认定犯组织、领导传销活动罪，并处以相应的刑罚。

在南沙自贸区金融创新政策支持下，区内金融活动出现了前所未有的活跃，但是在繁荣背后，却滋生了不少违法犯罪活动。上述案例可以看到，犯罪分子对南沙金融创新政策片面夸大宣传，利用他人对创新政策的误解，以互联网金融、互联网投资为华丽包装，通过虚构金融投资项目，实施互联网金融犯罪，危害自贸区经济发展和金融秩序稳定。

（三）利用自贸区产业发展政策实施的犯罪

为吸引总部型企业和世界500强企业落户，南沙出台了一些政策补贴措施，并在招商引资等方面给予了众多的优惠政策；同时将企业的监管模式转为以信用评级、随机抽查和执法检查为主。[①] 这种监管模式在激发市场活力的同时，也导致一些企业利用监督管理不到位实施违法犯罪活动。

如王某伙同他人虚开增值税发票案。本案中，王某伙同夏某利用实际控制的三家在自贸区区内设立总部集团公司，在并无实际交易的情况下，由集团内一家公司以销售铁矿石粉为名向沈阳的一家公司（以下简称沈阳公司）开具增值税专用发票500多万元，再由沈阳公司以销售铁矿石粉为名向集团内另一家公司开具增值税专用发票700万元。王某等人设立总部集团公司，利用南沙区

---

① 《广东省自贸办关于印发〈进一步加强中国（广东）自由贸易试验区事中事后监管体系建设总体方案〉的通知》，载中国（广东）自由贸易试验区网，http://www.china-gdftz.gov.cn/zcfg/zhl/201801/t20180123_3773.html#zhuyao。

对总部企业引进政策，虚开增值税发票牟取非法利益。

南沙自贸区相关扶持政策的确发挥了重大作用，很多大型总部企业和高端人才落户南沙，成为南沙自贸区发展的助推器。政策在发挥正面巨大作用的同时不可避免地形成了一些风险。上述案件就是其中的典型例子。因此，为了更好地发挥政策的引导作用，必须对相关的扶持政策建立配套的监督机制，以保障更多总部企业落户，实现南沙自贸区的经济健康发展。

（四）利用南沙自贸区跨境电商诚信度高实施的犯罪

近两年，南沙区自贸区为了打造华南地区跨境电商发展核心城市，上线运行了跨境电商B2C进出口监管中心，搭建了全国首个跨境商品质量溯源平台，实现了B2C直购进口模式。同时，南沙以该模式为支点，利用国际班轮航线形成多条跨境电商远洋货运通道，拓宽了跨境电商物流通道，聚集了京东、聚美、苏宁、唯品会、天猫等大型电商企业，形成了诚实守信的跨境电商营商环境，正向华南跨境电商枢纽中心迈进。但不少犯罪分子利用南沙自贸区跨境电商的诚信营商环境，实施了诈骗犯罪。

如马某通过在南沙自贸区设立的跨境电商企业实施诈骗。2015年前后，马某与他人在广州市南沙区注册了一家电子商务有限公司。自2017年2月开始，为获取顾客信任，马某将在网上经营的一间名为"Global姐妹淘"微店从个人店转为企业店，"Global姐妹淘"微店转变为电子商务有限公司注册的微店，由南沙区凤信子海淘汇供应日用商品。马某作出"免费跨境购物，免费购物，消费全返"的虚假承诺，将经营网店的商品价格标价为同类商品2~3倍，对部分购买者的小额商品进行返款，骗取更多受害者在其网点购买高额商品，非法获取购物款与正常款之间的差价。2017年5月，马某把网店的全部商品下架，卷款潜逃，其获利的300多万元用于购买价值约230万元的店铺一间，劳力士手表及名牌衣服、日常消费等。

南沙自贸区诚实守信的跨境电商营商环境依靠多渠道、多举措、多平台进行支撑，而犯罪分子对该营商环境的利用产生了严重的负面影响。为保持诚实守信的营商环境，保障跨境电商的高速增长，必须形成严厉打击此类违法犯罪的常态化、法治化机制，实现跨境电商健康有序良性发展的目标。

（五）利用南沙自贸区地缘优势实施的犯罪

南沙地处粤港澳大湾区的核心位置，在国家新区与自贸试验区"双区"叠加、自贸试验区与国家自主创新示范区"双自"联动的优势下，目标是打造国际航运枢纽、国际航空枢纽、国际科技创新枢纽等三大战略枢纽，依托网络互联互通，实现高端要素集聚，发挥在国家中心城市中应有的辐射和带动作用。南沙在广州市副中心的崭新定位下，着力建设"枢纽型网络城市"，形成新的发展动力源和增长极。同时，该地缘优势和枢纽型网络城市的建设被犯罪分子利用，滋生了走私香烟、冻肉，甚至走私毒品的犯罪。

如吴某走私香烟案中，就把南沙自贸区作为走私的中继站。2017年3月，吴某伙同晏某、梁某为牟取高额运费，接受委托，多次将明知不合法的香烟从广西运至南沙区东涌镇一个仓库。2017年4月27日凌晨，吴某安排晏某、梁某驾驶拖挂货车，将车内装有价值人民币2400多万元的专供出口卷烟、非法进口雪茄烟等运输至南沙仓库，再转运到珠三角的其他地方进行销售。晏某、梁某在转运香烟过程中被当场抓获。

再如戴某等六人走私贩卖毒品案中，利用南沙自贸区跨境物流便捷的状况，走私毒品。戴某作为毒品大麻的吸食人员，多次从加拿大购入毒品大麻吸食。通过大麻吸食者网络论坛"飞行员论坛"认识多名大麻吸食者后，戴某萌生贩卖大麻获利的想法。戴某看到南沙区地处珠三角中心位置，快递物流便捷的特点，租住南沙区某楼盘作为走私大麻的快递接收点，将大麻贩卖到东莞、深圳、佛山等省内城市和江西、浙江、四川等其他省，形成较大的大麻贩卖网络。南沙公安机关经过侦查后，将以戴某为首的贩卖毒品网络一举捣毁，当场抓获戴某等人。

地缘优势和发达的交通网络是南沙自贸区得天独厚的发展基础，在枢纽结构带来的经济红利的同时，还承受随之而来的秩序破坏因子。为了应对复杂的网络犯罪形势，为了降低违法犯罪对社会管理、社会经济发展的影响，提高打击犯罪和社会治理的水平，显得尤为重要。

三、防控自贸区刑事犯罪风险的检察对策

（一）立足检察职能，完善涉自贸区刑事犯罪的检察监督机制

一是建立行政执法与刑事司法衔接机制。从利用自贸区政策措施实施的犯罪，以及相关政策措施可能潜在的刑事犯罪风险看，防控自贸区逃税、洗钱、走私、侵犯知识产权等犯罪，离不开自贸区检察机关与自贸区行政执法机关的

通力合作。海关、税务、金融、市场监管等部门需要建立对涉自贸区刑事犯罪线索的甄别与认定机制，检察机关需要与上述涉自贸区执法部门建立更加紧密的行政执法与刑事司法衔接机制，如南沙区检察院成立诉讼监督办案组，指定专门检察官负责上述衔接犯罪线索的咨询和指导，及时为执法机关提供收集证据、适用证据标准与移送犯罪程序的指导意见，确保上述执法机关与司法机关形成执法司法的无缝衔接。同时，检察机关应当与涉自贸区行政执法机关建立执法信息互换、互认、共享等机制，争取行政执法机关将作出行政处罚决定的全部涉案信息上传到共享系统，并运用大数据技术对行政处罚中可能存在的"以罚代刑"犯罪线索进行分析，及时督促行政执法机关将有价值的犯罪线索移送司法机关处理。对于行政执法机关移送侦查的犯罪线索，有关侦查机关不予立案的案件，检察机关有必要从侦查监督的角度，对行政执法机关与侦查机关之间的分歧进行协调，必要时启动立案监督程序，督促侦查机关依法立案。

二是建立提前介入引导侦查取证机制。从提高涉自贸区刑事犯罪办案质量的角度看，检察机关有必要强化对侦查活动的监督，提前介入相关案件的侦查，确保检察机关指控犯罪案件的质量。如南沙区检察院建立派驻自贸区派出所检察官办公室，定期到自贸区派出所提前介入涉自贸区的侵犯知识产权、污染环境、食品药品、生产销售伪劣产品等案件，并及时从审查起诉的角度提出引导侦查意见，减少了检察机关审查案件过程中退回补充侦查的次数，提高了指控犯罪的效率。如前文提到的放飞旅游公司组织、领导传销案件过程中，检察机关就资金流向、运作模式、组织层级等问题向公安机关提出引导侦查意见，确保本案较为复杂的犯罪事实均得到法院认定。

三是建立重大监督事项案件化办理机制。从扩大办案效果的角度看，检察机关有必要转变检察监督的方式。近年来，南沙区院在涉自贸区刑事犯罪的检查监督过程中，全面推行重大监督事项的案件化办理。检察机关对监督事项形成从监督线索受理、审查立案、调查核实、实施监督、审核决定、跟踪反馈、复查复核到结案归档的案件化办理流程。如在办理提供虚假材料骗取商事登记的两法衔接案件过程中，南沙区检察院全面对相关证据开展调查核实，并协助市场监管部门梳理证据链条，提出移送司法机关立案的理由和依据，促使该批案件顺利被公安机关立案侦查。鉴于商事登记形式审查存在的监督管理漏洞，及时发出检察建议，建议商事登记机关与公安机关微警身份认证系统、与房地产交易中心产权管理系统加强互联互通，增强办证窗口发现伪造文件材料的能力。此举得到商事登记机关的高度重视，并专门调研落实健全商事登记管理措施，一定程度堵塞了对接国际高标准投资贸易规则所产生的社会风险漏洞。

（二）加强分析研判，及时预警自贸区政策的刑事犯罪风险

自贸区的创新政策，承载着高标准国际投资贸易规则压力测试的任务。与传统政策相比，其潜藏着的经济金融风险并不会立即爆发，可能存在一定的潜伏期。同时，相关创新政策专业性强，普通群众很难识别政策中存在的风险，因此利用自贸区刑事政策实施的犯罪普遍为高智商的犯罪。因此，从检察职能的角度防控自贸区刑事犯罪风险，需要强化对自贸区创新政策及创新政策背景下相关犯罪的研判分析。

一是从刑法理论的角度，检察机关可以对自贸区投资、贸易、金融、财税政策运行过程中可能存在的犯罪类型进行预估，及时发现政策运行中可能存在的犯罪灰色地带，为自贸区职能部门完善政策措施和化解经济金融风险提出检察意见。

二是从样本实证分析的角度，检察机关可以对一定时期自贸区知识产权、金融犯罪、与事中事后监管相关的职务犯罪进行统计分析，总结自贸区政策运行中发生刑事犯罪的规律、特点以及相应的应对建议，为决策机关控制自贸区政策运行风险和评估政策运行效果提供参考。

三是从系统研判的角度，检察机关在处理涉自贸区个案过程中，针对法定犯适用存在的问题，也可以专门到自贸区相关职能部门调研前置性行政法规适用问题，梳理总结自贸区法定犯适用的规律和一般性的规则，为检察机关处理法律适用有分歧的自贸区内与自贸区外互涉案件提供经验借鉴。

（三）打造服务平台，为自贸区经济社会发展提供精准检察服务

一是成立命名检察官办公室，专门负责自贸区企业和个人权益保障。自贸区司法机关对内资与外资，对国内与国外当事人应当坚持主体平等、程序平等和责任平等，让自贸区无论公产权还是私人产权，无论实体财产还是智慧财产均可以得到平等的、可以预期的保护，这样才能彰显我国法律的公平与司法的公正。对此，自贸区检察机关有必要创新检察平台，促使自贸区产权得到最公平的保护。如借鉴西方国家大法官员额制的做法，成立由专业能力强的检察官命名的检察官团队，专门负责办理侵犯知识产权、侵犯企业财产权益，并采取审查逮捕与审查起诉合一的刑事检察模式，既兼顾对产权保护的效率，又确保产权保护的质量。这方面，南沙区检察院已经由专门的检察官负责办理侵犯知识产权和侵犯企业犯罪的案件，特别在引导公安机关侦查网络侵权国际知名商标商品犯罪问题上，自贸区命名检察官发挥了把控证据质量，有效解决争议焦点问题的重要作用。

二是成立法律服务中心，为自贸区工业园区和大型企业提供全方位而精准的法律服务。法律服务中心在相关工业园区建立法律服务工作室，走访专利、商标、商业秘密较为集中的高科技企业，征求企业对检察机关保护知识产权的刑事法律需求，为企业防控侵犯知识产权刑事犯罪风险提供参考。尤其在当前人工智能和新能源汽车高歌猛进的背景下，一些互联网企业技术同质化问题较为严重，更有必要强化对知识产权的刑事司法保护。几年来，南沙区检察院在技术密集、资金密集和劳动力密集的广船国际工业园区建立了法律服务工作室，近距离为企业提供刑事法律服务，同时将法律服务覆盖到周边的海港区块，针对走私冻肉案件相关仓单不完善影响案件侦查的问题，结合办案向有关冷库仓储企业提出检察意见，要求强化对提单人和仓储委托人的身份信息管理，促进对销售、运输冷库变质食品的有效打击。

自贸区法律政策具有较强的专业性和国际性，需要不断从刑事法律控制角度，加强对自贸区政策潜在刑事犯罪风险的评估，更好促进高标准国际投资贸易规则的测试，使改革朝着更加有利于创新发展的方向迈进。检察机关在新的时代下，应当充分履行好刑事检察职责和社会治理的重任，既打击犯罪，又防控风险，为国家新一轮改革提供防控风险的实证样本。

涉自由贸易试验区刑事案件管辖范围研究

李东翁* 吴美玉**

【摘 要】本文以自由贸易试验区的核心特征为视角，分析了目前在自由贸易试验区刑事案件管辖方面存在的三种不同观点并提出新观点。结合现有框架、人才储备、改革时机分享了自由贸易试验区刑事诉讼模式中关于案件管辖范围设立、落实方面的构思，以期为自由贸易试验区刑事管辖范围的设立和协作机制的构建提供参考。

【关键词】自由贸易试验区 刑事案件 管辖范围 协作机制 司法责任制改革

2013年9月27日，国务院批复成立中国（上海）自由贸易试验区；2015年4月20日，国务院批复成立中国（广东）自由贸易试验区、中国（天津）自由贸易试验区、中国（福建）自由贸易试验区3个自由贸易试验区，并扩展中国（上海）自由贸易试验区实施范围。2018年4月13日，海南全岛被划为自由贸易区，支持海南逐步探索、稳步推进中国特色自由贸易港建设。目前，已有包括上海浦东新区、天津滨海新区、广州南沙区等地设立了自由贸易试验区法院，但实际已经挂牌成立的自由贸易试验区检察院仅有深圳前海蛇口自由贸易试验区检察院、广州南沙片区自由贸易试验区检察院。目前大多数自由贸易试验区法院的审理范围还不包括刑事案件，但随着各地对应自由贸易试验区检察院的挂牌和成立，刑事审判必然会进入自由贸易试验区法院的视野和范围之中。

随着司法责任制改革、"捕诉合一"、命名检察官办公室成立、"两反转隶"等动态发展，对于如何确定自由贸易试验区的刑事案件管辖范围，将自由贸

---

* 李东翁，广东省广州市南沙区人民检察院副检察长，员额检察官。
** 吴美玉，广东省广州市南沙区人民检察院公诉科科员，检察官助理。

试验区在处理刑事案件中的各个机关的独特作用发挥出来，处理好相互合作、相互制约的关系，明晰立案、审查、审判的工作范围，确保自由贸易试验区内各机关工作有条不紊开展，有必要探讨和研究自由贸易试验区刑事案件的管辖范围，进而思考构建与自由贸易试验区刑事管辖范围相配套的协作机制。

一、现观点：分析现有观点明辨其中利弊

首要解决的问题是自由贸易试验区刑事案件的案件管辖问题。哪些案件属于自由贸易试验区检察院、自由贸易试验区法院管辖，既是自由贸易试验区刑事诉讼的先决问题，也是核心问题。关于案件管辖范围，目前主要有三种观点：

第一种观点认为，刑事案件的管辖确定以地域管辖为原则，因为犯罪地是证据最为集中的地方，也是对案件审判结果最关心的群众集中居住地，人民检察院、人民法院通过对本地区刑事案件的处理，可以便于掌握本地区的犯罪规律，更好地参与社会治安综合治理①。自由贸易试验区是具有地域范围的区域，而非虚拟空间概念，因此，应当将自由贸易试验区地域范围内的刑事犯罪全部纳入自由贸易试验区刑事诉讼的范围。

第二种观点认为，地域管辖虽然是刑事诉讼确定案件管辖的基本原则，但不是唯一原则，自由贸易试验区与行政区具有截然不同的性质，运行的法律法规也有较大的差异，况且，从实际情况出发，自由贸易试验区与行政区存在交叉、重叠的情况，如洋山保税港区，就属于沪浙两地共同管理的区域，广州南沙区也存在自由贸易试验区七大板块散落在行政区内的情况，难以行使地域集中管辖。②自由贸易试验区的本质特征是贸易投资便利化，其经济特征更为明显，因此，应当参照刑事案件专门管辖的规定，仅对具有显著自由贸易试验区特征的知识产权、金融等案件进行专门管辖③。

第三种观点认为，自由贸易试验区是创新的策源地，自由贸易试验区的显著特征在于制度创新，因此，创新才是自由贸易试验区得以存在和发展的动

---

① 参见陈光中：《刑事诉讼法》（第六版），北京大学出版社 2016 年版。
② 参见《上海洋山深水港区港政航政管理办法》（2005 年 11 月 25 日）第 34 条。
③ 上海市已经出台的《上海检察机关涉中国（上海）自由贸易试验区刑事法律适用指导意见（一）》即是如此确定管辖范围。

力。① 创新关键在于人才，因此，自由贸易试验区刑事诉讼应当坚持以人为本的原则，应吸收刑事诉讼法关于属人管辖以及保护管辖的精神，自由贸易试验区刑事诉讼范围应当界定为自由贸易试验区人员犯罪案件以及侵害自由贸易试验区单位、公司、企业及其人员的犯罪案件。对于这类案件统一受理和审判，真正实现对自由贸易试验区单位以及人员的保护。

我们认为，上述三种观点都有一定的合理性，但也均有值得商榷之处。第一种观点认为应当以自由贸易试验区的地域范围确定案件管辖范围，实际上是混淆了行政区与自由贸易试验区的概念，任何经济性区域的划分，都必然依托于一定的行政区域，但行政区建置的主要目的是解决行政管理问题，而自由贸易试验区的建置是为了进行经济体制改革试验，因此，两者不可混为一谈，如果将发生在自由贸易试验区范围内的所有刑事案件都纳入管辖范围，无异于是在国家行政区内划出了新的行政区，不符合行政法的精神。第二种观点认为应当以自由贸易试验区的经济特征界定案件范围具有合理性和可操作性，也便于司法机关更好地服务保障自由贸易试验区建设大局，但这种意见只注重了经济改革的方面，对创新驱动改造有所忽视，实际上，自由贸易试验区经济改革的源动力就是人才，因此，单一的专门管辖也不太符合自由贸易试验区的职能定位和发展。第三种观点的问题和第二种观点相似，只注重保护创新忽视了经济改革，因此也不太符合自由贸易试验区的功能定位。而且这种观点主张对侵害自由贸易试验区单位和人员的犯罪一并管辖，实际上是主张对自由贸易试验区单位、人员的特殊保护权，但自由贸易试验区单位、人员的特殊保护应源于其经营行为和职务行为，而非其身份地位，这种做法违背了法律的平等原则。

二、新思路：秉持核心特征设立受案范围

笔者认为，对于自由贸易试验区刑事案件的管辖范围，应当按照自由贸易试验区经济改革和创新驱动两大核心特征来确定，而非简单地根据所处地域来确定，也不适合对自由贸易试验区单位和人员实行超出经济范围和职务范围的特殊保护。因此，对自由贸易试验区刑事诉讼的受案范围可界定为两类：

第一类，是具有自由贸易试验区经济特征的案件。主要包括投资贸易、金

---

① 从《中国（上海）自由贸易试验区总体方案》《中国（广东）自由贸易试验区总体方案》中可以得出此结论。

融、知识产权、航运领域的犯罪，可拓展到刑法分则第三章规定的破坏社会主义市场经济秩序罪。在自由贸易试验区经济发展上，国家工作人员代表国家从事公务，其职务行为是否廉洁客观、是否合法有效将很大程度影响自由贸易试验区经济发展。这类犯罪往往严重破坏法治化营商环境，有必要一并予以专门打击。

随着检察机关内部的改革发展，部分自由贸易试验区检察机关探索成立了命名检察官办公室、专业办案组，专门负责审查逮捕、审查起诉自由贸易试验区内经济、金融、知识产权、职务犯罪等案件。另外，根据案件类型、复杂难易程度，部分自由贸易试验区实行独任检察官或检察官办案组两种基本办案组织形式，根据办案需要，还设有组建知识产权、金融、网络、环境资源案件等专门办案组。①

第二类，是自由贸易试验区单位及其人员实施的其他刑事犯罪。理由在于自由贸易试验区单位及人员多数属于专业人才，在自由贸易试验区的创新工作实施过程中，有创新政策实践失败或者实践效果不理想的可能，可以通过容错机制予以规范，但仍应该将工作失误和违法犯罪作出专门区分和界定。行为人的行为介于工作失误与违法犯罪之间的模糊地带时如何界定，应属于司法重点关注的问题。

对于企业在自由贸易试验区内合法的运营方式，应监督公安机关不得介入，以免掐断企业自主创新和自由贸易试验区政策试验。对于不合法的手段，要及时提醒公安机关介入，防止受害人的扩大，避免造成像P2P这类受害人数众多、散布全国的重大金融风险发生。对于处于模糊地带的经营行为，可以由金融局、检察机关、公安机关共同研判，同步监督、同步管理、同步调整。保持创新性的同时明晰其中的灰色地带的界限，是自由贸易试验区刑事案件管辖的应有之意。出于保护创新人才，促进创新驱动力的目的，有必要参照未成年人检察的设置原则，将自由贸易试验区单位及其人员实施的其他刑事案件予以单独办理。

---

① 参见《最高人民检察院关于人民检察院全面深化司法改革情况的报告》，2017年11月1日在第十二届全国人民代表大会常务委员会第三十次会议。

三、重落实：构建与刑事案件管辖范围配套的协作机制

诚然，自由贸易试验区刑事案件管辖范围的设立，不是任何一家机关单位能够决定的，也不应该各执一词、各施一策，应当明确自由贸易试验区刑事案件管辖范围，建立配套对口的协作机制，否则各自划定管辖范围将失去原有意义，无法实施。通过建立公检法及监察机关刑事案件协作机制，能有效引导自由贸易试验区内企业及人员的行为，尽可能避免因管辖纷争延迟案件办理进而损坏当事人合法权益的情况发生。

（一）建立配套的对口联系协作机制的必要性

形成合力，提高刑事案件办理效率。刑事案件的诉讼进程需要公检法及监察委的相互配合、相互制约。刑事案件管辖范围确定后，应该在各单位内部形成约束，促使各单位调整办案单元，设置对口联系人员或部门，有利于自由贸易试验区刑事案件与非自由贸易试验区刑事案件区分开来，专人衔接，做到办案流程有条不紊；有利于各单位迅速作出回应，有效遏制事态恶化；有利于理顺上下诉讼进程，及时有效保障当事人权益。

正如《上海自由贸易试验区检察实务研究》中提到的"指定由自贸试验区检察院依法集中受理自贸试验区公安机关移送的全市涉自贸试验区投资、贸易金融、知识产权、航运等领域的刑事案件的审查批捕和审查起诉以及相关法律监督工作，形成与公安、法院相配套的对口联系协作机制，统一执法尺度和犯罪界定标准，增加工作合力，确保国家法律统一准确实施"[①]，自由贸易试验区的刑事管辖范围仅在检察机关内部以办案单元的方式划分是不足以形成合力的，必须获得诉讼前后进程对应的各单位的认可和协作才能发挥效能，关键是在公检法及监察机关形成刑事案件管辖范围对应的协作机制。

利于试验，优化法治化营商环境。自由贸易试验区内经济政策、创新政策、行政法规施行内容与行政区有所不同，需紧密结合自由贸易试验区实际状况，先进行试点形成可复制经验后才能推广。若各机关单位刑事案件管辖范围不明确不统一，将导致企业在施行相关行政法规、创新政策过程中的同一行为在行政区需刑事立案但在自由贸易试验区属于试验行为，企业将无所适从。缺

[①] 参考肖凯等：《上海自由贸易试验区检察实务研究检察机关服务保障自贸试验区建设的定位、作用与措施》，载《上海自由贸易试验区检察实务研究》，法律出版社2016年版，第17~18页。

乏衔接机制,在司法机关内没有形成统一的犯罪界定标准情况下,使得误被刑事立案的企业在后续诉讼阶段才能分清行为定性,但其商誉已受损,投资时机已过,这将极大挫伤企业试验积极性,无法达到试验效果,使得法治营商环境保障效果大打折扣。

笔者认为,如果对管辖范围不加以区分,行政区内的刑事案件亦按照自由贸易试验区法规政策执行,则导致法规政策试验范围过大。如果公检法及监察机关就刑事案件管辖范围建立对口衔接机制,则有利于各单位专案人员采用提前介入、开展联席会议、企业谈话、政策研究等方式对涉自由贸易试验区内的违法行为与试验行为进行研究分析,统一犯罪行为与试验行为的界定标准,明确引导自由贸易试验区内企业和人员的行为,充分保障自由贸易试验区的政策优惠得以实现。司法资源的投入和对试验行为的精准分析,将吸引更多优质企业入驻自由贸易试验区,优质企业所带来的高科技、新形势和精英人才又推动经济政策和创新政策的更新和发展,进而形成良性互动。

(二)如何构建配套的对口联系协作机制

第一,利用现有框架,搭建自由贸易试验区刑事案件管辖衔接机制。目前,自由贸易试验区法院大多设立了自由贸易试验区法庭,集中审理自由贸易试验区案件,如浦东法院作为自由贸易试验区所在地的基层法院,成立自由贸易试验区法庭和自由贸易试验区知识产权法庭,有80%以上案件涉及民商事案件。[①]虽然自由贸易试验区法院审理案件范围集中在民商事案件,但已经为刑事案件受理、审理提供了设立方面的经验,根据现有法庭框架,明确刑事案件管辖范围后可以参考民商法庭设立经验进而成立自由贸易试验区刑事法庭。

现有框架中,除了自由贸易试验区法院的法庭设置、立案庭,仍有检察机关现有的命名检察官办公室、专业办案组、案件管理中心;公安机关具备法制部门、经济侦查大队;监察机关具备纪检监察组和案件管理室。在基础机构上,不需要大的改动,可以利用现有框架,各单位内部划分自由贸易试验区刑事案件管辖的承接部门即可,需要在明确刑事案件管辖范围后,同时各单位案件管理部门应将自由贸易试验区刑事案件与行政区刑事案件区分,合理分配案件。

---

① 参考上海市第一中级人民法院与上海市浦东新区人民法院联合发布的《自由贸易试验区司法保障白皮书》。

第二,结合人才遴选,打造专业化协作队伍。随着司法责任制改革不断深入推进,员额制改革已经遴选了一批优秀的员额检察官、法官,为办理自由贸易试验区刑事案件提供了人才储备。办理涉自由贸易试验区刑事案件的人才,不仅需要办案经验,更重要的是熟悉各类金融知识、金融法律、国际规则、惯例等,有较强的法律综合研究能力。因此,人才队伍虽已具备,但要应对具有国际视野的自由贸易试验区经济特征和创新特征的刑事案件,仍需要培养综合能力,补充综合创新型人才。无论是公安机关、检察机关、法院还是监察机关,调配到刑事案件协作队伍中的人才应当符合自由贸易试验区发展需要,熟悉自由贸易试验区法律法规,具备一定的国际法律视野或者较强的适应能力和学习能力。

命名检察官办公室的成立,将大大促进协作机制的落实和发展。命名检察官办公室第一个优势,是检察官的权力扩大。这是司法责任制改革突出检察官主体地位的要求,同时也是自由贸易试验区法治运转更快,审判效率提高,专业人才建设的要求。第二个优势,体现"监防"职能。对自由贸易试验区企业的监督和预防经济风险、预防职务犯罪,如对P2P等业务来说,统一刑事管辖范围之后对风险的预防可以使得公检法快速运转,命名检察官办公室可以快速出击,精准发挥专业化办案优势。各单位应根据自身职能分工,组织涉自由贸易试验区刑事案件的专案人员及办案组,使其成为构建刑事案件的衔接机制对接人员或部门中关键的一环。

第三,抓住"捕诉合一""两反转隶"改革时机,确立刑事案件管辖配套的协作机制。捕诉合一,除了提高效率、严格把握证据标准之外,最大的好处是监督触角前伸。把握住了批捕这关键性的喉咙,使得检察机关的监督提前到事中、事前,在公安机关立案伊始,甚至是立案之前检察机关就可以立案监督或者侦查活动监督、提前介入等手段直接介入到刑事案件的办理过程中。一方面,有利于保障人权,如果公安机关的立案决定是错误,或者该行为不构成犯罪的,那么我们可以从根源上尽早地掐断刑事诉讼流程,使得企业和人员不受刑事诉讼的影响,保护自由贸易试验区法治化营商环境。另一方面,如果企业与人员行为已经涉嫌刑事犯罪,检察机关可以引导公安机关完善取证,以审判为中心的诉讼制度改革证据标准来搜集证据使得犯罪及时被惩罚,同时遏制经济风险的扩大,避免受害人进一步增加,进而完善自由贸易试验区整个法治金融营商环境。通过立案监督、犯罪风险调查,我们可以对自由贸易试验区的金融风险新型模式是否存在法律漏洞和犯罪风险作出评判，如自由贸易试验区融资租赁运营过程中的行为是否违法，需要检察机关和公安机关共同作出研判。检察机关与公安机关之间的衔接一直存在，在捕诉合一改革基础上，衔接将更为紧密和必要。我们应当抓住改革时机，明确哪些案件属于自由贸易试验区刑事案件管辖范围，进而明确与之配套的刑事案件协作机制分工及流转机制。

随着监察机关成立，监察机关移送检察机关起诉案件的办理客观上促使检察机关内部组建了职务犯罪案件的专案组，初步梳理了检察机关与监察机关职务犯罪的衔接机制。事实上，职务犯罪类型案件是自由贸易试验区刑事案件管辖范围重要内容之一，因此借助监察委与检察机关构建衔接机制的时机，在公检法及监察机关四家单位之间的刑事案件管辖范围可以进行沟通、协商和明确，从而在前后诉讼流程中构建链条式环环相扣的协作机制，可以以文件的形式落实刑事案件管辖范围及配套的协作机制。

四、小结

自由贸易试验区承担建设国际化、市场化、法治化营商环境的任务，因此服务保障自由贸易试验区法治建设工作任重而道远。自由贸易试验区应当在刑事案件管辖范围制度建设上大胆探索、合理设立，尽快出台公检法及监察机关四单位之间的协作机制，为营造区域内公平竞争环境发挥司法机关及监察机关应有的作用，为应对诸多创新政策在促进经济发展的同时带来的新型刑事犯罪做好准备，为自由贸易试验区经济发展和创新驱动保驾护航。

自贸区金融创新的检察保障[*]

黄旭东[**] 陶 伟[***]

【摘 要】自由贸易实验区是我们国家的重大发展战略,是对接国际投资贸易规则、营造国际化、市场化、法治化营商环境的重要试验田,更是加快实现产业转型升级、增创经济社会发展新优势的重要发力点。而金融的创新发展,则是自贸区发展宏图的核心要素。本文以广东自贸区金融发展特征及法治需求为视角,阐述了检察机关在自贸区的金融创新领域,立足检察职能,积极探索高度开放环境下服务经济社会发展大局的有效途径,提高服务保障自贸区建设的能力和水平,切实为自贸区金融发展提供法治保障。

【关键词】自贸区 金融 检察保障 创新服务

金融是国民经济的命脉,我国最先设立的上海、广东、福建、天津四大自贸区建设的核心主旨中皆包含了推动贸易、金融便利化,以及政府职能的转变,那么如何在金融创新、人民币国际化等"规定动作"范围内找到各自的差异化发展途径,是目前全国自贸区面临的共同问题之一。广东自贸区毗邻港澳,粤港澳贸易投资和人员的往来比任何地方都活跃,粤港澳三地的高水平的金融体系建设和人才储备也为广东自贸区发展金融创新提供了非常优越的区域经济条件,广东自贸区在金融方面将侧重于粤港澳全面、深入的改革创新,加强香港国际金融中心与广州、深圳区域金融中心的对接互动。而金融创新离不开完善的法治环境,检察机关立足检察职能,促进相关制度创新监管模式的转变就显得尤为重要。

---

[*] 本文获2018年"广东省检察机关服务保障粤港澳大湾区建设"征文一等奖。
[**] 黄旭东,华南理工大学教授,法学博士。
[***] 陶伟,广州市南沙区人民检察民行科科长,员额检察官。

一、广东自贸区金融创新发展特色

国家在广东省批准设立深圳前海、珠海横琴、广东南沙三个自由贸易实验区,金融改革创新也成为这三个平台探索的重头戏。前海要建设成为21世纪海上丝绸之路金融商务枢纽港,南沙积极发展科技金融、航运金融等特色金融,打造服务广东乃至泛珠地区产业发展,与港澳、东南亚有效对接的现代金融服务区,横琴致力于联通港澳一岛两制,打造粤港澳金融合作新平台和中国南方"财富岛"。广东自贸区在定位上立足于内地与港澳经济深度融合,以制度创新为核心、以深化粤港澳合作为重点,依托港澳、服务内地、面向世界,建设成为粤港澳深度合作的示范区,而金融政策作为各项改革的重中之重,将从资本项目开放、货币可自由兑换与减政放权三个方面入手,力争将广东自贸区打造成具有国家影响力的人民币离岸中心。2015年4月出台《中国(广东)自由贸易试验区总体方案》,根据该方案,广东自贸区未来要建设国际化、市场化、法治化的营商环境,深入推进粤港澳服务贸易自由化,强化国际贸易功能集成,深入金融领域的开放创新,完善配套的监管服务模式。其中,深入金融领域的开放创新的内容,在广东自贸区9000多字的总体方案中,几乎占据了1/3的篇幅。相较于上海、天津、福建自贸区,广东自贸区的金融创新有其自身的特色。该方案着力推动粤港澳三地的跨境金融创新,推动跨境人民币业务创新发展,推动适应粤港澳服务贸易自由化的金融创新,推动投融资汇兑便利化,支持自贸试验区金融机构与港澳地区同业合作开发跨境担保业务,提高投融资便利化水平,统一内外资企业外债政策,建立健全外债宏观审慎管理制度等。

截至2017年5月,广东自贸区累计新设企业16万余家,位居前2批4个自贸试验区第1位,超过广东自贸区设立之前历年注册企业的总和,新设外商投资企业6576家,实际利用外资83.97亿美元,占全省20%,累计入驻各类金融企业4万余家,成为全国最大的创新金融和类金融企业集聚地。[1]

二、广东自贸区金融创新亟须加强检察保障

从各个园区发展状况来看,目前广东自贸区的金融创新重点:一是加快探索开展跨境人民币业务;二是在自贸园区内建设金融交易平台;三是在自贸

---

[1] 《两年新设企业16万家 这个自贸区告诉你什么是市场的力量》,载每经网,www.nbd.com.cn。

区大力推动证券期货行业创新发展。关于跨境人民币业务，将利用自贸区的平台大力发展海外融资，在资本项下的跨境人民币流动方面可能会有更大的政策突破，如复制上海自贸区"人民币双向资金池"的概念。除了贸易项下的资金归集以外，还将适当允许资本项下的资金流动，通过轧差与总额控制的手段实现人民币资金境内外双向循环流动。具体到投资角度，目前国内不少被低估的资产对海外投资者具有相当的吸引力，有专家建议在自贸区内设立"国内金融资产交易平台"，通过一些技术手段如存托凭证等方式将区外具有吸引力的资产打包在该平台上挂牌，以供海外投资者交易。上述种种金融创新举措，使广东自贸区的金融发展处于不断探索和实践当中，极具中国特色的自贸区金融发展体系正在不断构建和完善之中，这些都将使自贸区的金融创新在推动金融市场快速发展的同时，也蕴含着极大的风险，容易引发金融领域的矛盾纠纷。例如，由于国际化程度非常高，金融市场存在大量人民币跨境业务合作，包括人民币结算、定价和融资等，如果自贸区的相关制度放松管制，这类金融风险包括热钱的流进与流出、汇率骤涨骤跌以及巨大泡沫的破灭对实际经济的冲击、金融犯罪的数量和种类剧增对日常经济活动的骚扰和破坏。又如，证券期货行业涉及大量改革创新举措，比如探讨自贸区资本市场产品创新负面清单管理制度，允许港澳地区服务提供者在区内设立的合资证券公司按规定申请在境内从事证券业务，以及允许符合条件的证券公司、基金管理公司、期货公司及其子公司募集境内资金进行境外证券投资等。而我国刑法对于信托、基金、期货、金融衍生品领域犯罪调整尚属空白，刑事立法还不严密，刑罚配置还不合理。互联网众筹业务由于涉嫌非法吸收公众存款罪，集资诈骗罪，擅自发行股票、公司、企业债券罪等多个罪名，在定性上存在法律疑难。同时，刑法对金融消费者保护不足，对金融机构有过度保护之嫌。这些自贸区金融违法犯罪可能产生的新情况、新动向，将影响金融管理正常秩序、破坏金融改革的关键问题和趋势性问题。

由于金融案件犯罪手段不断翻新，隐蔽性和迷惑性强，[1]加之相应的立法监管机制相对滞后，从近年来查处的金融案件看，由金融监管部门主动发现并进行查处或移交司法部门处理的较少，从某种意义上也暴露出监管层面的监督乏

---

[1] 《最高检：新型金融案件不断增多　呈现五大发案特点》，载中国法院网—政法频道，www.chinacourt.org。

力及内控薄弱。所以，无论是金融制度的创新，还是金融服务功能的增强，都需要加强金融监管。检察机关开展金融检察活动，对金融诈骗、破坏金融秩序等违法犯罪行为及时惩治，对可能产生危机的风险及时提示和预防，也是针对金融市场的不完全性，为了纠正金融市场失灵展开的。同时，还要关注金融机构及相关企业极易发生的投资、贸易、金融、知识产权等方面的民商事纠纷，这也是受到自贸区金融服务业扩大开放、融资租赁及商业保理制度创新后，相关业务快速扩张的影响，特别是根据现行制度，新设资本认缴制企业股东在出资协议或章程约定的出资期限满前无须缴纳出资，新设企业大多缺少实有资产，因而增大履约风险和债权人权益兑现难度。在自贸区金融体系不够健全，市场监管秩序不够规范的情况下，极易导致相关矛盾纠纷频发。

自贸区的金融检察保障，应该是着力于及时准确地惩处各种新类型金融犯罪，遏制假借金融创新为名的不法行为，有针对性地在了解自贸区金融企业的法治需求，提高金融检察服务能力，在完善自贸区金融创新管理机制，构建良好的纠纷化解机制，保护社会公众的利益，防范金融风险等方面发挥积极的作用。此外，检察机关除了要着重惩治侵害自贸区外商合法权益的犯罪活动，还要探索对自贸区行政监管部门违法行使职权或者不行使职权、影响外商投资经营的行为，督促其纠正的工作机制，对于自贸区行政监管部门的行政效率、行政处罚及行政不作为等现象，检察机关在行政执法监督方面也承担着义不容辞的责任。因此，金融检察与金融监管一样，都是为了对金融运行和管理中的违法、违规行为进行必要的规制。检察机关应不断适应自贸试验区建设新形势，把准自贸试验区的法治需求，充分发挥打击、预防、监督、教育、保护职能作用，切实为自贸区治理体系和治理能力的现代化提供可靠保障。

三、广东自贸区金融检察保障的具体构想

（一）运用检察职能服务保障政府转变职能和依法行政

金融监管具有很强的行政性特征，很容易被滥用。由于权力本身具有扩张性和侵略性，使得任何权力都需要相应的监督才能尽可能保证其正当行使。金融检察介入金融监管实际上就是用代表国家行使国家权力的检察权去制约行政权，限制、遏制行政权力被滥用的作用。当然，金融检察介入金融监管要立足于检察机关的法律监督职能，金融检察补强金融监管，并不意味着金融检察可

以替代金融监管，不能偏离其应有的职权和承担的义务。基于此，自贸区检察机关应主动与自贸区法制办、金融办等部门沟通联系，了解改革措施、政策走向和法制建设等动态趋势，研究自贸区经济社会管理风险和趋势，掌握金融开放、商贸开放、知识产权保护等方面的法治需求和市场主体的法律诉求，进一步提高检察工作的针对性和实效性。同时，检察机关要积极参与自贸区综合监管制度建设，特别是利用行政执法与刑事司法衔接平台，加强与公安、法院和行政监管执法部门的线索衔接、信息共享、案件移送等，将行贿档案查询纳入自贸区信用体系建设范围，完善信用体系的内涵和功能。针对某些行业、系统或相关单位存在的制度、机制管理等方面的问题，检察机关可适时提出检察建议来堵塞漏洞、改进管理、消除隐患。

（二）在检察机关内部实行金融检察业务的专业化建设

金融案件错综复杂，对专业性要求很高，需要建立金融检察专业机构，培养金融检察专门人才，专门办理金融诈骗、破坏金融管理秩序、内幕交易、操纵证券市场、非法吸收公众存款等金融犯罪案件。这里所说的专业化，不是仅仅指案件的专人处理，而是由具有金融法律知识体系的办案人员来组建专业化团队，不仅对金融犯罪办案领域所涉及的刑事部分进行处理，还要对民事部分进行审查，做到刑事、民事、行政"三合一"的审查模式，这还可以真正实现捕、诉、研、防一体化的制度，避免出现程序脱节、衔接不当并造成程序拖沓等不利于保护金融秩序的现象。针对自贸区内发生的金融、知识产权、海事等民商事纠纷案件，对这类专业性较强的民事诉讼案件，检察机关民事行政检察人员要注意储备相关知识体系，具备解决相关矛盾纠纷的释法说理和矛盾纠纷的化解能力，平衡好诉讼监督与保护发展的关系，切实为自贸区金融企业健康有序的发展道路保驾护航。

（三）注意把握好打击犯罪与保护创新的界限

在打击刑事犯罪方面，检察机关依法重点打击走私、洗钱、逃汇等金融犯罪，突出打击盗版、假冒等侵害商标权、专利权和侵犯商业秘密等犯罪活动。在此过程中，检察机关要进一步增强紧迫感和责任感，增强大局意识，站在有利于自贸区发展建设的高度，以化解矛盾、保护企业发展为司法办案宗旨，注意严格把握罪与非罪、此罪与彼罪的尺度，正确界定适用刑事法律调整的司法边界，针对自贸区企业工作人员犯罪特性，加强附条件不起诉制度的创新适用。只有正确处理工作创新与失职渎职的关系，才能为自贸区形成鼓励创新、支持改革的环境氛围提供帮助。

（四）为建设国际金融、航运中心创造良好的法治环境

在制度建设方面，检察机关要注重探索专业化办案模式，建立办案绿色通道，对金融、航运等涉自贸区案件实施优先、快速、专业办理。同时，建立符合自贸区特点的犯罪预测预警信息收集、处理和发布机制，针对办案中发现的问题，分析区内金融、航运、商贸等领域犯罪的特点和规律，可及时向公安、检察、金融监督、工商等部门通报相关情况，加强协调配合，有效防范风险。既要加强金融检察与金融机构、金融监管的配合、协作关系，也要强调金融检察发挥对金融机构、金融监管的法律监督职能。加强信息交流与通报，通过案件数据分析、典型案件讲解和法制宣传，帮助金融机构提高防范金融犯罪意识和能力。强化与金融机构的合作，落实和完善CEPA政策，吸引港澳金融机构落地自贸区，同时推动广东金融机构赴港澳开办业务。在加大自贸区金融犯罪的惩处力度的同时，还要将工作重心放在营造自贸区法治化营商环境建设上来，将检察机关民事行政检察职能作用充分发挥出来，为涉外民商事、涉外知识产权纠纷、仲裁的司法确认等案件提供服务保障，确保新类型的民商事纠纷得到妥善解决，为自贸区建设营造公平有序的市场环境。对发现管理漏洞、管理机制不健全的情况，帮助企业完善规章制度，建立矛盾纠纷化解机制，对发现行政效率低下、行政行为不合理等情况，做到有效的转办和反馈，搭建企业与行政职能部门的桥梁，以检察建议或调研座谈等方式，促使改进行政行为，提高行政效率。

（五）探索建立信息资源共享、工作协商等长效机制，创新自贸区检察服务新途径

自贸试验区的目的不是某种放任自由的状态，而是形成公正有序、依法竞争的机制，这与检察机关法律监督的目标是一致的。因此，检察机关要进一步创新服务理念，监督与服务并重，加强与自贸区相关行政执法部门以及自贸区企业间的沟通联系，拓展互相支持、加深交流的范围和途径，努力探索健全信息资源共享、工作会谈协商等长效机制。一方面，通过沟通交流，掌握自贸区在转变政府行政职能、探索管理模式创新方面的政策变化，精准把握"负面清单"的内容和内涵，正确区分国家工作人员工作探索中的失误与滥用职权及玩

忽职守的界限，正确区分执行政策偏差与钻改革空子实施犯罪的界限，打击犯罪者，支持改革者，鼓励创新者。另一方面，检察机关要结合办案，积极推进金融、航运、商贸等重点领域的刑事犯罪预防。特别是要在预防模式转型升级上下功夫，推动犯罪预防从个案分析、案后剖析式向全面覆盖、提前介入式转变。此外，在慎重对待投资管理、贸易监管、综合执法、金融等领域制度创新过程中出现的新型案件的同时，还需大胆进行尝试，只要有法可依，有大的方向可循，就应大胆前行。特别是对公益诉讼和行政执法活动监督等改革举措方面，也要紧紧抓住服务自贸区建设发展这个中心，善于运用诉讼监督等传统监督手段，敢于运用监督纠正行政违法行为、提起公益诉讼等新型监督手段，为自贸区建设和发展提供优质、高效的司法服务。

服务保障自贸区建设任务艰巨，作为自贸区所在地检察机关要从制度建设和培养适应对外开放新格局、专业化的检察人才入手，加强沟通交流，互通有无，共同提高服务保障自贸区建设的能力和水平，为我国加快实施自由贸易区战略作出应有的贡献！

浅谈自贸区互联网金融创新检察保护

——以南沙自贸区为例

温志达[*]

【摘　要】 互联网金融是南沙金融改革创新的一大亮点，近年来出台的明确政策洼地吸引了各类互联网金融企业，但随之而来的是金融创新带来的金融风险。本文整理了近年来互联网金融方面的政策和实例文献，汇总了互联网金融的风险和犯罪形式，指出能够予以加强检察保护的地方，并结合南沙区检院的实际浅谈基层院的做法。

【关键词】 自贸区　互联网金融　检察保护

2014年年底，中国人民银行等10部委联合发布《关于支持广州南沙新区深化粤港澳台金融合作和探索金融改革创新的意见》，简称"南沙金融15条"，明确指出南沙新区金融改革创新发展的定位，支持南沙新区积极发展科技金融和航运金融等特色金融业。2016年，《广州市金融业发展第十三个五年规划（2016年—2020年）》将南沙作为广州金融的新增长极地位，提出"十三五"期间，南沙要利用广东自贸试验区和粤港澳大湾区建设契机，依托南沙现代金融服务区，重点发展跨境金融、航运金融、融资租赁等。南沙自贸区对金融发展的宽松政策突破了国内一贯的管制态势，对金融创新采取大胆尝试态度，这种明确的政策洼地吸引了各类金融企业，但随之而来的是金融创新带来的金融风险。

2018年，南沙区以打造高水平对外开放门户枢纽和建设粤港澳大湾区城市群核心门户城市为目标要求，推行"以服务实体经济为根本，深化对外开放为手段，创新驱动为引领，风险防控为底线"的金融创新工作。主要的措施包

---

[*] 温志达，广东省广州市南沙区人民检察院侦监科副科长，员额检察官。

括：(1) 加强各类自贸区新型金融业务企业的自身管理，在企业设立初期做好风险管控，聘请会计师事务所、律师事务所等专业机构协同做好日常金融风险防范处置工作。(2) 成立多个监管部门组成的监控协调机制。成立了南沙区处置非法集资工作领导小组、南沙区涉众金融领域矛盾专项治理领导小组等多个专项工作小组，探索搭建"三个机制为一体"的区域金融风险防控处置体系（包括：南沙区与各级金融监管部门的协调工作机制，区内各职能部门的监管信息沟通和处非联动响应机制，区和各镇街（村居、社区）的举报查处机制）。(3) 依托广东省地方金融风险监测防控平台，为南沙区处置金融风险提供技术支持，在风险监测预警和网络舆情监测功能模块的基础上，新增统一登记清算和第三方电子合同存证两大功能模块，实现行业统计与数据监测，筛选和精确监控高风险企业、负面舆情监测分析等功能。截至2018年3月，南沙区纳入广东省地方金融风险监测防控平台的监测企业总数为1211家，监测的行业包括：私募基金、融资租赁、小额贷款、融资担保、典当、商业保理、P2P、地方交易平台等多个业态，监测的企业数量及行业类别目前仍在持续增加。

在对金融创新进行行政监管的同时，对金融创新可能带来的犯罪，南沙区检察院根据宏观审慎管理需要，紧跟政策和实践步伐，加强对自贸区内金融创新的检察保护，尤其是对依托互联网技术的金融创新给予极大关注。在金融创新中，互联网金融创新是其中重要的部分，甚至一定程度上是所有金融创新的必然方向。大数据、云计算和社交网络等技术的普及和运用，让"互联网＋普惠金融"成为金融创新的主流，互联网金融的范畴也逐渐从第三方支付、电子银行扩展到融资、证券、保险、基金、征信等各个金融服务领域，既有别于传统银行的间接融资模式，又有别于资本市场直接融资模式的。[1] 这种金融创新的速度是惊人的，有关学者统计，2014年年底中国互联网金融用户规模达4.12亿人，预计2016年年底达到5.33亿人。[2] 我国互联网金融创新发展虽然速度惊人，但是存在的问题也惊人，考察近三年来互联网金融犯罪问题，以P2P模式为例，已经出现了繁荣之后的"跑路"现象，根据网贷之家统计，截至2016年10月，全国P2P平台累计4335家，其中累计停业及问题平台总数达到2181家，竟占全部的50.31%，而e租宝、宜信等涉嫌非法集资的重大案

---

[1] 祝佳、唐松：《广州市金融新业态发展研究》，载《城市观察》2016年第2期。
[2] 薛文超：《监管时代互联网金融犯罪的实务问题》，载《刑法论丛》2017年第1期。

件频出，也让检察机关对互联网金融创新监管问题给予格外的关注。

一、互联网金融创新的现实状况与犯罪态势

互联网金融是传统金融机构与互联网企业利用互联网技术和信息通信技术实现资金融通、支付、投资和信息中介服务的新型金融业务模式，具体包括网络银行、网络证券、网络保险、网络基金销售、网络消费金融、网络支付、网络借贷、股权众筹融资平台、网络金融产品销售等。[①] 互联网金融以信息化为依托，根据服务形式不同主要可以分为三种模式：（1）传统金融服务的互联网延伸，如银行、保险、证券等传统金融机构，通过搭建线上网络平台，实现线下金融服务的线上交易，实现传统金融业务产品的创新升级；（2）以互联网为手段开展的金融中介服务，如第三方支付平台、P2P网贷、股权众筹，这种模式的互联网金融以信息传递为本职，加入大数据分析以后，还可以向金融服务需求者提供金融咨询服务，如互联网征信（蚂蚁金服）；（3）直接互联网金融服务，如余额宝等。但随着互联网技术与金融技术的结合碰撞，新的业务类型不断出现，如虚拟货币销售平台、信用分期平台等。在这些创新形式中，P2P网络借贷、众筹依然是最主要的，截至2015年12月，全国P2P网贷累计交易量突破万亿，我国已经成为全世界最繁荣的P2P网贷市场，而众筹平台从2011年起已经涌现出近百家，来自世界银行的《发展中国家众筹发展潜力报告》预测，到2025年，中国众筹市场的规模将达到3000亿人民币[②]。

（一）互联网金融创新的特点

互联网金融是基于互联网思维的金融，具有自下而上、去中心化、契约自由等表现形式，形成信息交互、资源共享、优劣互补。资金提供者和资金需求者都能从这种新的技术、新的思维、新的关系中获得收益。

1.增加了金融产品的网络营销渠道。彻底颠覆传统金融业的商业和服务模式，引领传统金融业重新分析市场、产品和客户。

2.提供了更为便捷的金融服务。以互联网这种新的中介手段代替了传统金融机构这种旧的中介，加剧金融脱媒，交易手段更为便捷，不受场所的限制。

---

① 中国人民银行、工业和信息化部、公安部、财政部、工商总局、法制办、银监会、证监会、保监会、国家互联网信息办公室《关于促进互联网金融健康发展的指导意见》，2015年7月18日。

② 世界银行：《发展中国家众筹发展潜力报告》，载新浪网，http://vdisk.weibo.com/s/Axpk Cskq9Y3i）。

资金提供者和资金需求者绕过金融机构直接接触，削弱了传统金融机构的中介作用和资金集聚功能。

3. 大力推进普惠金融和"廉价"金融的实现。互联网技术大大降低了信息获取和沟通、运营的成本，并且互联网金融比传统金融服务的对象更开放的、平等、门槛低，能够覆盖传统金融无法触及的小微企业、"三农"等盲区。

4. 依托大数据分析提高金融的信息有效性。通过互联网大数据进行信息处理和风险评估，市场信息不对称程度较低，使资金供求双方在资金期限匹配、风险分摊等方面效率更高。

（二）互联网金融创新的风险

随着互联网金融创新的蓬勃发展，P2P涉嫌非法集资和众筹平台涉嫌传销等案发数也呈现数十倍的增长，网络平台涉嫌欺诈、捐款潜逃造成的负面社会效应也极大地挫伤了互联网金融的公信力。国家和地方在互联网金融发展最鼎盛的2015年开始出手监管，2016年8月，银监会等多部委联合发布《暂行办法》，为网贷平台划出了"十三条红线"，对国内网贷平台进行洗牌和严监管。行政和行业监管的趋严在一定程度上为互联网金融的合法发展划定了道路，但是互联网金融创新模式本身存在的经济犯罪隐患并没有因此彻底消失。

目前互联网金融带来金融创新的"红利"，也同时具有与传统金融模式不同的风险特征。

1. 互联网和金融的双重风险叠加。两者都具有较高的风险，两者的结合衍生出来的产物必然在风险的呈现上有其独特性：具有复杂性和多变性特征的互联网金融风险，强传播性、影响瞬时性和复杂性，因互联网的无边界性带来的金融边界模糊和因互联网的开放带来的风险易转化易伪装性。

2. 互联网系统的安全性风险。体现在客户的资金安全、信息安全和信息系统的安全等方面，这些风险极易引发社会对互联网金融的安全性产生信任危机。

3. 运营合规管理风险。互联网金融企业没有资本约束和相应的风险准备金，在市场环境出现急剧变化时，可能产生流动性风险、资金安全风险和信用风险。

4. 政策性风险。主要包含法律政策风险、货币政策风险和洗钱风险。互联网金融以新鲜事物的面貌出现，互联网金融企业主观和客观上都在政策的灰色地带试探，这也是造成近年来互联网金融经营局面混乱的主要原因，直接导致了近期政府监管政策越来越严。

（三）互联网金融创新模式涉及犯罪的主要形式

1. 侵犯财产犯罪。利用互联网技术进行的，如网络信用卡诈骗、盗窃比特币等虚拟金融资产、利用第三方支付平台技术漏洞窃取财产、虚构网络融资平台引诱他人投资，以非法占有为目的，直接侵害公私财产所有权。

2. 非法集资犯罪。利用互联网金融技术本身的风险侵害互联网金融管理秩序或财产权益。如集资诈骗罪，贷款诈骗罪，非法吸收公众存款罪，骗取贷款罪，非法经营罪，擅自设立金融机构罪，擅自发行股票、债券罪，盗刷信用卡等。

3. 利用互联网实施的非法金融行为。如网上开设赌场、组织参与互联网传销、洗钱罪、掩饰隐瞒犯罪所得罪。互联网金融容易掩藏资金的真正流向，逃避追踪，导致问责机制和证据调查的失灵，极易诱发洗钱犯罪的风险。

4. 互联网金融活动过程中其他构成犯罪的行为。包括散布虚假消息、侵害金融活动中的公民信息、合同诈骗罪、侵犯著作权罪等。

综观近年来互联网金融方面的犯罪案例，可以发现互联网虽然没有给金融犯罪赋予新的内涵，但是却给金融犯罪提供了新的手段和便捷性。金融犯罪本身的界定困难依然存在，再涂上互联网这一保护色，就给如何界定犯罪带来更多困难。

二、南沙自贸区检察机关对互联网金融创新的保障

南沙自贸区在互联网金融创新方面先出台了金融改革15条，后根据《中国（广东）自由贸易试验区总体方案》确定了南沙自贸区现代金融服务区的定位，明确以金融创新发展支持南沙区开发建设，促进南沙社会经济发展。目前，南沙区正在研究草拟支持南沙互联网金融创新发展的专项政策，对互联网金融企业在企业落户、业务开展、产品创新，互联网金融人才引进培养，拓宽投融资渠道等方面给予支持，金融创新的主要形式有互联网银行、证券公司、保险公司等新业态。

互联网金融的创新是全新的事务，从繁荣经济、服务实体的角度应该予以大力支持，但越是新的事物，带来的金融犯罪风险和具体案例越复杂，如何

判定创新机制和金融犯罪，需要首先树立起合理合法、宽严相济的金融检察政策。宽严相济的检察政策是严厉刑事政策与和缓刑事政策的综合，通过对犯罪采取分类处理，对需要集中打击的给予严厉制裁，对轻微的犯罪给予审前转化或者审后自由刑替代，使正当程序与司法成本相互平衡。互联网金融犯罪往往涉及面广，当事人犯罪的主观意识和客观情况复杂，采取宽严相济的检察政策，能够既打击不法分子利用互联网金融工具谋取不正当利益的行为，又不破坏创业人员进行金融创新、广大群众使用金融工具的积极性。

（一）宽严相济的检察保障政策

目前我国金融犯罪立法和司法比较严格。从历史沿革看，自20世纪80年代起已逐步加强对金融犯罪的立法，1997年修订后的《刑法》、《关于严惩严重破坏经济的犯罪的决定》(1982)、《中国人民银行法》、《票据法》、《保险法》、《关于惩治破坏金融秩序犯罪的决定》(1995)等，增加了新时期出现的金融犯罪罪名。同时，"国家继续严密金融犯罪的法网，调低金融犯罪的入罪门槛，加大刑罚资源的投入，保持对金融犯罪的高压态势"，金融刑法呈现出"逐步细化""偏向严厉"的发展趋势。刑事司法政策也保持较为严苛的打击势头，最高人民法院《关于贯彻宽严相济刑事政策的若干意见》指出，当前和今后一段时期，对于集资诈骗、贷款诈骗、制贩假币以及扰乱、操纵证券、期货市场等严重危害金融秩序的犯罪，要依法从严惩处。

在目前互联网金融行政监管日趋严格的背景下，检察机关继续从严执行金融刑法，在一定程度上将大大影响金融创新活动的活跃度。因此，需要以宽严相济的原则，处理好以下几个问题：

1. 以一贯的宽严相济替代短期严打。我国对金融犯罪的刑事规制已经比较严，特别是入罪门槛低、处罚力度大，已经能够起到"严"的威慑作用，但是如果再持续推行严控严打，则很容易打击金融创新积极性，也使司法资源投入过大起不到最好的治理效果。

2. 正确区分刑事犯罪和民事纠纷的界限。互联网金融因形式灵活，涉及人群广，容易产生各种纠纷，如涉及民间借贷、贸易纠纷等，检察机关需要认真甄别，不能都以犯罪处理，造成打击面过大。但是，如果金融纠纷明显超出民事范围，开始出现一些金融刑事形态或者其他犯罪形态，如非法讨债等，检察机关则要迅速介入。

3. 对互联网金融犯罪分子抓大放小。互联网金融犯罪涉及面广，如果对全部犯罪都实行无差别打击，刑事成本过高，可以考虑扩大行政处罚范围，对定性模糊的采取行政处罚，并通过行政处罚案例掌握金融犯罪的刑事边界。

南沙区检察院对自贸区出现的创新金融工具采取支持尝试态度，同时也根据宏观审慎管理需要，加强对金融犯罪的防范和打击。

近期，我院审查了一起以互联网"股权众筹"为掩饰实施传销的犯罪，广州放飞旅游股份有限公司、林某杰、蒲某杰等人通过放飞众筹投资平台以投资公司股权为名，要求参加者购买股权在平台内交易，并设定一定的层级，以发展人员的数量作为返利依据，引诱参加者继续发展他人参加，骗取他人财物，其行为已经触犯《刑法》第224条之一的规定，应当以组织、领导传销活动罪追究刑事责任。该案是利用广东自贸区金融创新背景实施的扰乱法治化营商环境建设的典型案件，犯罪嫌疑人以涉嫌组织、领导传销活动罪提起公诉。涉案放飞旅游公司于2015年4月广东自贸区挂牌成立后在自贸区块注册成立的公司，并充分利用自贸区相对宽容的金融创新环境实施犯罪，涉案单位片面夸大南沙金融创新政策，掩饰和不公布金融风险，以互联网金融、互联网投资为欺骗手段，通过虚拟金融投资项目，实施互联网金融传销犯罪。我院在审查此案时，对犯罪的主要策划人员进行了定罪，并将主要犯罪嫌疑人从境外引渡回国，而对公司的普通员工则不予起诉。该案涉及互联网金融工具，导致受害人群分布全国，金额呈滚雪球式增加。

（二）南沙自贸区互联网金融创新工具风险监控和预防

检察机关对自贸区互联网金融的保障功能是存在于市场监管手段之后的具有谦抑性的司法保障手段，要实现这一目标，需要从以下几点入手：

1. 尽快完善对互联网金融创新工具的监管制度。南沙区互联网金融扶持政策正在研究制定，同时相关的行政监管法律法规也需要配套设置。立法、司法和行政部门要加强对实践发展的关注，加强法律和行政法规的有效衔接，积极行动，协作配合，及时解决发展中出现的问题。国务院和最高检分别出台了《行政执法机关移送涉嫌犯罪案件的规定》和《人民检察院办理行政执法机关移送涉嫌犯罪案件的规定》，对行政执法机关移送涉嫌犯罪案件进行了相应的规范。目前，公安机关、检察机关和法院在联合构建金融刑事司法体制的过程中，已经初步建立了公检法三机关的案件衔接信息共享平台，当前，有必要将信息平台扩大到金融监管部门,建立多部门联动监管体制,对相关的行政资源进行优化整合,通过确立一个适当的行政管理部门来进行非法集资活动的监管工作并对相关企业的证券交易数据进行实施监测,从而实现行政资源的全面整合。健全与金融监管机构之间的协作、沟通、联席会议制度。与金融监管机构建立疑难、复杂金融案件执法办案协作机制,针对金融犯罪案件及证据材料移送中经常遇到的问题,组织专题研讨;结合办理的典型金融犯罪类案。

2. 加强办案人员的培训。由于互联网金融,即有技术上的创新,又有产品上的创新,而且都涉及两个领域的专业知识,需要加强对办案人员有关业务知识的培训,特别是在如何追踪资金去向,如何收集有效证据等方面把好关。区分融资形式是预防非法集资的有效手段,国家相关部门需要与公检法机关就证券交易信息进行定期沟通,办案人员也需要加强对多种融资形式的区分和学习,具备从判断其集资过程是否违反相关法律规定的能力。

3. 加强对金融行政监管部门的监督。针对互联网金融创新,国家行政部门的监督权力越来越大,但是对这些部门的制约制度还不完善,在金融创新中,监督好行政监管部门依法行政也是检察保障的重要工作之一。

4. 加强对广大社会群众的宣传。非法集资刑事案件的发生与涉案群众的防范意识差有很大关系,应该随着南沙自贸区金融开放政策的宣传一同宣传风险防范,特别是以后入驻的担保理财类公司、融资中介机构中加强法治宣传,使人民群众了解非法集资的特征和危险,提高辨别能力和防范意识,依法、合理经营和投资。①

---

① 王莹、赵凯:《金融综合改革背景下民间融资的检察保障途径设想》,载《法制博览》2015年第1期。

南沙自贸区精准批捕问题实证研究

黄丽君*

【摘 要】逮捕是保障刑事诉讼顺利进行的一项重要强制措施。近年来,逮捕措施仍存在大量运用不当的情况,导致捕后案件频繁出现不能诉、不应诉、不敢诉的情况,妨害自贸区经济发展。本文通过对南沙自贸区检察院近三年捕后不诉案件进行分析,查找逮捕措施运用不当的原因,并结合南沙自贸区的具体情况,提出精准批捕的概念,多措并举以达到保障服务自贸区建设的目的。

【关键词】自贸区 捕后不诉 精准批捕

逮捕作为我国刑事诉讼法规定的保障刑事诉讼顺利进行的刑事强制措施之一,其运用既关乎有效地打击犯罪、维护社会的安定,又关乎被逮捕者的人权保障,因此具有重要的理论价值和现实意义。[①] 近年来,逮捕措施出现运用不当的情况:捕后案件频繁出现不能诉、不应诉、不敢诉的情况;部分案件应捕而未捕,导致证据被破坏不能诉;部分案件批准逮捕门槛过低,导致审前羁押率畸高,妨害经济发展,也引发了理论界的质疑和实务部门的反思。处于国家战略新区和自贸区双区并轨发展的广州市南沙区,其独特的经济营商环境,对检察工作提出了新的要求,如何运用好逮捕权,做到精准批捕,充分发挥检察职能,服务保障自贸区全面深化改革、扩大开放,为自贸区创造国际化、市场化、法治化营商环境,成为摆在检察机关面前的重要课题。

---

* 黄丽君,广东省广州市南沙区人民检察院公诉科副科长,员额检察官。
① 济南市槐荫区人民检察院课题组:《我国逮捕标准的实证分析》,载《政法论丛》2008年第5期。

一、问题提出：逮捕不当现象较为严峻

（一）捕后案件频繁出现不能诉、不应诉、不敢诉的情况

经对某自贸区检察院普通刑事案件不起诉情况进行统计，该院 2015 年至 2017 年 9 月 1 日受理审查起诉案件中采取逮捕强制措施的共 1123 人，捕后不诉案件共有 52 人，占 2.3%，其中作相对不起诉 16 人，占捕后不诉案件的 31%；作存疑不起诉 24 人，占捕后不诉案件的 46%；作法定不起诉 14 人，占捕后不诉案件的 23%（见图一）。我国现行《刑事诉讼法》第 79 条所规定的逮捕条件，虽经一再修订，内容仍具有较大的弹性，在实践中难以把握。逮捕的证明标准不够明确，造成案件起诉困难。

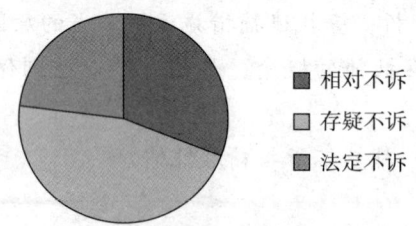

图一 某自留区检察院近三年捕后不诉案件

（二）部分案件应捕而未捕，导致不能诉

在现行逮捕质量考核标准下，逮捕后不起诉、诉后被判处轻刑、撤回起诉、被判无罪均要扣分，由于担心案件出现上述情况，检察官往往以起诉的证据标准审查批准逮捕案件，导致部分案件本可以在逮捕后补强证据提起公诉，却因为犯罪嫌疑人未经逮捕，证据遭遇破坏而最终无法达到起诉标准。如犯罪嫌疑人蒋某涉嫌介绍卖淫罪一案，公安机关根据嫖客的叙述在涉嫌卖淫场所抓获了介绍卖淫的同案人李某、王某及犯罪嫌疑人蒋某，蒋某到案后先是供认有介绍卖淫行为，后翻供，公安人员在蒋某的手机微信中查获了其与同案人李某讨论介绍卖淫的内容，同案人李某认罪，亦签认上述微信内容，但否认蒋某为其同伙，另一同案人指证蒋某为李某介绍嫖客，且有一卖淫女也证实蒋某为李某介绍嫖客。批捕阶段犯罪嫌疑人蒋某不认罪，承办人认为事实不清、证据不足，未对蒋某批准逮捕，公安机关遂对其采取取保候审。蒋某释放后全盘翻供，且两名同案人出狱后亦辩称蒋某没有介绍嫖客。基于上述证据情况，公诉部门人员只能对蒋某作出存疑不起诉的处理，但本案如果能批准逮捕，固定证

据,完全可以对蒋某提起公诉。

(三)部分案件批准逮捕门槛过低,妨害自贸区经济发展

刑事诉讼法未对逮捕的羁押期限进行规定,仅仅规定了办案期限,一旦逮捕,意味着办案期限内均处于羁押状态。逮捕往往还附带有其他法律后果,如被就职单位免职、被法院判处监禁型等,特别是在自贸区范围内,逮捕措施的不当适用将不利于自贸区经济发展。如一些轻微刑事案件逮捕适用率过高,未综合考虑犯罪嫌疑人犯罪动机、主观恶性、社会危害性、人身危险性,存在构罪即适用逮捕的情况,有些案件中的犯罪嫌疑人是自贸区企业的高管、核心人物,一旦逮捕可能直接导致该企业无法运行,不利于自贸区经济平稳发展。如何某某交通肇事案,何某某系南沙自贸区某企业高管,因在开车时未注意道路行车安全致一名无名氏死亡,因暂时无法查清该被害人身份,何某某未及时对被害人家属进行赔偿,考虑到未达成刑事和解,批捕办案检察官对何某某批准逮捕。在何某某羁押期间由何某某负责的该自贸区企业的一个重要项目面临停滞,给该企业造成了较大经济损失,也妨碍了自贸区经济发展。另有一些犯罪是自贸区新设立公司中本身管理存在的漏洞导致,如果对这类案件一律一捕了之,不仅不利于保障人权、稳定人心,更可能造成对整个行业的打压。

二、追根溯源:自贸区捕后不诉案件原因分析

经对上述自贸区捕后不诉案件进行分析,追根溯源,笔者认为主要是如下原因导致了逮捕措施不当:

(一)审查逮捕受期限的制约无法对关键证据进行补充

刑事诉讼法严格规定了审查逮捕期限为已被拘留的7日、未被拘留的最多20日内,且没有任何延展期限的例外规定。受上述时限的限制,审查逮捕期间无法对一些关键证据进行补充或复核。如陈某某强奸案中,在审查起诉期间承办人经提审发现陈某某的精神存在异常,遂让公安机关补充陈某某在案发时是否具有刑事责任能力的鉴定,经鉴定陈某某案发时处于精神分裂症发病期,作案时无刑事责任能力,遂对陈某某作法定不起诉。

(二)公安机关取证不规范

刑事诉讼法规定侦查监督部门办理审查逮捕案件,不另行侦查。这就决定了侦查监督部门基本仅能就公安机关提交的有限证据进行审查,从而作出捕或

不捕的决定。公安人员的取证方式、取证时的理解力、责任心等种种因素，直接决定了案件走向。如何某某交通肇事案，公安人员提请审查逮捕时认定何某某案发时为严重超载驾驶，取证方式为对肇事车辆及货物进行了整体称重，并认为实测车载总重与行驶证上的空车及核定货物总重相差巨大，故认定肇事车辆具有严重超载情节。审查起诉阶段承办人要求侦查人员对肇事车辆的空车及所载货物分别进行称重，发现仅车身重量严重超过行驶证上的记载重量，肇事车辆上的货物并未超出限载重量。

（三）审查逮捕时的关键言词证据发生变化

言词证据在细节上出现前后矛盾较为常见，可能来自行为人记忆的差错、可能源于表达的谬误，也可能是制作笔录环境的反差造成。基于上述原因，言词证据可能会在审查逮捕阶段和审查起诉阶段出现关乎案件是否构罪的关键细节矛盾。如陈某某贩卖毒品案，公安机关两名抓获人关于目击陈某某和举报人交易毒品时，陈某某是否有递交"东西"（即毒品）给举报人的行为前后供述不一，导致认定陈某某有贩卖毒品行为存疑。

（四）审查批捕和起诉要求的证据标准不一致

批捕证据标准低，只要有基本犯罪事实和基本证据就可批捕了，而起诉标准则高很多，必须达到事实清楚、证据充分，必须对案件的细枝末节都查清楚，且证据具有排他性。不同经办人对同一事实、证据或法律适用会出现不同的理解和认定。如雷某某盗窃案，无直接证据证实雷某某伙同他人共同盗窃摩托车，一名证人和被害人均称在盗窃同伙被群众控制时雷某某实施了劝阻行为，且该证人推定雷某某是搭载同伙到作案现场的人，基于上述证据是否足以认定雷某某与同伙有共同盗窃的意思联络不同经办人看法不一。

三、对策提出：如何保障自贸区精准批捕

检察机关服务保障自贸区建设，要妥善运用好批捕权，以更好地服务于自贸区发展大局，依法打击犯罪，推动自贸区经济社会平稳健康发展。简而言之，就是要精准批捕。何为精准批捕，目前并无确定定义，仅有检察机关在宣传稿件中使用过。[①] 笔者认为，所谓精准批捕，是指在以审判为中心的刑事诉

---

① 王永强、刘潮杰、王克：《紧扣事前事中事后三节点精准批准》，载《检察日报》2016年10月16日第2版。

讼制度改革背景下，应综合考虑全案犯罪情节、犯罪嫌疑人认罪悔罪态度、工作单位、监管条件、可能被判处的徒刑情况作出是否批准逮捕的决定，使逮捕措施的适用与案件处理精准对接。结合自贸区独特的政策、营商环境、新型犯罪等情况，为审慎行使批捕权，可探索如下做法：

（一）秉持宽容谦抑理念，可捕可不捕的不捕

对属于自贸区先行先试的经济领域，在不违反禁止性法律规范的前提下，尽可能做到最大限度地尊重包容，不盲目作有罪评价。慎重处理自贸区建设过程中遇到的新类型案件，正确区分改革失误与失职渎职、改革探索出现偏差与钻改革空子实施犯罪的界限，慎用逮捕权。避免因一个案件而对整个行业、整个市场造成打压，对自贸区发展和稳定产生负面影响。另外，对于自贸区犯罪案件，应当灵活运用检察官的自由裁量权，充分审查社会危险性指标，对属于自贸区企业人员的犯罪嫌疑人，从宽适用无逮捕必要标准。

（二）以零容忍的态度坚决严厉打击危害自贸区经济发展的恶性犯罪

要充分利用好批捕、起诉打击犯罪的功能，对以下破坏自贸区经济秩序的案件应从严打击：涉自贸区严重暴力性犯罪、多发性侵财犯罪和黑恶势力犯罪；涉自贸区非法集资、金融诈骗、非法传销等涉众型犯罪；骗取出口退税、洗钱、走私等与自贸区建设密切相关的犯罪；危害食品、药品安全犯罪和破坏生态环境资源犯罪；利用自贸区改革开放、招商引资、制度创新之机，利用监管职权在市场资源配置中贪污受贿、滥用职权、徇私舞弊等职务犯罪。

（三）建立捕诉衔接机制，确保精准批捕

捕诉衔接的好坏，关系到案件是否得以顺利判决，关系到对自贸区内一类犯罪行为的指导方向。完善捕诉衔接机制：一是顺畅两部门工作联系，如根据办案需要，两部门可互派人员列席有关案件讨论联席会议，侦查监督部门在办理重大、疑难、新型犯罪案件时，可以听取公诉部门的意见，共同分析案件走向。如果案件不需要起诉或起诉存在困难的，就须慎重批捕。二是建立案件一跟到底的制度，侦查监督部门对批捕案件后续情况进行跟踪，定期向公诉部门了解案件捕后的进展情况。三是建立共享法院判决的平台，公诉部门对批捕后判缓刑或拘役的案件，在收到刑事判决书后及时将该文书复印送给侦查监督部门，以判例指引对今后类似案件的批捕决定。

（四）探索认罪认罚不捕、附社会服务令不捕等多种形式，做到诉前分流

自贸区内侦查监督工作应更加注重司法效率的提升。可探索在审查逮捕阶段达到案件繁简分流，结合当前正在试点的认罪认罚从宽制度，对于案件事实清楚、证据确实充分、法律关系简单的案件，被告人自愿认罪认罚的案件，可适用认罪认罚不逮捕、附社会服务令不逮捕等形式，进行诉前过滤。这不仅体现逮捕措施的谦抑性和人权保障优先的理念，也可与"逮捕只适用于重大犯罪嫌疑"的世界潮流相一致。[①]

法治环境是自贸区的核心竞争力。随着司法改革的推进，员额检察官权责的清晰，侦查监督、公诉部门将更好地行使检察能动权，为打造自贸区国际化、市场化、法治化、便利化的营商环境，提升中国司法的国际公信力发挥作用。

---

① 王守安：《健全逮捕裁量制度：贯彻"少捕、慎捕"政策的另一种思路》，载《人民检察》2010年第6期。

自贸区行政犯法律适用若干问题研究

徐田林[*]

【摘　要】我国自贸区建设和发展伴随着大量行政法律规范的变化，基于行政犯的二元评价特征，同一行为因适用自贸区特殊法律规范而不符合某罪的犯罪构成要件，但若适用自贸区以外的行政法律规范则可能成立犯罪，此时该如何适用法律成为自贸区刑事司法不可回避的问题。本文以行政犯及自贸区的特征为基础，通过对已有观点的分析和批判，提出自贸区行政犯法律适用的几条基本原则，以供司法实践参考。

【关键词】自贸区　行政犯　法律适用

自 2013 年 9 月 9 日上海自贸区正式挂牌成立以来，经过多年的建设，我国自贸区的数量不断增加，自贸区的发展也逐渐趋于科学和健康。我国自贸区建设和发展的总体目标即为对对外开放的基本国策进行进一步的探索和改革。[①]可以说，自贸区是带着变革的基因孕育而生的，而创新则是其成长过程中必不可少养料。

一、问题的提出

在依法治国的大环境下，法制创新是建设自贸区的前提和基础。大量与自贸区贸易、金融、税收及监管模式等相配套的行政法律规范都将不断更新。行政法律规范的变化为自贸区有序发展提供保障的同时，对自贸区内的刑事司法工作亦带来新的挑战。行政法律规范的变化必然会对自贸区内行政犯的处理带来重大影响。

---

[*] 徐田林，广东省广州市南沙区人民检察院公诉科科员，员额检察官。
[①] 施佳：《浅论我国自贸区金融监管法律制度的完善》，载《广东经济》2016 年第 5 期。

以南沙自贸区为例，新政规定在自贸区内成立公司无须注册资本到位，实施认缴制度，这意味着《刑法》第159条[①]规定的虚假出资罪、抽头出资罪在自贸区没有适用的余地。新政还赋予自贸区符合条件的企业特殊的税收优惠政策，诸如一定期限内减按15%的税率征收所得税；生产货物自营出口或者委托出口实行"免、抵、退税"或者先征后退"等，这意味着《刑法》第201条[②]规定的逃税罪在南沙自贸区内适用时，其入罪主体、入罪标准等都将区别于自贸区外。以上法律适用问题在自贸区司法实践中客观存在，对司法工作者提出了新的要求。诸如自贸区特殊行政法律规范（以下简称自贸区法）实施前的不法行为如何适用法律？自贸区内行为主体跨区作案如何认定？自贸区内外行为主体共同犯罪如何处断？自贸区内行为主体可否"区别对待"？等等都是值得深入探讨的课题。

二、自贸区行政犯适用法律问题产生的原因

（一）行政犯自身属性是问题产生的根本原因

上述问题的出现是和行政犯的特殊性密不可分的，因此有必要先厘清行政犯的概念和基本特征。行政犯是违反行政法规，严重危害正常的行政管理活动，依照法律应当承担刑事责任的行为。[③] 行政犯有其自身特殊性，一是犯罪的时代性，行政犯具有鲜明的时代特色，不同时代的不同行政取缔或者同一时代不同时期行政管理的变化直接决定了行政犯的不同类型，刑事立法是决定行政犯成立与否的唯一依据。二是犯罪构成要件评价的二元性，综观刑法条文，行政犯大多为开放性的构成要件，需要法律上的二次评价，首先要判断行为是否违反行政法律规范的规定，再来看是否达到刑法规定的入罪标准。三是犯罪的法定性，行政犯成立的前提是具有较为严重的危害性且超出了行政法的规制范围，但其危害的是行政管理活动因而具有较弱的反伦理性。基于行政犯的上

[①] 《刑法》第159条规定："公司发起人、股东违反公司法的规定未交付货币、实物或者未转移财产权、虚假出资、或者在公司成立后又抽逃其出资的，数额巨大、或者严重或者有其他严重情节的，构成虚假出资、抽逃出资罪。"

[②] 《刑法》第201条第1款规定："纳税人采取欺骗、隐瞒手段进行虚假纳税或者不申报，逃避税款数额较大并且占应纳税额百分之十以上的，构成逃税罪。"

[③] 张明楷：《行政刑法辨析》，载找法网，2011年3月5日。

述特征，在刑法保持不变的情况下，自贸区法的变化将对犯罪评价产生重要影响，因此带来了：不法行为贯穿于自贸区法实施前后，该如何适用法律？（问题1）自贸区法实施之前的不法行为在自贸区法实施之后被发现该如何处理？（问题2）等一系列问题。

（二）自贸区法异于区外法是问题产生的直接原因

如前所述，自贸区能够健康发展的重要前提是制度的创新和保障。十二届全国人大常委会决定授权国务院在上海自贸区暂时调整有关法律规定的行政审批，内容涉及《外资企业法》《中外合资经营企业法》和《中外合作经营企业法》中有关行政审批的规定，共有11项由行政审批改为行政备案。而十二届全国人大常委会第十二次会议在授权广东自贸区、福建自贸区及天津自贸区调整上述法律适用的同时，又在原审批项目的基础上增加了《中华人民共和国台湾同胞投资保护法》规定的有关行政审批内容。与此同时，法律层面上的《国务院关于印发中国（上海）自由贸易试验区总体方案的通知》，部门规章中《中国人民银行关于金融支持中国（上海）自由贸易试验区建设的意见》《关于支持广州南沙新区深化粤港澳台金融合作和探索金融改革创新的意见》等都是自贸区行政法律法规创新的重要内容。这些创新最大的特点就在于与自贸区外普遍适用的法律（以下简称普适法）存在差异。

行政法律规范的不同导致自贸区内外行政犯适用刑事法律的前提不一致，刑事司法必然面临以下问题：同种行为用自贸区法进行评价时不构成犯罪，而用普适法进行评价时却构成犯罪，反之亦然（问题3）。同种行为用自贸区法进行评价时处罚较轻，而用普适法进行评价时处罚较重，反之亦然（问题4）。

（三）自贸区自身特点是问题产生的主要原因

上述自贸区法区别于普适法是由自贸区的特殊性决定的，另外，我国自贸区还有其他特征，如在某一地区内确定一部分或者几部分区域范内实现商品流通的自由化，自贸区与非自贸区之间往往仅有"一墙之隔"。这些特征决定自贸区内的企业和个人，其经济行为不可能局限在自贸区内，跨区行为将成为常态；其经济行为不可能局限于"自给自足"，跨区合作将成为常态。就行政犯而言，自贸区内行为主体跨区作案或者是勾结区外行为主体共同犯罪该如何适用法律？这是自贸区刑事司法必然面临的另一问题。

自贸区建设和发展的核心任务归根结底在于促进经济发展，司法机关作为自贸区的重要组成部分，应当在服务和保障自贸区发展方面作出自身应有的贡献。自贸区内的行政法律规范往往赋予市场主体诸多的"优惠"，以此促进经济的更好发展。作为具有补充属性的刑事司法部分，是否应当"主动出击"？是否也允许给予市场主体相应的"特殊照顾"？也是自贸区刑事司法值得探讨的问题。

三、自贸区行政犯适用法律的基本原则

（一）"从旧兼从轻"抑或"特别法优于普通法"

有观点认为，当行政法律规范对行为性质的评价发生变更并影响犯罪构成的判断时，属于刑法上的法律变更而非事实变更，对行政法律规范的适用亦应当遵循刑法上"从旧兼从轻"原则。[①]

笔者认为这种观点并不符合自贸区法变更的实际。针对上述问题1和问题2，如果不法行为适用普适法构成犯罪，而适用自贸区法不构成犯罪，按照"从旧兼从轻"的原则需对行为人作出罪处理。这显然是与刑法适用的普遍性原则相违背的。根据刑法规定，除享有外交特权和豁免权的外国人以及民族自治地方外，我国领域内犯罪的都适用我国刑法。自贸区并不属于法律规定的特别情况。根据法律位阶的理论，自贸区法显然不具有对抗刑法的效力。不法行为发生时，已然能被刑法评价为犯罪，不能以行政法律规范发生变化为由对抗该既定的评价。

针对上述问题3和问题4，如果适用自贸区法对行为人有利，遵循"从轻"原则似乎并无不妥，但如果因为适用普适法更有利于行为人而放弃自贸区法，我们不禁要问，特别制定该种自贸区法还有无必要？是不是自贸区法设定的处罚标准只能低于普适法？如果是这样，那也意味着无须遵循"从旧兼从轻"原则，因为完全没有适用普适法的可能。

综上，"从旧兼从轻"原则无法解决上述问题。究其原因在于适用这一原则的前提是不成立的。"从旧兼从轻"原则适用于新法取代旧法的情形，而自贸区法与普适法之间并不存在取代与被取代的关系，自贸区法实施后，普适法仍然具有效力，二者同时存在。实际上，自贸区法变化的类型无外乎国务院授

[①] 上海市检察院调研课题组：《解析自贸区刑事法律适用逻辑起点》，载《检察日报》2014年12月2日。

权停止一系列规章制度在自贸区内发挥作用、国务院及"一行三会"出台的保障自贸区发展的针对性规章以及各自贸区政府自行出台的监管办法等,究其内容均是在普适法基础上作出的特别规定。据此,自贸区法与普适法之间存在的实际上是特别法与普通法的关系,针对上述法律适用问题时应当遵循"特别法优于普通法"的原则,简言之,就是在自贸区法实施后的行为一律适用自贸区法,在自贸区法实施前的行为一律适用普适法。这样既有利于打击犯罪,又有利于保障自贸区改革与创新的积极性。

(二)"行为结果"抑或"身份作用"

有观点认为,应以我国刑法有关空间效力适用原则的精神来解决跨区行为的刑法适用问题,只要行为或者结果有一项发生在自贸区内,就应当以自贸区内的标准作为认定的依据,对跨区共同犯罪的行为,无论共犯成员均在自贸区内还是分别在自贸区内外共同实施相关犯罪,都应以共同犯罪的行为或者结果发生第作为选择适用法律的判断标准。[①]笔者不赞同该观点。一方面,空间效力适用原则解决的是行为成立犯罪后的管辖权问题,但上述现象首先要面临罪与非罪抑或罪轻与罪重的判断,适用空间效力原则,会导致故意规避普适法的行为不能得到应有的惩罚,与"任何人不得从不法行为中获得利益"的法律精神格格不入,造成司法不公且有损司法统一。另一方面,对于行为地和结果地发生在不同自贸区及行为主体属于不同自贸区企业、人员等情形,适用空间效力适用原则并不能完全解决问题,因为不同自贸区之间的行政法律规范可能存在差异,如果两个自贸区均有管辖权的话,将导致司法混乱。

结合我国现行自贸区市场准入的实践,企业或者个人享受自贸区优惠政策或者说遵守自贸区行政法律规范的前提在于其通过注册、备案等方式获得自贸区市场主体的身份。行政犯虽并不必然是身份犯,但自贸区行政犯侵害的法益却与其自贸区市场主体身份密不可分。基于此,笔者主张可以参照我国司法实践关于身份犯与非身份犯共同犯罪的处理原则来解决上述情形的法律适用问题。[②]即对于同一主体的跨区行为,如果主要犯罪行为利用了其自贸区市场主

---

① 上海市检察院调研课题组:《解析自贸区刑事法律适用逻辑起点》,载《检察日报》2014年12月2日。
② 最高人民法院《关于审理贪污、职务侵占案件如何认定共同犯罪几个问题的解释》规定,非国家工作人员与国家工作人员勾结,分别利用各自的职务便利,共同将本单位参悟非法占为己有的,应当尽量区分主从犯,按照主犯的犯罪性质定罪处罚。

体身份，则适用自贸区法，反之则适用普适法；对于不同主体的共同犯罪行为，如果犯罪主要是依靠自贸区市场主体完成，则适用自贸区法，反之则适用普适法；对于行为地和结果地发生在不同自贸区及行为主体属于不同自贸区企业、人员等情形采用该适用原则亦能有效确定管辖问题。如此适法更有利于刑法预防功能的发挥，能有效遏制"钻法律空子"甚或故意规避法律行为的出现。

（三）"一视同仁"抑或"区别对待"

如前所述，自贸区不是"法外特区"，发生在自贸区的行为如果符合刑法规定应当定罪处罚的，不管是自然犯抑或是行政犯，都不能因为其发生领域特殊而予以特殊对待。实践中，一些自贸区的司法机关为了更好地服务保障自贸区的建设，积极推进配套制度的创新，其中不乏对自贸区市场主体予以适当"保护"的内容，主要表现为将自贸区市场主体身份规定为从宽处罚的要件。[①]有观点对该种制度的合理性及合法性提出过质疑，认为有违反"法律面前人人平等"之嫌。笔者认为，从司法机关具有自由裁量权的角度来看，如是规定并不当然违法。尤其是对于自贸区行政犯，因其本身适用的法律与区外有异，故不存在自贸区内外"同案不同判"的情形，且刑事处罚往往直接影响自贸区市场主体的发展甚至的生存，对自贸区建设当然有间接的不利影响。基于此，司法机关科学发挥其自由裁量权，对自贸区行政犯"能宽则宽"是符合宽严相济的刑事司法政策的。事实上，《刑法》第37条明确规定："对于犯罪情节轻微不需要判处刑罚的，可以免予刑事处罚，但可以根据案件的不同情况，可以训诫或者责令具结悔过、赔礼道歉、赔偿损失，或者主管部门予以行政处罚或者行政处分。"该规定亦对上述制度提供有利的法律支撑。

当然，司法实践必须把握好"区别对待"的度：

一是要严格控制适用范围。一般来讲，自贸区行政法律规范的变化对自然犯并无影响，就侵害公民人身自由、财产权利等严重犯罪行为而言，其本身与自贸区经济发展无涉，若对自贸区内外人员作出不同处理，不符合司法统一的要求，容易引起非议。

二是要明确具体适用条件，自贸区市场主体身份只能是从宽处罚的必要条件，而不能是充分条件，也就是说在具有自贸区主体身份的同时，还需有其他

[①] 如《广州市南沙区人民检察院关于涉自贸区适格犯罪嫌疑人暂缓起诉工作规程（试行）》明确规定了对设自贸区人员处罚的"刑事和解"前置程序、听证程序等。

法律规定的从宽或者酌定从宽处罚的情节，不能单纯基于行为人的自贸区市场主体身份而对其"法外开恩"。

三是要严格把握从宽处罚的幅度。我们知道，司法机关的自由裁量权也是要建立在法律规定的基础上的，行为人没有法定减轻情节，绝不能基于自贸区主体身份对其减轻处罚，法律没有规定出罪条件的，绝不能基于自贸区主体身份认定其不构成犯罪。

四是要特别注重程序合法。程序公正是保障实体公正的前提，对自贸区市场主体从宽处罚本身容易让普通民众产生误解，故有必要利用好公示、听证等特别程序，以期让上述特殊制度更透明，消除群众疑虑，实现法律效果和社会效果的统一。

四、结语

自贸区在我国的建设虽已历时多年，但毕竟仍处于试验阶段，其发展模式、监管模式等都需要经历不断探索的过程，这期间定会有新的问题出现，刑事司法作为自贸区建设的重要组成部分，自然也不例外。自贸区行政犯法律适用正是自贸区法治创新带来的新问题。

正确适用法律是刑事司法工作需要解决的前提性问题，直接关乎对行为人行为属性的准确评价，是保障人权和有效打击犯罪的必然要求。鉴于现行法律对自贸区行政犯法律适用问题并无明确规定，司法实践亦未形成统一做法，而对该问题的理论研究产生观点分歧实属正常。笔者虽在自贸区检察机关工作，但办理涉自贸区行政犯案件的实践经验不足，法律理论功底尚浅，观点难免有失偏颇，论证难免顾此失彼，敬请有缘阅读此文者不吝赐教。

试论自贸区走私犯罪形态问题

何婷婷[*]

【摘　要】 自贸区实施"一线全面放开,二线安全高效管住"的创新监管模式,在有效地促进了贸易便利化的同时,也使很多走私违法犯罪出现了新的态势。本文从自贸区的创新制度对走私犯罪发展形势造成的改变出发,分析了自贸区走私犯罪的行为性质,并在此基础上论述了在上述背景下自贸区走私犯罪的着手及停止形态的认定问题,以期为自贸区走私犯罪中出现的新问题提供有效的解决方法。

【关键词】 自贸区　走私犯罪　行为犯　犯罪着手　既未遂

自贸区是在我国改革开放进行过程中一项重要的探索,对于我国进一步深化改革措施,继续扩大开放政策具有重要的意义。自我国自贸区成立以来,进行了许多行政监管制度的创新,有效地促进了贸易便利化。其中包括自贸区"一线全面放开,二线安全高效管住"的创新监管模式。此处的"一线"是指国境线,"二线"是指自贸区与国内其他区域的分界线。"一线全面放开"是指允许企业凭进口仓单将货物直接入区,再凭进境货物备案清单向主管海关办理申报手续,简化进出境备案清单,简化国际中转、集拼和分拨等业务进出境手续。"二线安全高效管住"是指优化卡口管理,加强电子信息联网,通过进出境清单比对、账册管理、卡口实货核注、风险分析等加强监管,促进二线监管模式与一线监管模式相衔接。[①] 但是,随着业务量的增长,自贸区海关管理资源有限与便利通关的矛盾逐渐凸显。自贸区在行政监管模式上的一系列突破和创新,也使很多走私违法犯罪不断增加并出现了新的态势。[②]

---

[*] 何婷婷,广东省广州市南沙区人民检察院民行科科员,员额检察官。
[①] 祝少春:《制度创新中违反海关法的风险与管控——以上海自贸区为视角》,载《法制与社会》2014年第11期。
[②] 刘宪权:《中国(上海)自由贸易试验区成立对刑法适用之影响》,载《法学》2013年第12期。

一、自贸区的创新制度对走私犯罪的影响

（一）自贸区走私犯罪的特点及趋势

走私罪，是指单位或者个人故意违反海关法规以及其他相关法律法规，逃避海关监管，非法运输、携带、邮寄国家禁止、限制进出口的货物、物品进出国（边）境，或者偷逃应缴关税，破坏国家对外贸易管制制度，情节严重的行为。现阶段，我国的走私罪主要还是通过货运渠道进行走私的……通过伪报品名、价格、数量等方法实施走私违法犯罪活动。[1] 所以，现阶段的走私犯罪还是以通关走私为主。同时在通关走私案件中，大多数是以商业瞒骗方式出现、进行的。[2] 据统计，自贸区走私犯罪主要表现为自然人犯罪，占犯罪总数的96%，而且主要是间接走私普通货物、物品为主，占总数的88.5%。具体表现为与香港的走私犯通谋，进行内外勾结，协同作案，由香港人幕后指挥和操纵，内地走私共犯为其提供运输方便，从中收取船租和佣金，为走私罪犯服务牟利，占犯罪总数的69%，其中以文化层次低的渔民为多；另一种是后续走私犯罪，即倒卖进口保税指标和来料加工指标，占犯罪总数的27%，此类走私犯罪较为隐蔽，且多为港、台独资或合资企业的报关员与境外港商联手，破案难度较大。

目前，走私犯罪呈现多样化、智能化、科技化、集团化、国际化等趋势。走私活动日趋多样化，渠道上涉及领海、领空，甚至是保税区域，手段上也是复杂多变。从当前情况来看，"水客"走私居高不下，另有"复进口"等与走私性质相同的行为频现。[3] 这些形式的走私犯罪在自贸区的背景下依然可能存在，并结合自贸区的特点发展演变成其独有的表现形式和特点。

（二）自贸区的创新制度对走私犯罪发展趋势的影响

1. 模式创新带来走私犯罪隐患

实行简化创新的海关监管模式的自贸试验区设立后，在使自贸试验区贸易更加便利化的同时，也会给走私不法分子可乘之机。自贸区的建设过程中完全可能成为各种犯罪滋生、蔓延的肥沃土壤。自贸区以"一线全面放开，二线安

---

[1] 张大春：《走私犯罪研究》，中国海关出版社2013年版，第52页。
[2] 陈磊：《商业瞒骗走私犯罪研究》，中国海关出版社2005年版，第7页。
[3] 陈晖：《走私犯罪论》，中国海关出版社2012年版，第87页。

全高效管住"为管理模式,自贸区里的企业可以先将货物入境,之后才办理进境备案,以及自贸区海关较其他区域较宽松的监管态度,令走私犯罪变得更加方便、快捷。而且由于自贸区经济较发达,辐射范围广,使后续走私和非关口走私变得更加难以查处,加大了海关工作的难度。另外,由于自贸区实行对进口商品不征收关税,货物离开自贸区时补缴关税的政策,势必产生区内外商品差价,形成走私犯罪的内在驱动。并且试验区的新监管模式,企业可以先提货入库再办理海关手续,其间存在着14天的时间差。再加上当前操作规程尚未成熟,可能存在入区后运用"漏报""不报"等手段进行不法活动,为走私犯罪带来巨大隐患。

2. 政策调整改变走私犯罪趋势

在设立自贸区后,涉税类走私将逐渐减少。涉税类走私如大宗生产性原材料走私往往与国家关税及政策的制定有关,主要是为了骗取国家对进出口货物征收的税款。由于自贸区范围内关税、增值税和消费税等综合税负水平将会降低,在客观上缩小了走私的经济利益内在驱动力。可见,大宗生产性原材料等普通货物可能随着物品走私的效益降低而减少。同时,非涉税走私犯罪可能日趋上升。例如西方发达的国家的生产力发展水平较高,境内外差价不会较大决定了其走私犯罪涉及的物品集中在毒品、军火、文物与珍贵动物及其制品上。随着自贸区的发展,国际交往频繁的同时也会给走私分子带来新思路,走私犯罪的重点物品可能会趋向假币、淫秽物品上。因为禁止类物品走私的存在基础是境内外巨额差价,而就国际层面,禁止类物品的价格在短期内不会有较大的波动,所以这类走私犯罪不会减少。①

二、自贸区走私犯罪行为性质的认定

根据2000年海关总署走私犯罪侦查局发布的《关于对海关监管现场的走私案件不宜以未遂认定的函》和2014年9月9日发布的《关于办理走私刑事案件适用法律若干问题的解释》对认定走私犯罪既未遂的规定,只要行为人在海关监管现场查获的,就认定为犯罪既遂。表明走私犯罪属于行为犯。在海关实践中,"一线全面放开,二线安全高效管住"的监管制度背景下,对走私犯罪的犯罪形态的认定上也是仅存在"犯罪既遂"一种停止形态的做法。即如果走私犯

---

① 冯慈竺:《上海自贸区背景下的走私犯罪探究》,载《法制博览》2014年第8期。

罪行为人在"一线"范围内被抓获，就不认定为走私犯罪仅作为行政违法进行处理。因为此时行为人尚未进行报关，货物仍处于自贸区的保税状态，不涉及偷逃应缴税款问题，那么在对走私普通货物、物品罪犯罪构成的认定上，就不满足"个人偷逃应缴税额达5万元、单位25万元"的数额要求，所以此时行为人的走私行为不能被认定为走私犯罪；① 其次，如果走私犯罪行为人在"二线"范围内被抓获，只要走私犯罪行为人实施申报行为，该行为就已经构成既遂。

另外，在现行刑法理论中，有认为走私犯罪属于结果犯的观点，即走私行为人在实施逃避海关监管的行为后，因意志以外的原因，偷逃应缴税额未成，属于走私未遂，只有逃避掉海关监管，才能认定为犯罪既遂。

笔者认为，走私犯罪属于行为犯，也存在犯罪未遂。但是海关就走私犯罪停止形态"要么是犯罪既遂，要么是无罪"的做法，违背我国刑事犯罪停止形态的基本理论。因为，首先，在一般情况下，除了举动犯和实害犯，所有的故意犯罪理应存在犯罪未遂形态。在举动犯中，行为人只要一经着手实施犯罪，行为即达到犯罪既遂形态，不存在犯罪未遂形态。在实害犯中，如果行为人的相关危害行为导致了实害结果的发生，该行为则构成实害犯的既遂；如果行为人的相关危害行为因为行为人意志以外的原因而没有发生实害结果，该行为则构成危险犯的既遂，并不存在犯罪未遂。应该看到，走私犯罪既非举动犯，也不是实害犯。因而认为自贸区走私犯罪不存在犯罪未遂形态的观点，无疑违背了故意犯罪停止形态的基本原理。并且，行为犯既遂形态的形成不是一蹴而就的，而是一个量变到质变的过程，行为犯只有当实行行为达到一定程度时，才过渡到既遂状态。② 因此，行为犯存在未遂，走私犯罪也有未遂。其次，走私犯罪侵犯了国家的海关监管制度，严重扰乱了海关正常的监管秩序，破坏了国家对外贸易管理制度。③ 通关走私中，行为人采用伪报、瞒报、伪装、藏匿等手段逃避海关监管，偷逃应缴税款的，构成走私犯罪。走私犯罪既遂的认定不要求行为人实际向海关缴纳税款，逃避海关监管，偷逃应缴税款应从抽象意义来理解，即走私行为严重破坏海关监管制度，并不要求海关放行让行为人实际上脱离海关的监管。因此，认定走私犯罪属于结果犯，不利于海关对自贸区走

---

① 陈晖:《走私犯罪论》，法律出版社2002年版，第135页。
② 马克昌:《犯罪通论》，武汉大学出版社1991年版，第110页。
③ 向朝阳、成凯:《走私罪立案追诉标准与司法认定实务》，中国人民公安大学出版社2010年版，第97页。

私犯罪行为的有力打击，也不利于维护自贸区的海关监管制度。①

三、自贸区走私犯罪形态的认定

（一）自贸区走私犯罪着手的认定

判断走私犯罪的着手成为认定走私犯罪既未遂的重要前提。所谓着手，就是开始实行刑法分则所规定的某一犯罪构成客观要件的行为。②同时，根据理论界的通说，走私犯罪的客观构成要件为，违反海关法规，逃避海关监管，非法运输、携带、邮寄刑法规定的货物、物品进出国（边）境，偷逃应缴税额较大的行为。③在传统的走私犯罪中，司法机关一般是以行为人是否向海关履行报关手续作为认定走私犯罪着手的标志。但是，由于自贸区实行"先入区，再报关"的监管政策，行为人在履行报关手续之前，会先凭进口舱单将货物先行提运入区，再办理进境备案手续。因此，在自贸区走私犯罪过程中，没有清晰和明确的标准确定哪一个行为环节可以被认定为"逃避海关监管"的犯罪的着手。关于犯罪着手的判定依据，有学者立足于客观未遂论，即未遂犯可罚性的基础在于行为人所实施的行为客观上有可能对刑法所保护之法益造成侵害之危险。因而，实行的着手，应当认为是指含有发生构成要件结果的现实危险性行为的开始，结果发生的具体危险发生时，是行为的着手。④有学者提出，预备行为也具有侵害法益的危险。因此，犯罪未遂只能是具有侵害法益紧迫危险性的行为，当侵害法益的危险达到紧迫程度时，就是着手。⑤笔者认为，犯罪着手是实现"侵害犯罪客体的危险"向"侵害犯罪客体紧迫危险性"转化的节点。但是，无论是"危险"还是"紧迫危险性"都是一种价值判断，难以在司法实务中为司法机关提供判定犯罪着手的标准。因此，我们应当以预备行为与实行行为对于犯罪客体侵害程度上的差异性为基础，为判定犯罪着手设立客观且具有可操作性的标准。可以行为"是否会直接导致犯罪危害结果的发生"作

---

① 刘环宇：《自贸区走私犯罪既未遂问题研究》，载《黑龙江省政法管理干部学院学报》2015年第2期。
② 张明楷：《刑法学》（第四版），北京大学出版社2012年版，第68页。
③ 刘宪权：《刑法学》（第三版），上海人民出版社2012年版，第327页。
④ 马克昌：《比较刑法原理》，武汉大学出版社2012年版，第529页。
⑤ 张明楷：《刑法学》（第四版），北京大学出版社2012年版，第318页。

为划分预备行为和实行行为的界限,并以行为"间接导致犯罪危害结果的发生"向"直接导致犯罪危害结果的发生"转化的节点,作为认定犯罪着手的标准。刑法规定的走私犯罪危害结果是"偷逃应缴税额数额较大"。① 在自贸区海关的监管体制中,一线备案的行为,只能间接导致犯罪危害结果的发生,而不会直接导致犯罪危害结果的发生。只有在二线报关环节,行为人实施虚假报关行为,才会直接导致刑法规定的"偷逃应缴税额数额较大"走私犯罪危害结果的发生。正因如此,应当以是否履行报关义务作为认定自贸区走私犯罪着手的标志。如果行为人在一线备案环节实施虚假备案行为,尚未进入二线报关环节即被相关部门抓获或是自动放弃继续实施犯罪,理应将这一行为认定为犯罪预备或是犯罪中止,如果行为人一旦在二线报关环节已经开始实施虚假报关行为,无疑应当排除走私犯罪的犯罪预备的成立。②

(二)自贸区走私犯罪停止形态的认定

对于走私犯罪停止形态的认定标准不能"一刀切",而应针对具体的走私方式,结合自贸区的新政策、新制度,区分不同类型的走私犯罪,依据不同标准分别进行认定。

第一,行为人利用"先进区,后报关"政策实施走私犯罪的停止形态的认定。自贸区内通关走私犯罪中,行为人采用虚假报关的方式脱逃应缴税款,根据行为人进入自贸区时是否使用虚假备案清单,可以分为两种情况:(1)在货物运入自贸区时使用虚假的备案清单。在此情况下,行为人在向海关递交虚假备案清单时,即对海关的正常监管秩序造成了现实危险,因此我们认为递交虚假备案清单的行为应认定为走私犯罪的着手;申报行为实施完毕的,认定为走私犯罪的既遂;在行为人向海关递交虚假备案清单后申报行为实施完毕前,被海关缉私人员查获的,行为人应认定为走私犯罪的未遂。(2)在货物运入自贸区时使用真实的备案清单。在此情况下,进入自贸区时使用真实的备案清单,进入自贸区后,行为人为偷逃海关关税而准备虚假报关单,然而,行为人只有在虚假报关时才对海关监管造成现实紧迫的危险,准备虚假报关单的行为是为走私犯罪"准备工具、制造条件",因此,我们认为行为人虚假报关应认定为走

---

① 胡健涛:《走私犯罪法律适用的几个问题》,载《人民法院报》2013年7月3日。
② 金华捷、李舒俊:《自贸区走私犯罪停止形态相关问题探讨》,载《四川警察学院学报》2015年第1期。

私犯罪的着手；报关之前，在准备虚假报关单阶段被海关缉私人员查获的，应认定为犯罪预备；申报行为实施完毕前被发现的，认定为犯罪未遂；虚假申报行为实施完毕的，认定为走私犯罪的既遂。①

第二，行为人利用"区内自行运输"政策实施走私犯罪的停止形态的认定。自贸区内的企业，可以使用经海关备案的自有车辆或委托取得相关运输资质的境内运输企业车辆，在自贸区之间自行结转货物。此时货物仍处于海关监管范围，需要注意的是贴有海关封条的车辆为"动态"监管现场，不同于自贸区中的"静态"监管现场，而且行为人是通过偷换货物的方式来实现偷逃应缴税款的，因此，我们认为，若行为人在运输途中擅自解封偷换货物，解封的行为应认定为走私犯罪的着手，偷换货物完成的应认定为走私犯罪的既遂，行为人在解封之后偷换货物完成之前被海关缉私人员发现的，应认定为走私犯罪的未遂。②

第三，行为人利用"批次进出，集中申报"政策实施走私犯罪的停止形态的认定。自贸区推行该新政策后，通关由"一票一报"改为"多票一报"，同时允许企业将货物分批次进出自贸区，并在规定期限内集中办理海关报关手续。笔者认为，只要企业将进口货物从自贸区运入国内非自贸区或者出口货物从自贸区运往国外就应认定为犯罪既遂。由于走私犯罪属于行为犯，行为犯是不以法定的危害结果出现为既遂标志的犯罪，虽然企业未报关，但客观上已逃避海关监管，破坏了海关监管制度。不能将企业集中报关行为完成视为走私犯罪的既遂，企业将货物运出自贸区代表犯罪行为的完成。对于此种方式的犯罪既遂认定标准可以比照绕关走私犯罪。即只要行为人实施了运输、携带、邮寄国家禁止或者限制进境货物、物品或者依法应当缴纳税款的货物、物品进境的就应认定为犯罪既遂，理由在于行为人未履行向海关申报进出口货物、物品的义务，逃避海关监管，偷逃应纳税款，逃避国家有关进出境的禁止性或者限制性管理规定。③

---

① 刘宪权：《金融犯罪刑法学新论》，上海人民出版社2014年版。
② 刘宪权：《自贸区建设中刑法适用不可回避的"四大关系"》，载《政法论坛》2014年第5期。
③ 胡平：《走私犯罪既遂犯与未遂犯的再辨析》，载《法学评论》2009年第6期。

广州南沙自贸区建设中新型犯罪风险及防范机制探析*

王利飞**

【摘 要】处于国家战略新区与自贸区双区并轨发展的广州南沙自贸区，因其地理位置、国家政策等因素，其建设与上海、深圳前海、珠海横琴等地的自贸区必然存在区别，所产生的法律问题也必然有所区别。本文以广州南沙自贸区的法制框架、制度创新为研究基础，预估在该区可能产生的新型犯罪风险，并提出相应的应对之策是检察机关服务广州南沙自贸区建设迫切需要解决的问题。

【关键词】南沙自贸区　潜在犯罪风险　防范机制

建立中国（广东）自由贸易实验区（以下简称广东自贸区）是党中央、国务院作出的重大决策，是新形势下全面深化改革、扩大开放和促进内地与港澳深度合作的重大举措。随着财税、金融、外汇、与港澳往来等政策在广东自贸区的不断开放，相关法律、行政法规、政策的变化将对法律的适用带来一系列问题。提前做好司法应对、未雨绸缪，更好地为自贸区建设保驾护航是检察机关义不容辞的职责。中国（上海）自由贸易试验区（以下简称上海自贸区）已成立近五年，已有学者及实务部门进行了或深或浅的研究。广东自贸区的建设必将复制上海自贸区的某些成功经验，但由于所处区域、经济基础、经济环境不一样，国务院及各部委所赋予的政策也存在差异，而广州南沙自贸区面临国家战略新区、自贸区"双区"并轨发展的机遇，其与广东自贸区的其他两大片区也有不同之处，故广州南沙自贸区与上海自贸区涉及的司法保障问题也必定

---

* 本文获广东省检察机关服务保障中国（广东）自由贸易试验区建设研讨会二等奖。
** 王利飞，广州市南沙区人民检察院公诉科科员，员额检察官。

不完全一样。广州南沙自贸区拥有哪些特别政策，将会带来哪些潜在的法律问题，如何解决，怎样解决，不仅对自贸区的建设产生举足轻重的影响，也是司法机关迫切需要解决的现实问题。本文以广州南沙自贸区的法律框架为研究基础，对广州南沙自贸区建设中潜在的刑法适用风险进行了预测，并提出相应的应对机制，为检察机关切实服务好自贸区建设建言献策。

一、研究基础——广州南沙自贸区的法律框架

2012年9月6日，国务院正式批复《广州南沙新区发展规划》（以下简称《发展规划》），广州市南沙区成为我国第六个国家级新区。2015年3月24日，中共中央政治局召开会议，审议通过了《中国（广东）自由贸易试验区总体方案》（以下简称《总体方案》），设立了中国（广东）自由贸易试验区，广州南沙自贸区成为广东自贸区的三大片区之一，南沙区迎来了国家战略新区与自贸试验区"双区"叠加发展的新阶段。广州市南沙区作为国家级战略新区，国务院已在《发展规划》中给出南沙多项先行先试的措施与政策，南沙区成为自贸区后，国务院及各部委又赋予了其一系列政策。这些政策便是广州南沙自贸区发展的法律框架，是研究广州南沙自贸区可能面临的法律适用问题的基础。

（一）国务院和部委的政策文件

自广州市南沙区获批国家战略新区至2018年5月，国务院和各部委赋予南沙新区及自贸区44项政策文件，其中，赋予南沙新区的政策15条，赋予南沙自贸区的政策29条。

南沙在自贸区挂牌后，将面向全球进一步扩大开放，在构建符合国际高标准的投资贸易规则体系上先行先试，重点发展生产性服务业、航运物流、特色金融以及高端制造业，建设具有世界先进水平的综合服务枢纽，打造成国际性高端生产性服务业要素集聚高地。广州南沙新区一直以来主打港澳牌，自贸区的建设必将建立粤港澳金融合作创新体制、粤港澳服务贸易自由化，以及通过制度创新推动粤港澳交易规则的对接。

（二）省层面赋予广州南沙自贸区的政策文件

省政府和省市有关部门赋予广州南沙自贸区52项政策文件，包括广东自贸区管理试行办法、省支持南沙新区开发建设的若干意见64条、第一批省级管理权限41条、广州市南沙新区条例、广东海事局支持自贸区建设8条、广

东检验检疫局支持自贸区建设 25 条、广东银监局支持自贸区建设 10 条、人民银行广州分行支持自贸区建设 19 条、省金融办支持自贸区建设 5 条、广东证监局支持自贸区建设 10 条、广州海关支持自贸区建设 10 条。

国务院批准通过《总体方案》后,广东省商务厅对此表示,广东将着重推动与 21 世纪海上丝绸之路沿线国家和地区的贸易往来,共同开拓国际市场。广东自贸试验区将探索与 21 世纪海上丝绸之路沿线国家和地区在货物通关、商品检验检疫、质量标准、电子商务等领域建立合作机制,提高贸易便利化水平。同时,发挥自贸试验区国际商品中转集散功能,建立 21 世纪海上丝绸之路沿线国家和地区商品展示、销售、采购中心。扩大人民币跨境业务创新,推动人民币作为与沿线国家和地区跨境大额贸易计价、结算的主要货币,加快人民币国际化进程。

(三)市层面赋予的政策

市层面赋予南沙区新区政策 6 条,其中广州市南沙区条例,广州市工商行政管理局关于进一步支持中国(广东)自由贸易试验区广州南沙新区片区建设的意见等。其中赋予南沙自贸试验区的政策 4 条,包括广州市委、市政府出台的简政放权的一些决定。

(四)南沙区出台的政策文件

广州市南沙区出台 29 项政策文件,包括经济发展的指导意见及配套文件、服务外包发展专项资金管理办法、企业上市工作扶持奖励办法、外来务工人员子女接受义务教育暂行办法、社会组织发展扶持资金申请指引。科技型中小企业扶持办法、旅游产业发展专项资金申请指南、就业专项资金补贴办法、民营经济的实施意见、科学技术经费管理办法、科技创新平台贡献奖励办法、高端人才卡管理办法、试行货币加物业兑现村留用地工作指导意见等。

二、合理预估——广州南沙自贸区建设中犯罪风险问题

随着自贸区的建设,在推动我国经济发展的同时,因自贸区内的经济运行模式、行政监管制度的不同,必定产生新的法律问题。笔者以广州南沙自贸区的法律框架为研究基础,对广州南沙自贸区在建设中可能面临的法律问题进行了预测。

(一)自贸区建设将对刑法原则、司法理念带来的冲击

打击犯罪、维护社会秩序是检察机关的基本职能和天然职责。国务院赋

予了自贸区各项政策，在经济机制与体制方面有较大创新，对已有的社会经济秩序、法律秩序都将带来巨大的影响。如负面清单模式的确立就是为了减少行政部门的干预，为自贸区创造更为自由、更为开放的投资环境。追求并鼓励创新、扩大对外开放，是自贸区迅速发展的的应有之义，但如何发展、建设自贸区，并无经验可循。《总体方案》的宗旨是："各有关部门要大力支持、加强指导和服务，共同推进相关体制机制创新，并注意研究新情况，解决新问题。""新情况""新问题"一般都意味着会对现有的经济秩序产生碰撞。如果检察机关还秉持现有严厉打击犯罪的态度，在"新情况""新问题"出现的时候即跳出来高喊"触犯刑律"，则可能使自贸区的建设遭遇波折。但是如果对所有"新问题""新情况"均不予追究，则又可能导致经济秩序受到破坏。同时，也会导致"同罪不同罚"，相同的行为在自贸区外构成犯罪，在自贸区内则获得"赦免"，这与罪刑法定、法律面前人人平等等刑法基本原则是相冲突的。如何既严格遵守罪刑法定的原则，又为自贸区的建设保驾护航，是检察机关所必须平衡的关系。

（二）自贸区建设中可能带来的犯罪管辖问题

自贸区建设中可能带来的犯罪管辖问题有二：一是对人的管辖权。广州南沙自贸区早在获批国家战略新区之时，国家已赋予与港澳往来便利化政策，对外籍高层次人才给予居留便利。我国现有的国际司法合作尚有限，香港、澳门地区虽是我国的一部分，但属于不同法系，法律规定当然也存在巨大差异。对于长期往来于广州市南沙区与港澳两地的居民来说，如果一旦涉罪，如何处理？对于港澳居民与内地居民构成犯罪的，如何便捷化处理？另外，随着自贸区开放自由的环境，外资银行、外资公司、跨国机构将大量增加，区级司法机关是否具有相应的侦查权及管辖权？二是对事的管辖权。自贸区金融、贸易及监管模式相配套的法律规范不断更新，对行政违法行为的认定必然产生影响，导致同样的行为在自贸区外构成犯罪在自贸区内不构成犯罪的现象。[①] 广州南沙自贸区同样存在这个问题。国务院及各部委赋予了南沙新区诸多政策文件，省、市、区又逐级制定了文件，是否所有的政策、文件、规范都可以成为认定犯罪的前置法规呢？目前虽有一些学者进行了这方面的研究，但是尚未有定论。

---

① 上海市检察院自贸区检察工作调研课题组：《解析自贸区刑事法律适用逻辑起点——"自贸区金融贸易改革背景下的刑事法律适用"系列之一》，载《检察日报》2014年12月22日第3版。

（三）自贸区建设中可能产生的潜在金融犯罪

2014年12月15日，经国务院同意，人民银行、国家发展改革委等10部委联合印发了《中国人民银行 发展改革委 财政部 商务部港澳办 台办 银监会 证监会 保监会 外汇局关于支持广州南沙新区深化粤港澳台金融合作和探索金融改革创新的意见》（银发〔2014〕337号，以下称南沙金融15条），这是广东省第二个、广州市首个经国务院批准实施的金融专项政策，也是南沙新区继《广州南沙新区发展规划》后首个经国务院批准实施的专项政策。"南沙金融15条"明确提出了南沙新区金融改革创新发展的定位，即支持南沙新区充分发挥政策、区位和产业优势，积极发展科技金融和航运金融等特色金融业，推动粤港澳台金融服务合作，完善金融综合服务体系，探索开展人民币资本项目可兑换先行试验。"南沙金融15条"从"支持南沙新区深化粤港澳台金融更紧密合作"和"支持南沙新区金融创新发展"等两大部分共作出了"港澳地区金融企业入股南沙财务公司、外资股权投资基金在南沙创新发展、台资在南沙设立合资金融机构、南沙为港澳台居民提供跨境人民币结算、境外人民币贷款、外币离岸业务、多币种产业投资基金、期货交割仓库建设、民间资本设立银行、外资保险机构准入、融资租赁管理体制试点、人民币计价业务、商业保理试点、外汇资金集中管理试点和创新型金融机构设立"等15条具体的支持政策。2015年6月18日，广州市金融办发布《南沙2015年金融创新发展重点工作实施方案》，明确提出引进和新设一批创新型金融机构，完善穗港金融合作新机制、深化外汇管理体制改革。

从全球其他国家、地区的自贸区运行情况看，经济犯罪是自贸区内的绝对主流犯罪。[1] 自贸区所享有的优惠激励措施淡化了行政管理色彩，在增强精力活力的同时，也增强了经济运行的风险。广州南沙自贸区着重金融创新，其主要产生的也是金融方面的犯罪，可能主要潜在以下几种类型的犯罪：

1.洗钱犯罪风险。广州南沙自贸区已获得政策，对开展人民币资本项目可兑换进行先行试验。在CEPA框架下，完善金融业负面清单准入模式，简化金融机构准入方式。自贸区内将实现银行服务开放和人民币资本项目自由可兑换，可能导致银行弱化反洗钱监控的职能，进而引发大量洗钱犯罪。

---

[1] 程一平、黄敬敏、戴新福：《浅析中国（上海）自由贸易试验区建设潜在犯罪风险及防范对策》，载《上海公安高等专科学校学报》2014年第1期。

2. 逃汇、骗购外汇犯罪风险。南沙金融创新实施方案还提出要积极推动个人本外币兑换特许机构、外汇代兑点发展和金融IC卡在公共服务领域使用，便利港元、澳门元在自贸试验区兑换使用。在自贸区实行人民币与外汇自由兑换、自由进出的制度必将对逃汇罪和骗购外汇罪在自贸区内的刑法适用产生巨大的冲击。一旦自贸区内人民币和外汇可以自由兑换和进出，则逃汇罪可能将失去存在的意义，也难以发生骗购外汇犯罪。[①]

3. 贷款诈骗犯罪风险。由于自贸区强调"一线全面放开，二线安全高效管住""负面清单"等新型监管服务模式，对进入自贸区的货物实行"只作外在检查、不作实物检查"的宽松制度，因监管上的疏漏极有可能引发以虚构仓单入自贸区的事实向银行骗取贷款的犯罪。

4. 非法经营犯罪风险。非法经营罪一般以行为人"未经许可""未经批准"某些经济、行政法规作为入罪前提。而自贸区的建设以国家放宽相关经济、行政法规为前提，一旦在自贸区内这些前提不存在，则无法认定非法经营罪。

（四）自贸区建设可能导致检察机关指控犯罪难度加大

自贸区的建设除可能带来管辖、犯罪认定等难题，还可能使自贸区内检控犯罪的难度加大。原因有以下几方面：

1. 犯罪主体多样化、国际化。广州南沙自贸区将进一步与港澳往来便利化，对外籍高层次人才也会给予居留便利，另外，因为国外公司准入门槛降低，经济往来逐步国际化，自贸区内的外国公司、企业、个人、跨国犯罪组织均可能成为犯罪对象，跨区域、跨国犯罪逐渐增多，必定给侦查、法律适用增加难度。

2. 犯罪手段智能化、专业化。高端服务业、科技智慧产业是广州南沙自贸区分发展目标，随着以高科技为基础的产业高地的全面铺开，高科技、高智能犯罪将更加突出，对其侦破的难度也将更大。

3. 犯罪类型专业化、复杂化。自贸区内的经济犯罪比例将逐渐增大，而经济类的犯罪，尤其是自贸区的经济类犯罪更为错综复杂，且经济犯罪往往是跨境的，取证的难度会更大。

---

① 刘宪权:《中国（上海）自由贸易试验区成立对刑法适用之影响》，载《法学》2013年第12期。

三、广州南沙自贸区新型犯罪防范机制研究

自贸区的发展与建设需要法制保障。随着自贸区的发展,如何解决前述法律问题,关系到自贸区能否健康运行。针对广州南沙自贸区建设中潜在的刑法适用风险,笔者认为,应从以下几方面对前述法律风险进行防范:

(一)应从法律法规层面进行完善

南沙区自称为国家战略新区及国家自由贸易试验区以后,国务院及各部委赋予了广州南沙区较多的政策、制度。但是恰恰因为这些"特殊"的政策文件,致使自贸区内外产生了"同类不同罪""管辖不明确"等问题。全国人大应尽快对自贸区内法律法规施行、废止进行深入的调研,该修订的修订,该废止的废止,确保自贸区的建设在法治的轨道上前进。最高人民法院、最高人民检察院、公安部也应尽快出台相关解释,对自贸区内刑事案件的侦查、起诉、审判活动进行指导,使自贸区内的司法活动"合法"进行。

(二)应建立专门的司法组织进行保障

新型经济犯罪将成为自贸区刑法适用的重大难题。上海自贸区随后迅速成立了专门的自贸区检察室,并提出要加快培养通晓国际贸易、金融等相关法律,并善于与国际法律机构沟通的检察专门人才到自贸区检察室。[①]笔者对此深为赞同。自贸区产生的潜在新型刑法犯罪类型属于较为专业、部分犯罪还较为生僻的领域,成立专门的司法组织进行保障既有利于提高效率,也有利于正确打击犯罪。

近年来,金融法治成为一个新兴名词,金融法治是指根据国家法律、法规以及规范性文件等来规范和调整金融行政管理行为、金融个体经营等一切金融活动以及随之而产生的各种关系。[②]金融司法随之而产生,主要包括金融刑事侦查、金融检察、金融审判。学界对金融检察的研究尤为深入。笔者认为,为自贸区建设保驾护航是司法部门的当然之义,在自贸区成立后,公检法三机关也应当成立由具有通晓经济、金融专业的专业人员成立的专业组织。

---

① 朱毅敏、吴加明:《探索建立与自贸区建设相匹配的检察工作模式》,载《人民检察》2014年第8期。

② 上海市国际金融中心建设工作推进小组:《上海国际金融中心法治环境建设》,上海人民出版社2012年版,第72页。

作为承担控诉职能的检察机关，更应该尽快成立金融检察专业机构，专门办理金融新型犯罪。金融犯罪案件往往疑难复杂，对专业性要求非常高，由具有经济、金融背景的检察人员专门办理，有利于提高效率，精准打击犯罪。

（三）应强化国际刑事司法合作

首先，随着自贸区的建设，对外开放将进一步扩大，自贸区内的经济将呈现区域化、国际化的发展，跨境犯罪、境内外共同犯罪将大量产生。目前，各个国家、地区的法律法规对经济犯罪的标准存在差异，各个国家、地区的金融监管机构对监管的力度、违法违规行为的处理也各不相同。强化国际司法合作，应首先探索建立与国际通行原则相近的经济、金融监管标准。通过国际合作，来探索和防范金融犯罪。

其次，前文中多次提及的管辖问题，也只能通过加强国际司法合作来解决。加强涉外犯罪的国际刑事司法合作，探索解决管辖、跨境侦查、司法协助等问题，是刻不容缓的任务。

自贸区金融创新检察保护的困境与对策

——以互联网金融创新为研究视角

赵 川[*]

【摘　要】从自贸试验区成立之初"一行三会"51条意见到"金改49条",近年来,自贸试验区的金融创新以稳健、日新月异的姿态向纵深推进,极大地促进跨境投融资的便利化。而互联网金融作为自贸区金融创新代表性产品,带来便利的同时也呈现出隐形法律风险。本文首先简单展开对自贸区互联网金融创新介绍,进而重点分析互联网金融创新形态及刑事法律风险,探讨检察职能面临困境以及可介入的范围,以期对自贸试验区金融制度创新实践提供有益参考。

【关键词】互联网金融　刑事法律风险　检察保护　五项对策

从2013年9月27日国务院批复成立中国(上海)自由贸易试验区至今,我国已经形成"1+3+7"共计11个自贸区的格局。2015年10月30日,国家外汇管理局上海市分局出台《进一步推进中国(上海)自由贸易试验区金融开放创新试点加快上海国际金融中心建设方案》作为新阶段深化上海自贸试验区和上海国际金融中心建设的纲领性文件,意义重大。方案中指出"在风险可控前提下支持互联网金融在自贸试验区创新发展"。互联网金融是金融创新的产物,是金融民主化和普惠金融的新趋势。

互联网金融具有突出先天优势,如打破了地空限制,无间断服务,金融服务效率高;可以实现碎片化理财,针对所有隐性用户,实现真正的金融普惠;此外,还有信息公开,直接促进资金双方交易。[①]但自贸区互联网金融创新的

---

[*] 赵川,广东省广州市南沙区人民检察院政工办科员。
[①] 李睿:《上海自贸试验区互联网金融创新中刑法介入的合理边界》,载《外国经济与管理》2016年第2期。

超前性和制度供给不足给检察职能带来严峻挑战。如何发现金融创新外套下的新式犯罪、监督民商事审判在解决金融纠纷是否合法公正、检察监督职能又如何促进金融市场的风险防范？这是各自贸区检察院面临的重大课题。检察机关在维护和促进互联网金融创新的同时，应当积极遏制其扩张带来的隐形犯罪。本文在阐述自贸区互联网金融创新主要内容和特征的基础上，指出自贸区金融创新给检察职能带来的挑战并提出若干应对措施。

一、自贸区互联网金融创新的主要内容和特征

（一）互联网金融创新的主要内容

互联网金融创新是传统金融机构与互联网企业利用互联网技术创新发展的新模式，可以通过网上终端、手机移动平台实现资金流转、投资和咨询等服务，主要表现有互联网支付、网络借贷、众筹融资和余额宝理财等。[①] 互联网与金融深度融合是发展趋势，将对金融产品、业务、组织和服务等方面产生更加深刻的影响。互联网金融能否健康发展，影响着金融服务质量和效率，影响金融改革和构建多层次金融体系。

（二）互联网金融创新的类型

目前对于互联网金融创新已有多种不同业态模式，根据基本功能可分为四个类型：第三方支付、P2P 网络借贷、众筹融资及余额宝模式。

1. 第三方支付。中国人民银行在 2010 年 6 月公布的《非金融机构支付服务管理办法》关于第三方支付的含义是指，非金融机构在收付款人之间作为中介机构提供下列部分或者全部货币转移服务：网络支付、预付卡的发行与受理、银行卡收单以及中国人民银行确定的其他支付服务。实际中第三方支付则指非银行机构利用网络技术，在用户和银行之前搭建起电子支付。目前市场上存在以支付宝、微信、财付通为代表的多家支付企业，该支付的主要特征是成本较低、方便快捷等。

2. P2P 网络借贷。是指第三方平台在收取一定费用后向其他个人提供小额借贷的金融模式，在该情形下，第三方网络平台只是单纯的中介媒质。但第三方平台往往吸取客户资金到达一定程度后在网上发放小额贷款，如宜信、拍拍

[①] 顾海鸿：《互联网金融创新发展中的刑事犯罪风险及司法防控对策》，载《犯罪研究》2017 年第 2 期。

贷等公司。

3. 众筹融资。是指项目发起人利用互联网向不特定公众宣传并展示其项目的内容、前景、细则等来获得社会资金赞助的融资模式。人民银行等十部门发布的《关于促进互联网金融健康发展的指导意见》指出股权众筹是通过互联网形式进行公开小额股权融资的活动。其特点是"小额、分散",聚少成多。根据投资回报反馈形式,众筹融资可分为预售众筹、债务众筹和股权型众筹等类型。

4. 余额宝模式。余额宝是支付宝推出的将用户在平台余额进行增值服务的模式。投资者在互联网上可通过购买保险等理财产品或者将钱存入余额宝当中来实现资产的保值增值目的,该模式将理财基金市场具有的货币功能和网络支付结合在一起,突破了时空限制。

(三)互联网金融创新的特征

互联网金融是金融业与互联网业相结合的一种创新进金融形势。互联网金融行为是点对点、透明格式化共享模式。互联网金融跟传统金融比较起来具有如下特征:

1. 便捷性。互联网金融主要载体是网络终端,只要网络到达之处,均可实现金融交易。用户只要通过身边网络平台如手机、电脑等"快捷支付"来实现生活消费的目的,体现足不出户的无间断服务。

2. 平等性。互联网具有开放和平等性。没有用户身份歧视,没有资金准入门槛,没有服务人员的"冷眼旁观"。传统金融模式容易将普通民众或者信誉低的用于拒之门外,服务也是区别性对待。用户往往在具备高资金的情况下才能获得或者开通更多优质服务。相反,互联网金融则通过低门槛和低成本优势解决了碎片化理财的难题,确保小额投资增值保值的目的。

3. 整合性。互联网金融是在第三方网络上搭建的平台,背后则是用户、企业大数据的支持,各种优质产品、同级同等信息比较以及资料信息共享实现整合。为资金借贷双方构建出一道沟通途径,交易成本大大降低。

二、互联网金融创新背后的刑事法律风险

互联网金融在展现了其蓬勃发展力的同时,"破坏力"也慢慢凸显。利用互联网技术或以互联网金融名义开展的非法集资、非法证券发放、非法外汇交

易、非法支付结算等各类违法犯罪活动频发，[①] 这不仅削减了金融创新能力，也为犯罪分子利用金融双轨制的灰色地带从事犯罪活动创造了机会。根据网贷之家数据统计，截至 2018 年 8 月底，我国 P2P 网贷行业累计平台数量达到 6406 家，相对 2015 年年初增加了 219.5%；而其中累计停业及问题平台达到 4811 家，占比 75.1%，问题平台历史累计涉及的投资人数约为 132.2 万人（不考虑重复统计情况），涉及贷款余额约为 960.5 亿元。[②]

表一　停业及问题平台统计

时间	停业及问题平台数	设计投资人数（万人）	涉及贷款余额（亿元）
2013 年及之前	93	1.6	16.1
2014 年及之前	394	6.3	68.2
2015 年及之前	1688	27.7	171.1
2016 年及之前	3429	45.2	258.1
2017 年及之前	4039	57.3	332.9
2018 年 8 月及之前	4811	132.2	960.5

表二　全国问题平台分布

地区	占比	数量
广东	15.38%	365
山东	14.88%	353
浙江	14.12%	335
上海	12.68%	301
北京	8.68%	206
江苏	5.65%	134
安徽	4.30%	105
四川	2.74%	65
湖北	2.44%	58
河北	2.36%	56
湖南	2.32%	55

---

① 顾海鸿：《互联网金融创新发展中的刑事犯罪风险及司法防控对策》，载《犯罪研究》2017 年第 2 期。
② 数据来源网贷之家，截至 2018 年 8 月 31 日。

而在中国裁判文书网中设定案件类型"刑事案件",全文检索"P2P""全文",其他条件不限定,对P2P刑事案件共检索有524条记录。

根据上海市检察院发布的《2017年上海金融检察白皮书》显示:2017年,上海检察机关共受理1662件3107人,案件共涉及五类19个罪名,案件数量与2016年基本持平,仍保持高位运行。在案件总量基本平稳的同时,主要案件类型结构变化明显,信用卡诈骗等诈骗类犯罪案件数量下降23%,而非法集资为主的破坏金融管理秩序类犯罪上升46%。其中非法吸收公众存款案件数为2016年案件数的2倍,为2015年案件数的6.1倍。2017年集资诈骗案件数比2016年上升46%,大案、要案频发,涉案金额巨大。仅"e租宝""申彤大大""中晋系""快鹿系""善林系"五大系列案件,涉案金额就将近2000亿元人民币。①

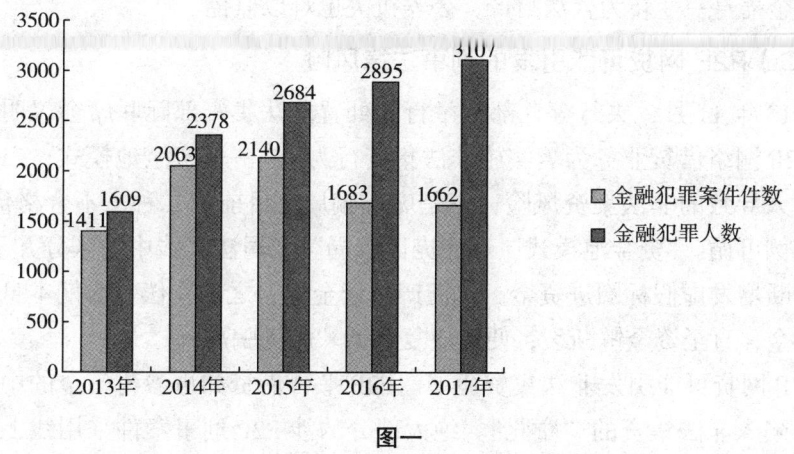

图一

(一)第三方支付可能引发的刑事法律风险

1. 第三方支付方有非法经营、擅自设立金融机构嫌疑。根据我国《商业银行法》第一章第3条规定,吸收存款、发放贷款、办理结算是银行的专有业务。第三方支付方均在证明自己为用户提供网络代付的中转作用和资质,但在实际中平台会利用时间差吸取用户资金,表现出"银行"吸收存款功能,超出了有关法律法规对第三方支付机构业务范围的规定。

2. 平台沉淀资金可能会引发职务犯罪或者非法吸收公众存款罪。在网购

---

① 肖凯等:《2017年度上海金融检察白皮书》,载《检察日报》2018年7月27日。

中,买家在拍下商品后,先将钱划转到第三方支付平台的账户内,等收到货确认无误后,第三方平台再向卖家付款。第三方支付"时间差"形成沉淀资金。根据新闻报道,淘宝和天猫的支付平台支付宝一年沉淀资金近300亿元,预计利息10亿元。如果缺乏有效的流动性管理,则可能引发职务犯罪,如挪用资金、职务侵占等风险。①而且第三方支付平台吸存资金行为,当资金达到一定程度时,也可能导致非法吸收公众存款涉嫌刑事犯罪风险。

3. 第三方支付可能涉及洗钱犯罪。第三方支付平台对于实名认证尚未具备严格审查的条件,极易成为资金非法转移的工具。经济犯罪黑钱转入第三方支付机构的网络平台,再通过该平台转出相应资金或者是购买理财产品后,赃款的来源和性质便改头换面了。如许多涉及金钱交易的案件,不法者利用网络交易轻松实现赃款自己的交流,在平台上将贩毒、赌博、卖淫等违法犯罪活动取得的资金摇身一变转为合法财产,公安机关也难以监控。

(二) P2P 网贷可能引发的刑事法律风险

2013年11月,央行等九部委举行的处置非法集资部际联席会议明确"以开展P2P网络借贷业务为名实施非法集资行为":一是资金池模式;二是不合格借款人导致的非法集资风险;三是庞氏骗局。目前第二种"不合格借款人"没有案例可循。"资金池模式"和"庞氏骗局"在司法实践中的区分并不明显。通过不断增发虚假标圈进资金,沉淀产生资金池,之后在偿付前期本息后,再使用资金,直至资金链断裂,便形成复合型"庞氏骗局"。②

P2P网贷可能引发非法集资犯罪。P2P平台借贷如再参与资金的中转,比较容易陷入非法集资的"魔咒"。绝大部分的涉P2P刑事案件采用线上线下相结合的销售模式,即除了在线上开展业务外,还在线下铺设实体网点,采用拨打电话、在人流密集区发布小广告等传统犯罪手法进行非法集资。倘若平台超出服务范围,开展自融业务,或者虚构用资人目的汇聚资金形成资金池,极有可能触犯非法吸收公众存款罪、非法经营罪等。

2018年6月起,P2P网贷平台的风险事件不断爆出,6月和7月共出现了228家问题平台,76家停业及转型平台。其中,7月共出现165家问题平台,

---

① 李睿:《上海自贸试验区互联网金融创新中刑法介入的合理边界》,载《外国经济与管理》2016年第2期。

② 张佩如:《P2P网络借贷犯罪实证分析》,载《中国检察官》2016年第11期。

53 家停业及转型平台,问题平台数更是达到历史单月问题平台最高峰。P2P 网贷问题平台事件类型中,提现困难的平台最多,占 7 月平台总数的 86.7%,其次是跑路和经侦介入。出现这次暴雷的原因有很多,不仅有经济环境的因素,又有平台和行业自身的问题,目前有部分借款人试图利用平台爆雷、清盘后的混乱恶意逃废债,这一行为也进一步加剧了 P2P 网贷行业经营环境的恶化。

(三)众筹融资可能引发的刑事法律风险

1. 众筹模式可能引发集资诈骗。条件有四项:(1)众筹融资如果未明确出示被依法批准的吸收资金的资格;(2)向社会公开散播融资项目信息;(3)再次承诺在一定期限内给予回报;(4)向不特定对象吸纳资金,则可能涉及集资诈骗。①

2. 众筹模式可能涉及擅自发行股票、公司、企业债券犯罪。最典型的莫过于 2013 年被叫停的"北京美微事件",2013 年 1 月 18 日,美微传媒在淘宝店"美微会员卡在线直营店"出售会员卡,购买会员卡就是购买公司原始股票,单位凭证为 1.2 元,最低认购单位为 100,只需要花 120 元下单就可以成为持有美微 100 股的原始股东。按照证券法,向不特定对象发行证券,或者向特定对象发行证券累计超过 200 人的,都属于公开发行,都需要经过证券监管部门的核准才可。② 作为一个有限责任公司,本身就不能销售原始股,只能是股权转让,而转让的话必须通过董事会,股东则享有优先购买权。美微公司这种做法最终被证券会给叫停。

3. 众筹模式可能涉及传销犯罪。2018 年 6 月 20 日,广州市南沙区人民法院依法对被告人林某杰、蒲某等 10 人组织、领导传销活动一案作出一审有罪判决。作为典型的借金融创新之名行传销之实的"股权众筹"传销案,该案发起以众筹放飞公司 30% 注册资本为名的"中国放飞股权众筹网络平台",以推荐购买放飞股为名,发展会员形成层级,且以直接或间接发展人员的数量作为返利依据,以高额回报为诱饵,引诱参加者继续发展下线,仅一年时间,网络平台会员就达 1.6 万余人,层级有 18 级,累计涉案金额达 7 亿多元。随着管理层人员挪用挥霍平台资金,以及下级会员的减少,放飞公司所谓的"高回报"

---

① 刘艳艳:《互联网金融创新法律风险与防范》,载《湖北经济学院学报》(人文社会科学版) 2016 年第 3 期。

② 顾海鸿:《互联网金融创新发展中的刑事犯罪风险及司法防控对策》,载《犯罪研究》2017 年第 2 期。

在运行几个月后资金链便断裂。

（四）其他可能引发的刑事法律风险

目前第三方支付平台有提供预支和套用信用额度现金的服务，但该种做法给犯罪分子利用漏洞进行信用卡诈骗可趁之机。持卡人通过虚构交易方式或者冒用他身份证，将其平台额度资金套现出来，并逃避还款。引外，非法侵入和破坏计算机信息系统类犯罪也呈上升趋势，一旦互联网金融后台系统被侵入，不仅企业资金可能直接被窃取，甚至参与者的账户信息、个人隐私均会被泄露。

三、检察保护的困境

（一）金融犯罪与国内外经济形势、金融政策等密切相关，发案形势依然严峻

通过前面分析，我们知道互联网金融的刑事法律风险与传统金融体制的缺陷息息相关。首先，国家的金融体系利率长期受到管控，资金也是主要由银行体系进行配置，资金集中在银行比较严重，对中小企业的融资渠道限制非常严格。可以说，我国互联网金融是附随时代潮流产生的，它利用网络技术打破了银行资金沉淀的约束。然而，当前立法无法预见互联网金融创新所有方面，导致互联网金融违法犯罪的法律风险易发和高发。其次，在我国经济转型过程中，面临政策调整和增长减速等压力，加上外国市场的资金流动性和博弈，可能造成一段时间内金融犯罪发案形势依然严峻，对此无论是金融监管部门还是检察机关，都未能及时跟上防范新式金融犯罪。

（二）检察保护补救延迟性

目前金融市场准入环节较易产生监管盲点和薄弱点，如目前各种公司投资咨询、资产管理、信息服务类在注册时手续简便，注册后又无相应监管，致使皮包公司开展非法活动初期未能被及早发现。[①] 笔者曾经办理过关于假冒国家公章的立案监督案件，就是公司准入系统的宽松性，只需要复印件便可开设公司，这样导致一些中介公司冒用甚至盗用他人身份证件开设公司。在金融产品资金链断裂等到公安检察院介入时，皮包公司已经对投资者造成难以挽回的损

---

① 肖凯等：《2017年度上海金融检察白皮书》，载《检察日报》2018年7月27日。

失。另外，有法可依是实施金融监管的前提，金融法规的供给却相对不足，未能及时向社会和投资者提示金融业务的本质和金融风险，检察机关也不能主动过度介入金融市场，规则的缺失让社会公众难以辨别产品真伪，容易上当受骗。

（三）自贸区检察机关对金融机构预防和法制教育衔接不足

金融行业具有高风险和高风险，金融机构自己也会制定监督和自律制度。但"家贼难防"，如果从业人员利用管理漏洞去实施犯罪是轻而易举的。如一些证券公司中从业人员操纵客户资金只需客户签章，无须其他核对和监管措施，这时候客服经理只要假冒客户签章去操作客户账户，是难以发觉的。又如多年来常发、高发的保险诈骗案，审核员与现场定损员、维修技术人员相勾结，一起骗过了保险公司的理赔审核程序，这问题值得保险公司深入思考和加强防范。部分案件还暴露出金融机构在新推出产品时，往往只是注重占市场、看数据，没有对工作人员进行风险防控。检察机关预防保护作用往往针对企事业单位或者是违法违纪单位，对于金融机构的预防法制教育力度仍需加强。

（四）涉众型金融犯罪案件的持续高发

互联网金融违法犯罪活动能得手，离不开参与人的积极推广。目前检察院对关于互联网金融演化为涉众型经济犯罪的案件分析后发现，欺骗手段日益隐秘化，以貌似规范、严谨的业务流程、风险告知和资金保障等方式，诱人以利，部分投资人看到他人获得高收益时候，内心产生失衡心理，赌徒心里油然而生。不法者往往在投资产品中突出显示"高回报、见效快""钱生钱、利滚利"等字眼，投资参与人也直接跳过甚至忽视背后的隐形条款或则只想投机取巧。正所谓，高收益必高风险，理性投资和产品的风险都会被视而不见，只想坐着等收益，甚至谎言被拆穿都不愿意相信。互联网金融犯罪频发与市场参与者自身的过错也有关系。绝大多数互联网金融犯罪案件中的被害人均是以投资者或者集资参与人的身份参与的，一次次惨痛的案件在他们面前选择性忽视，故意实施相关行为的，这样只能直接或间接调入圈套，犯罪的雪球也越滚越大。

四、对策

随着互联网金融创新的不断推进，对检察机关的司法水平提出了更高要求，自贸区检察院应紧密围绕自由贸易试验区建设的发展大局，以惩治金融犯罪、防范金融风险为主线，着力提升金融检察工作能力，依法维护金融秩序，保障国家金融安全，为金融改革发展提供有力司法保障。①

（一）高度关注金融法治领域的新问题，妥善应对金融犯罪新情况、新变化

自贸区检察院金融检察工作诞生于检察职能保障金融中心建设形势要求，检察人员对当前金融市场和金融创新发展的理解、运用体现金融检察的能力。因此，我们必须加强对金融创新发展的研究，把握市场改革趋势、产品创新等，密切关注传统金融行业的产品更新和互联网金融衍生的热点问题，准确研判金融发展趋势，妥善应对各种新情况、新变化。如当前互联网金融创新中P2P网贷犯罪存在入罪标准、案件定性、共犯范围、单位犯罪等方面的认识分歧和裁判标准不一，检察机关如何立足自身职能，从P2P网贷平台的性质、非法集资类犯罪的本质等方面探研司法实践解决路径是值得深入思考的问题。

（二）聚焦司法中的疑难问题，回应市场热点，明晰法律概念

在开放背景中，伴随着出现多种花样的金融犯罪，尤其是目前金融犯罪呈现出智能化、网络化、虚拟化以及隐蔽性的特点，给公安民警、检察人员办案带来了诸多挑战。首先，自贸区检察院要认真分析出现的金融犯罪各种形态，仔细研究金融犯罪的起因、形式及危害，及时学习新的办案思想，为打击处理新式金融犯罪做好基础和应对。如对于出台的《网络借贷信息中介机构业务活动管理暂行办法》关于平台和机构所关心的债权拆分、类资产证券化等概念应当作出细化解释，划清合法与非法的界限，既避免不法分子借金融创新之名实施犯罪，也为合法经营者提供法律的"定心丸"。② 其次，这次的《刑法修正案（九）》直接取消了伪造货币罪、集资诈骗罪等犯罪的最高量刑死刑，我们应理解此次修法本意，把握和用好刑事政策，做好刑法的谦抑性，确保金融秩序和市场交易安全。

（三）自贸区检察机关加大查处力度，全力做好社会稳定工作

检察机关必须保持对金融犯罪尤其是非法集资等涉众型犯罪的高压态势，打击披着融资的非法传销。自贸区检察机关不仅要通过高压姿态对违法犯罪

---

① 刘子阳：《为金融改革发展提供有力司法保障》，载《法制日报》2017年7月20日。
② 肖凯等：《2017年度上海金融检察白皮书》，载《检察日报》2018年7月27日。

形成震慑,而且还要注重维护社会稳定,尽力保护投资者利益。具体做法如下:一是提前介入,打早打小。检察机关可以适当关注舆论舆情,对于涉嫌非法集资等涉众型犯罪应提前介入,既可以防止受害人数的增加,防止经济损失扩大,还能减少不法分子的侥幸心理。二是对涉案财物尽快采取司法冻结等强制措施,冻结后应尽快查清财物属性,这样对涉案财产进行追查可以最大程度保护投资者的损失。特别是目前的金融犯罪跨省跨区比较多,各单位应做好沟通、协助工作,制定出涉案财物的合理处理方案。三是在处理金融创新刑事案件过程时,应做好被害人情绪波动或者可能采取过激行为的应急方案,做好释法说理工作,排除化解案件隐患。[①] 四是协调司法机关统一认识,减少差异处理。金融犯罪案件尤其是非法集资案往往一起案件涉及多个分院和区县院,司法机关内部应畅通信息、协调案件进展、统一处理尺度,避免认识差异造成案件处理不平衡而引发的不稳定因素。

(四)准确把握金融犯罪法律政策界限,打击金融犯罪的同时保护金融创新

2013年召开的党的十八届三中全会中明确将"鼓励金融创新""发展普惠金融"写入党的报告。互联网金融是实现普惠金融、促进经济发展的金融创新亮点,尽管目前业内良莠不齐,甚至违法犯罪频发,但不能因此"一刀切"。自贸区检察院在打击金融创新犯罪案件时,应注意体现保护、服务理念,维护好金融市场的活力,对互联网金融产品发展持有一定的容忍性。对于明显利用互联网实施非法集资、非法吸取公众存款等犯罪应予以严厉打击;对于符合国家政策和规定的产品,则做好预防、引导作用,来保护其健康向前发展;而对于经营不善、管理有漏洞的企业则应该联合工商、税务等部门重点关注,提出整改。

(五)搭建金融检察理论研究平台,推动学术交流和专业化人才培养

金融市场日新月异,自贸区检察院应设立金融检察检察官办公室,办理专属案件,关注金融检察工作理论和实践研究,探讨互联网金融和检察工作内在联系和良性互动,把检察监督职能和金融法治紧紧联系在一起,以实现创立金融检察运行模式,从而进一步优化检察权配置。通过搭建系统内外的各类平

---

① 靳子、钟河:《警惕涉互联网金融刑事风险上升》,载《检察风云》2017年第14期。

台，进一步推动研究成果转化，注重发挥指导性案例的作用。如针对非法集资案中的数额计算以发布典型案例的形式，对办理同类案件予以指导。多举办金融检察论坛推动学术交流，吸取金融实务人才为检察工作提供更多的智力支持。①

五、结语

互联网金融创新给我们社会带来的便利和高效是显而易见的，自贸区的金融创新也需要一定的空间。如果检察过多干涉金融创新，不仅压抑金融创新的发展空间，也不利于国家政策的实施。检察保护应以监管为主，通过适时的事先防控和案件干预，使互联网金融活动逐步透明化、规范化。②自贸区检察院在纠纷处置的过程中，应当强调贯彻落实党中央、国务院关于金融改革开放和自贸试验区建设的总体部署，根据积极稳妥、把握节奏、宏观审慎、风险可控原则，来大力促进自贸试验区金融开放创新，以更好地为全国深化金融改革和扩大金融开放服务。③

---

① 北京市人民检察院第二分院课题组：《北京市检察机关近年办理的金融诈骗犯罪案件实证研究》，载《金融检察与金融安全中国金融检察论坛文集》，交通大学出版社2012年版。

② 李睿：《上海自贸试验区互联网金融创新中刑法介入的合理边界》，载《外国经济与管理》2016年第2期。

③ 翁静雨：《我国自贸区金融监管法律问题研究》，贵州民族大学2015年硕士学位论文。

自贸区金融检察介入比特币监管问题研究

莫丽华*

【摘　要】司法实践中，涉比特币犯罪案件暴露出我国对虚拟货币的监管存在一系列问题。现阶段我国对比特币等虚拟货币的法律定位不清，比特币的"去中心化"和"匿名性"又对取证和金融监管、技术监管等提出了新的要求。自贸区相对丰富的金融创新经验以及相较宽松的投资环境为探索比特币等虚拟货币的监管提供了先行先试的可能性，在数字时代，自贸区金融检察应在办案中强化涉比特币案件的引导侦查及个案协作，强化对自贸区金融监管机构的法律监督，探索金融领域的审前分流制度，实现及时填补监管漏洞、遏制涉比特币金融犯罪、防范系统性金融风险的目的。

【关键词】比特币　金融监管　自贸区　金融检察　法律监督

自比特币问世以来，各国的监管机构和立法者在探索虚拟货币（virtual currency）和数字货币（digital currency）潜力的同时，一直担心虚拟货币被非法使用。[①] 目前比特币的法律属性尚无定论，但与比特币相关的金融创新已席卷全球，随之而来的是比特币和比特币应用平台的法律风险，[②] 对比特币的监管已刻不容缓。有学者认为可考虑在自贸区内设立国内指定的数字货币交易平台，并以平台为依托试点征收金融交易税，同时明确交易平台在运营过程中的民事、行政和刑事法律责任认定，构建以保护金融消费者为重点内容的监管机

---

* 莫丽华，广东省广州市南沙区人民检察院案件管理中心科员，检察官助理。

① See Patrick Kirby, Virtually Possible: How to Strengthen Bitcoin Regulation within the Current Regulatory Framework, North Carolina Law Review, Vol.93, 2014, pp.190–192.

② 诸如依托于比特币平台的"黑市交易"、洗钱、逃税、"庞氏骗局"等违法犯罪行为与日俱增，比特币持有人或使用人的权益可能因骇客行为受损等。See Misha Tsukerman, The Block is Hot: A Survey of the State of Bitcoin Regulation and Suggestions for the Future, Berkeley Technology Law Journal, Vol.30, 2015, pp.1147–1148.

制。①虽现阶段我国金融监管部门出于金融安全和资产安全等方面考虑停止了包括比特币在内的各类代币发行融资活动，统一"数字货币交易平台"没有政策支持，但自贸区相对丰富的金融创新经验②及容错机制的确为比特币等虚拟货币监管的先行先试提供了可能性及保障。自贸区金融检察应与金融监管部门做好有效衔接，解决比特币监管遇到的问题，共同保障金融安全。③

一、从南沙自贸区首例涉比特币刑事案件看比特币监管

（一）由买卖比特币引发的非法拘禁案

2017年5月，一枚比特币的市值约在2200美元左右，且在较长的时间里，比特币市值一路走高。④胡某洪、锡某成、邱某顺、胡某松从台湾人陈某仲处听说从网络平台Trade Coin Club（以下简称"TCC"）投资比特币能够获得丰厚的利润，该平台软件主要通过在不同的虚拟货币平台进行"低买高卖"使得投资人获利。TCC平台承诺任何成为会员的投资者只要获利就可以立即提现，如果会员积极拉拢其他人加入该平台，还能获得更多的奖励，拉拢投资者越多级别越高，所得奖励也就越多。胡某洪、锡某成、邱某顺、胡某松被陈某仲口中的高额利润所吸引，发动亲友二十余人一起投资TCC平台，共投入人民币62万元买卖比特币。2017年11月，胡某洪发现TCC平台无法正常交易，投入的本金以及所获得的"利润"均无法提现。为索回投资款项，胡某洪纠集锡某成、邱某顺、胡某松非法拘禁陈某仲，并在拘禁过程中对陈某仲实施殴打。胡某洪、锡某成、邱某顺、胡某松因犯非法拘禁罪被判处有期徒刑七个月到拘役六个月不等，⑤"投资款"人民币62万元至今分文未回。

在审查胡某洪等4人涉嫌非法拘禁罪一案时，检察官发现TCC平台的运作模式与庞氏骗局非常类似。陈某仲宣传并积极参与TCC网络平台的行为可能构成我国刑法上的诸如组织、领导传销活动、集资诈骗或非法吸收公众存款等犯

---

① 参见樊云慧、栗耀鑫：《以比特币为例探讨数字货币的法律监管》，载《法学论坛》2014年第7期；樊云慧：《比特币监管的国际比较及我国的策略》，载《法学杂志》2016年第10期。
② 参见梁德思：《我国自贸区金融服务创新的现状及升级途径分析》，载《金融经济》2018年第8期。
③ 参见贺英：《自贸区金融检察要与金融监管有效衔接》，载《检察日报》2016年2月1日第3版。
④ 交易数据来自网站https://coinmarketcap.com/zh/currencies/bitcoin/，最后访问时间2018年8月13日。
⑤ 参见（2018）粤0115刑初352号刑事判决书。

罪，而胡某洪等 4 人亦有发展下线等客观行为。该案背后隐藏着巨大的金融风险，但碍于在案证据所限，只能止步于将之定性为债务纠纷引发的非法拘禁案。

（二）从"匿名"走向"神秘"的比特币交易

比特币受欢迎主要基于三方面理由：交易成本低、去中心化、匿名性。① 比特币的"匿名性"体现在交易者可以每次交易产生新的密钥，通过不断变换自己的公钥地址，很好地隐藏自己的身份，做到完全匿名不可追踪。比特币的去中心化和匿名性又恰恰是其难以监管、无望成为所谓"法定数字货币"的原因。② 2017 年 9 月 4 日，《关于防范代币发行融资风险的公告》出台，明确包括比特币在内的代币（token）发行融资本质上是一种未经批准非法公开融资的行为，涉嫌非法发售代币票券、非法发行证券以及非法集资、金融诈骗、传销等违法犯罪活动，并要求各类代币发行融资活动应当立即停止。目前全国摸排出的首次币发行（Initial Coin Offering 或 Initial Crypto-Token Offering，以下简称"ICO"）平台和比特币等虚拟货币等交易场所已基本实现无风险退出，互联网金融领域总体风险水平明显下降。③ 此种"一刀切"监管并不等同于对比特币监管是成功的，现实的问题是，主要发生在境外的比特币交易由原本的"匿名"彻底走向了"神秘"。

以胡某洪等 4 人非法拘禁案里的 TCC 平台为例，该平台由名为的 Trade By Trade 公司团队开发，TCC 公司负责业务推广，并且在包括中国大陆在内的多个国家和地区设立推广工作室。根据公司网页介绍，Trade By Trade 公司虚拟货币交易平台获得了大洋洲瓦努阿图共和国比特币证券交易许可，遵照的是欧洲数据保护程序；④ TCC 公司成立于 2016 年，在中美洲伯利兹租用了办公室，

---

① "中本聪"创造比特币的动机之一就是消除交易中的第三方，点对点的在线支付系统降低交易成本，防止交易逆转，让整个支付过程更接近于现金交易。比特币的第二大吸引力在于去中心化，整个验证功能与政府脱离，不涉及国家行为的"货币"很受对政府不信任的人们的欢迎。比特币第三个吸引着人们的点在于匿名性。See Nikolei M. Kaplanov, Nerdy Money: Bitcoin, the Private Digital Currency, and the Case Against its Regulation, Loyola Consumer Law Review, Vol.25, 2012, pp.125-126.

② 参见钟伟、魏伟、陈骁：《数字货币——金融科技与货币重构》，中信出版集团 2018 年版，第 151 页、第 161 页。

③ 参见央行条法司副司长龚雁在 2018 年防范和处置非法集资法律政策宣传座谈会上的讲话，转引自工业和信息化部信息中心和起风财经发布的《2018 年中国区块链产业白皮书》，第 14~15 页。

④ 参见 https://tradebytrade.com/about-us/，最后访问时间 2018 年 8 月 16 日。

所谓的办公室里面只有几台电脑和该公司的营业执照。境外的相关组织早就警告投资者 TCC 公司是空壳公司，运作的就是庞氏骗局。[①]然而国内的投资者无法接触到具体的信息，比特币交易被涉案金融网络平台包装为"零风险、高收入"的买卖，像胡某洪一样的投资者甚至根本不了解什么是比特币以及比特币交易的原理。由此可见，比特币交易场所退出大陆并不是对虚拟货币监管的结束，涉外因素增多、信息不对称等客观因素反而导致监管更加困难。监管政策带来的比特币交易境外化、神秘化，人民币交易比特币全球占比更难把握，[②]在经济全球化日益深入的背景下，比特币对人民币与我国外汇市场及其管制政策构成的任何潜在风险都不应被低估。[③]比特币交易平台一律退出中国大陆的监管政策实际上不利于将诸如洗钱等与比特币关联的金融侵害行为纳入法律规制，同时也完全忽略了比特币引发的国际逃避税问题。[④]即便采取否认比特币交易在国内交易合法性的监管措施，那么在复杂的国际电子交易中如何推动税收执法的多边安排也应该进入监管部门的视野。

（三）比特币投资者权益得不到有效保障

由于比特币本身难以定性，机会主义者可能会绕开法律，加入到与比特币相关的投资诈骗当中去。例如 2013 年，美国证券交易委员会指控 Bitcoin Savings and Trust 的所有人 Trendon T. Shavers 交易比特币的模式就是运作庞氏骗局。Shavers 搜罗比特币投资者，向他们承诺投资利润，实际上这些利润来自于新投资者投入的比特币，Shavers 也有将投资者投入的比特币挪作个人使用。Shavers 辩称，在美国比特币投资不是证券交易，比特币也不是"货币"，因此

[①] 参见私人组织 Ponzi Watch Dog 的网页对 TCC 公司为何属于庞氏骗局的分析，载 http://www.ponziwatchdog.com/ponzi-review/keep-off-trade-coin-club-tcc-ponzi-scheme/，最后访问时间 2018 年 8 月 16 日。Ponzi Watch Dog 是一个专门报道关于庞氏骗局和投资诈骗的网站。

[②] 根据《北京商报》2018 年 7 月 9 日第 7 版的报道《监管部门联手控制风险 人民币交易比特币全球占比不足 1%》，2018 年 7 月 6 日，新华社消息称，在 ICO 交易平台基本实现无风险退出后，人民币交易的比特币全球占比降至不足 1%。该报道亦指出，针对近期相关非法金融活动的新变种与新情况，相关监管部门组织屏蔽"出海"虚拟货币交易平台，打击 ICO 冒头及各类变种形态。

[③] 参见谢杰：《区块链技术背景下金融刑法的风险与应对——以比特币交易对外汇犯罪刑法规制的冲击为视角》，载《人民检察》2017 年第 8 期。

[④] 比特币交易的相对匿名性为潜在的纳税人或者居民选择不披露某些交易提供了更大的可能性。参见王寰：《比特币引发的国际逃税避税问题及其法律应对》，载《环球税收》2018 年第 1 期。

没有违反美国证券法。① 胡某洪等人投资的 TCC 平台运作模式与 Shavers 操纵的平台类似，但增多了不同国家货币与比特币的兑换环节，应该注意到的是，不管比特币在法律上的性质是什么，其具备经济价值已是客观事实，胡某洪等人正是由于投资比特币经济受损才采取了极端措施与手段。即便对 TCC 平台立案侦查，比特币匿名性和支付过程全网络化的特点，决定了案件关键性证据只能在网上寻找。由于电子证据本身的脆弱性和电子证据立法的滞后，电子证据的采集具有一定难度，② 境外交易平台更是加大了取证难度，案件很有可能因为证据问题无法追究行为人的法律责任，遑论弥补被骗投资者损失。

二、金融检察介入比特币监管存在困难及分析

（一）比特币法律定位不清导致法律规制"失灵"

2013 年 12 月，人民银行、工信部、银监会、证监会、保监会联合发布的《关于防范比特币风险的通知》将比特币定性为"特定的虚拟商品"，强调不具有与货币等同的法律地位，不能且不应作为货币在市场上流通使用。③ "特定的虚拟商品"不属于严格的法律概念，我们还需要进一步探讨比特币的法律定位才能深入对比特币的法律规制。由于现阶段比特币法律定位尚不明朗，检察机关较难实现通过行使刑事检控和法律监督职能介入对虚拟货币的监管。

1. 观点一：比特币是计算机信息系统数据

有观点认为，比特币不同于传统虚拟财产，如果通过扩大解释将比特币解释为财物，以可交易性作为财物的根本属性，有违刑法的谦抑性，刑事司法如直接将其定位为"财物"有冒进和越位之嫌。如蠕虫和勒索病毒结合的"WannaCry"，利用早期 Windows 版本系统漏洞进行攻击，受攻击电脑多种文件被加密，用户需支付比特币赎金取回。一般来说，黑客索财会以破坏计算机信息系统罪或敲诈勒索罪定罪，但由于比特币不是"财物"，勒索病毒所要比特币的行为应以破坏计算机系统罪评价更为稳妥。该种观点的重要支撑是 2013

---

① See Matthew Kien-Meng Ly, Coining Bitcoin's "Legal-Bits": Examining the Regulatory Framework for Bitcoin and Virtual Currencies, Harvard Journal of Law & Technology, Vol.27, No.2, Spring 2014, p.569.

② 参见娄耀雄、武君：《比特币法律问题分析》，载《北京邮电大学学报》（社会科学版）2013 年第 4 期。

③ 参见《关于防范比特币风险的通知》（银发〔2013〕289 号）第一点"正确认识比特币的属性"。

年"两高"《关于办理盗窃刑事案件适用法律若干问题的解释》出台时,起草者曾申明盗窃虚拟财产不应按盗窃论处,主要考虑到虚拟财产的本质是计算机信息系统数据。①笔者认为,这种将比特币与网络"游戏装备""游戏币"等划上等号的观点显然忽视了比特币具备稀缺性,且比特币已被部分国家和商家接受为作为支付商品和服务的方式。②比特币虽不是法定意义上的货币,但具备部分价值尺度和流通手段等功能,③仅把比特币视为计算机信息系统数据,无法解释其被用于网络赌博和黑市交易等犯罪行为。④

2. 观点二:比特币是金融工具或金融商品

该种观点肯定比特币在作为支付商品或服务对价时,比特币承担了交易中介与价值存储功能,法律应认定其在这种情况下构成"货币"。在比特币交易平台进行比特币与法定货币买卖时,比特币承担着套利、投资(投机)、兑换法定货币的金融工具功能,应认定其构成金融商品。⑤美国采取的正是将比特币视为金融工具或金融产品的监管策略,美国证券交易委员会的执法范围扩展到与虚拟货币相关的证券交易,这些交易要求提供和销售虚拟货币(如比特币)的公司向证券交易委员会注册或享有注册豁免的资格。⑥事实上,美国这

---

① 参见姜楠:《全球勒索比特币触哪些罪名》,载《北京日报》2017年5月24日第14版,该文最后论述的落脚点是刑事司法的审慎和克制。

② 网络游戏虚拟货币或游戏装备等不是我国刑法上"财物"的主要理由就在于它们的使用范围仅限于承兑运营商提供的产品和服务,不得用于支付、购买实物或者兑换其他单位的产品和服务,同时不具有稀缺性,参见喻海松:《网络犯罪二十讲》,法律出版社2018年版,第252~254页。

③ 参见宝山、文武:《法定数字货币》,中国金融出版社2018年版,第385页。

④ "... it is true that bitcoin has been used in connection with criminal practice." See Primavera De Filippi, Bitcoin: a regulatory nightmare to a libertarian dream, Internet Policy Review, 2014, 3(2), pp.45-46. 我国首例比特币刑事犯罪中,被告人组建的GBL比特币网站中,就设有比特币对赌模式,参见裁定书(2016)浙07刑终67号。

⑤ 参见谢杰、张建:《"去中心化"数字支付时代经济刑法的选择——基于比特币的法律与经济分析》,载《法学》2014年第8期。

⑥ See Matthew P. Ponsford, A Comparative Analysis of Bitcoin and Other Decentralised Virtual Currencies: Legal Regulation in the People's Republic of China, Canada, and the United States, Hong Kong Journal of Legal Studies, Vol.9, 2015, p.33.

种做法主要解决了谁来监管的问题。① 美国得克萨斯州地方法院在前文提及的 Shavers 涉嫌运作庞氏骗局案中,认定比特币是"事实上的证券"。② 这就说明承认比特币金融工具价值可以实现在金融监管法律框架下对比特币市场进行特殊且严格的管制,针对投资者、比特币交易平台等不同的市场参与主体予以规制和保护。但由于我国现行金融商品法律规制制度及经济刑法中证券期货犯罪条款规制范围受限,导致实际承担金融商品功能的比特币及从业金融投资(投机)交易的比特币网站并不处于严格的金融监管与经济刑法的规制状态。③

(二)我国司法实践中对涉比特币案件的把握

1. 比特币是刑法意义上的"财物"

和前文所述的"比特币是计算机信息系统数据"的观点不同,我国法院在实际案件中认可了比特币作为"财物"的法律地位,认为比特币属于刑法上的盗窃对象。在武某恩盗窃案中,被告人武某恩窃取了被害人金某网络投资平台的 5 个账号及密码,后被告人武某恩利用 5 个账号及密码,通过篡改收款地址的方式盗走金某账户中的 70.9578 枚比特币。武某恩将比特币在"火币网"交易平台上出售,并将交易所得资金提现到个人银行账户。武某恩及其辩护人认为比特币是一种虚拟商品,不属于盗窃罪的犯罪对象。法院认为被害人金某付出对价后得到比特币,"不仅是一种特定的虚拟商品,也代表着被害人在现实生活中实际享有的财产,应当受刑法保护",因此被告人的行为构成盗窃罪。④ 类似的刑事裁判还有上海市普陀区人民法院判决的陈甲盗窃案。⑤ 应该说我国司法实践早就意识到了比特币的经济价值,尽管监管部门提示比特币交易风险自担,且清理整顿了国内的虚拟货币交易平台,但无处不在的互联网和比特币的匿

---

① "Thus, the question of whether a Bitcoin is a currency or something completely different is one that is, at present, impossible to answer and a question that requires either a court judgment or new legislation to be conclusively answered." See Peter Twomey, Halting a Shift in the Paradigm: The Need for Bitcoin Regulation, Trinity College Law Review, Vol.16, 2013, p.74.

② "... the court had to conclude that Bitcoin was in fact a security." See Daniela Sonderegger, A Regulatory and Economic Perplexity: Bitcoin Needs Just a Bit of Regulation, Journal of Law & Policy, Vol.4, 2015, p.191.

③ 参见谢杰:《"去中心化"互联网金融时代"证券"范围的拓展——基于比特币的法律与经济分析》,载《证券法律评论》(2015 年卷),中国法制出版社 2015 年版,第 461 页。

④ 参见(2016)浙 10 刑终 1043 号二审刑事裁定书。

⑤ 参见(2014)普刑初字第 1162 号刑事判决书。

名性（有学者亦将该特性称为"抗审查性"）对国内的投资者还是有着相当的吸引力，因此部分国外学者将我国对比特币监管称为"对比特币失败的打击"。①

2. 比特币被应用于毒品交易等违法犯罪

比特币被用于犯罪行为同样不会因为国内比特币交易平台被禁而消停。如张某伟走私毒品案中，被告人张某伟通过境外网站"AlphaBay Market"与卖家"blow"联系，从境外购买大麻叶 170 克，并约定以"比特币"支付购毒款和邮寄送达的方式进行毒品交易。后张某伟通过互联网以 5309.41 元的价格购买 1.363 个比特币支付给"blow"。② 比特币也被用于"洗黑钱"等违法领域，如黄某某等人诈骗案中，黄某某同伙许某负责将骗来的钱"洗白"，许某将骗来的钱通过互联网购买比特币，再将比特币兑换成现金。③ 笔者注意到，由于涉案比特币交易平台在国外，上述两个案件裁判文书罗列的证据里均没有比特币交易的相关材料，证明该环节只有国内银行流水和口供。对比另外两起通过国内比特币交易平台洗钱的案件，刘某标掩饰、隐瞒犯罪所得案④和李某润盗窃案⑤中，相关国内比特币交易平台提供了涉案账户的信息和交易情况，与在案的其他证据相互印证。笔者认为，这些法院的裁判观点首先显示出审判机关对比特币的法律定位已有倾向性意见，其次从案件的证据情况来看，虽然比特币本身有"匿名性""去中心化"等特征，但比特币交易平台记载了部分交易的信息，可以作为监管的突破口，且国内处于监管下的交易平台更便于向执法部门或司法机关提供相关线索或证据。

3. 虚拟货币的经济生态存在争议

比特币等虚拟货币的经济生态本身长期受困于是否构成庞氏骗局、金字塔骗局等集资诈骗犯罪或者传销犯罪的巨大争议之中。⑥ 如宾珩妹、邓某某等人犯组织、领导传销活动罪一案中，2013 年 11 月，被告人邓某某、宾珩妹经人介绍购买马来西亚 MBI 国际集团发行的网上虚拟货币"M 币"，投资数额由

---

① See McGinnis, John O. and Roche, Kyle, Bitcoin: Order without Law in the Digital Age (March 7, 2017). Northwestern Public Law Research Paper No. 17-06. Available at SSRN: https://ssrn.com/abstract=2929133 or http://dx.doi.org/10.2139/ssrn.2929133.
② 参见（2017）渝 01 刑初 29 号刑事判决书。
③ 参见（2015）绥北刑初字第 72 号刑事判决书。
④ 参见（2015）召刑初字第 139 号刑事判决书。
⑤ 参见（2016）皖 02 刑终 128 号二审刑事裁定书。
⑥ 谢杰：《区块链技术背景下金融刑法的风险与应对——以比特币交易对外汇犯罪刑法规制的冲击为视角》，载《人民检察》2017 年第 8 期。

100美元至5000美元不等，形成金字塔式排列，向下发展下线吸收新会员可以获得公司6%~10%的直推奖，还能提成其下线人员的投资利润，发展下线越多提成越多。邓某某和宾玢妹分别投资了若干"M币"并发展了自己的下线。在庭审过程中，其中一名辩护人提出没有任何法律禁止公民参与炒作比特币、"M币"等网虚拟货币，"M币"作为一种网络产品，其开发、交易、发展，得到《中国互联网行业自律公约》的鼓励和保护。该辩护人认为在将涉案平台定性为网络传销平台以前，应当广泛听取意见，慎重考虑。法院不采纳该名辩护人的意见，认定涉案网络平台是网络传销平台。① 因此，不管从法学理论还是从司法实践来看，南沙自贸区办理的首例涉比特币刑事案件中的TCC比特币平台就是一个典型的庞氏骗局，但由于在案证据的限制和域外取证的困难，涉案传销团伙依然在全球范围内实施着违法犯罪活动。

（三）虚拟货币的技术监管困境与挑战

比特币依托于互联网技术进行交付交易，因此技术监管既是投资者的权益保护的重要措施，更是防范金融风险的需要，技术监管将会成为金融监管的内容。② 作为一个全球性点对点网络，比特币本身不太可能具备监管能力。但如果我们聚焦在提供比特币服务的中间媒介，那么这些第三方服务很可能给消费者或投资者带来与传统提供汇款服务或支付工具的金融机构一样的风险。例如消费者可能使用的是第三方比特币钱包将比特币转移给另一个使用方，如果第三方钱包没有履约支付，那么消费者就遭受了损失。又比如比特币银行或者比特币钱包由于安全性问题导致客户比特币被盗，而比特币交易是不可逆的，客户的损失可能没办法获得有效的弥补。③ 比特币的技术监管，首先可以从比特币平台交易系统的稳健性进行监督和交易认证；其次对于交易结算时的安全性进行监管；再次对比特币平台会员或客户的隐私进行监管；最后应当要求比特币交易平台将交易系统和交易数据进行备份，为应对黑客攻击、保护用户权益进行充分的考虑和准备。虚拟货币的技术监管应更注重事前监管和事中监管，

---

① 参见（2016）粤5302刑初335号刑事判决书。

② 参见钟伟、魏伟、陈骁：《数字货币——金融科技与货币重构》，中信出版集团2018年版，第276页。

③ See Kevin V. Tu & Michael W. Meredith, Rethinking Virtual Currency Regulation in the Bitcoin Age, Washington Law Review, Vol. 90, 2015, pp.332-333.

防患于未然。①现实的情况是,比特币交易平台技术对于国内司法机关而言较为"新鲜",在吴某青犯组织、领导传销活动罪一案中,比特币平台火币网出具了在平台提取人民币的流程,证明该网站必须实名认证,同时火币网信息安全总监作为该案的证人,证言内容围绕比特币的概念、产生及流通方式、比特币保存、"矿工"的概念等基础的技术问题展开。②而对于虚拟货币平台监管日趋成熟的国家和地区,业务风险管理早已成为电子货币或虚拟货币监管的一部分。如欧盟鉴于电子货币机构面临着包括技术性风险、程序性风险以及因机构与那些从事相关操作性或其他辅助性活动的实体合作而产生的风险在内的金融和非金融风险,特别是考虑到某些从事与电子货币发行相关之操作性或其他辅助性活动的实体可能未受任何审慎监管之约束,欧盟电子货币机构监管指令第七条中明确要求,电子货币机构必须具备稳健与审慎管理、行政管理和会计核算程序,以及适当的内部控制机制。③

2018年10月19日,网信办发布《区块链信息服务管理规定(征求意见稿)》,该征求意见稿中对作为比特币底层技术的区块链信息服务提供商明确提出了备案登记的要求,并要求服务提供者落实信息内容安全管理主体责任配备与服务规模项适应的专业人员和技术能力,建立健全用户注册、信息审核、应急处置、安全防护等功能,并接受安全评估。同时,要求使用者进行真实身份信息验证。④笔者认为,该征求意见稿构建了虚拟货币技术监管的起步雏形,但目前我国金融监管部门对比特币交易的监管尚未成形,司法机关对比特币等虚拟货币的运作模式等还需要更深入的了解,金融监管部门和司法部门之间比较难就虚拟货币监管问题形成有效互动。

三、自贸区金融检察介入对比特币的监管策略

现阶段我国对比特币等虚拟货币的金融监管又可以称为"过度监管"(over-regulation),表面上来看金融风险降低,实际上变相抑制了虚拟货币以及

---

① 参见钟伟、魏伟、陈骁:《数字货币——金融科技与货币重构》,中信出版集团2018年版,第277~278页。
② 参见(2016)粤19刑初64号刑事判决书。
③ 参见余素梅:《欧盟电子货币机构监管指令评述》,载《法学评论》2005年第2期。
④ 《国家互联网信息办公室关于〈区块链信息服务管理规定(征求意见稿)〉公开征求意见的通知》,载http://www.cac.gov.cn/2018-10/19/c_1123585598.htm,最后访问时间2018年10月19日。

相关技术在我国境内的发展和创新，相应法律规制基本留白。①比特币等虚拟货币的交易依然在全球范围内活跃，可能存在更多的国内投资者投资境外平台而遭受损失，同时涉虚拟货币的犯罪行为亦时有发生。自贸区有着得天独厚的探索比特币等虚拟货币金融监管的政策优势，相关职能部门支持自贸区探索金融改革创新，②那么自贸区完全可以在国家总体部署和规划发展要求下，试点设立有利于增强市场功能的创新型虚拟货币交易平台，③自贸区金融检察以虚拟货币交易平台为切入口，履行检察职能，介入比特币监管。退一步而言，即便没有统一的虚拟货币交易平台，基于保护管辖原则，金融执法部门和司法机关也应当在比特币等虚拟货币监管问题上有所作为，自贸区金融检察在探索可复制可推广的监管经验上责无旁贷。

（一）加强涉比特币案件引导侦查和个案协助

自贸区金融检察从净化投资环境、维护金融安全的角度出发，严厉打击各类涉虚拟货币金融犯罪，需要解决的首要问题是涉比特币犯罪的取证困境。网络犯罪的一个重要特点就是被害人、犯罪嫌疑人分散在各地，在如今国内对虚拟货币的监管政策下，"各地"的范围扩展至"全球"，对于以被害人数、被

---

① See Matthew Kien-Meng Ly, Coining Bitcoin's "Legal-Bits": Examining the Regulatory Framework for Bitcoin and Virtual Currencies, Harvard Journal of Law & Technology, Vol.27, No.2, Spring 2014, p.608.

② 如中国人民银行、发展改革委、财政部、商务部、港澳办、台办、银监会、保监会、外汇局关于支持广州南沙新区深化粤港澳台金融合作和探索金融改革创新的15条意见（银发〔2014〕337号），载 http://ftz.gzns.gov.cn/zcfg/jrl/201608/t20160830_324448.html，最后访问时间2018年8月24日；《金融创新政策——国家层面》，载 http://ftz.gzns.gov.cn/zcfg/jrl/201703/t20170303_341140.html，最后访问时间2018年8月24日；《中国人民银行关于金融支持中国（广东）自由贸易试验区建设的指导意见》，载 http://ftz.gzns.gov.cn/zcfg/jrl/201608/t20160830_324460.html。

③ 规制和监管虚拟货币交易平台可以实现金融监管和技术监管，域外经验可供借鉴，如美国在经历"丝绸之路"事件之后，金融犯罪执法网（FinCEN）在2014年出台了一系列的规则，阐明《虚拟货币指引》对虚拟货币交易各方的适用。2014年年底，FinCEN已经阐述了"矿工"、软件开发商、投资活动、虚拟货币交易平台以及虚拟货币支付系统的地位，以及它们不同的法律责任。See Carla L. Reyes, Moving Beyond Bitcoin to an Endogenous Teory of Decentralized Ledger Technology Regulation: An Initial Proposal, Villanova Law Review, Vol. 61, 2016, pp.206-208. 法国的金融监管机构同样尝试加强对虚拟货币交易平台的监管，主要针对此类产品波动性和大量损失的可能性。See Rubinstein, Flavio and Vettori, Gustavo Gonçalves, Taxation of Investments in Bitcoins and Other Virtual Currencies: International Trends and the Brazilian Approach (March 6, 2018), available at SSRN: https://ssrn.com/abstract=3135580 or http://dx.doi.org/10.2139/ssrn.3135580, p.7.

侵害的计算机信息系统数量、涉案资金数额等为定罪量刑标准的犯罪案件，通常难以逐一对被害人、嫌疑人或是计算机信息系统进行取证。① 比特币的去中心化和匿名性无疑加大了取证难度，自贸区检察机关更应在熟悉虚拟货币交易机制的前提下，通过提前介入等方式引导侦查机关合法有效取证。虽说比特币网络协议设计的初衷是创造匿名环境，但在过程中还是给电子数据的采集留下了痕迹。这些痕迹就藏在 P2P 网络本身或者区块链储存的数以万计的交易记录当中。该领域的电子取证可采用流量分析（traffic analysis）和交易图分析（transaction graph analysis）。② 在取证技术层面可行的情况下，自贸区金融检察还需结合涉众型网络犯罪的证明规则进行审查认定。自贸区是诉讼制度创新的高地，面对打击涉虚拟货币刑事犯罪愈发繁重的任务，自贸区检察机关要从强化司法协作入手，以建立自贸区高效、稳定的法治环境。③ 当前 ICO 或比特币交易平台一般设立在境外，而我国参与缔结的刑事司法协助条约有限，司法协助条约（协定）的缔结权并没有下放至自贸区司法机关，自贸区金融检察只能在个案中摸索司法协助模式，尝试从个案入手建立共同打击跨境涉比特币犯罪合作平台。④ 如南沙自贸区检察院可与 TCC 平台开发公司 Trade By Trade 注册地所在国或 TCC 平台获批交易资格所在国司法人员加强合作，实现调阅金融机构账户资料、协助厘清可疑资金流向、逮捕移交罪犯等方面的协作，构筑防制跨境涉比特币犯罪的合作网络。自贸区金融检察在涉比特币犯罪个案司法协助的探索，一方面可以通过公私部门跨境合作解决技术问题，将科学技术广泛运用于司法办案中；另一方面则是为完善跨境监管虚拟货币的法律框架提供了经验。⑤

---

① 参见喻海松：《网络犯罪二十讲》，法律出版社 2018 年版，第 186 页。

② 流量分析（traffic analysis），使用 P2P 网络节点识别比特币参与者的 IP 地址；交易图分析（transaction graph analysis），在区块链中数百万的交易中识别出集群。See Imwinkelried, Edward J. and Luu, Jason, The Challenge of Bitcoin Pseudo-Anonymity to Computer Forensics（October 9, 2015）. Criminal Law Bulletin, 2016, Forthcoming; UC Davis Legal Studies Research Paper No. 462, available at SSRN: https://ssrn.com/abstract=2671921，pp.23-37.

③ 参见付红梅：《检察机关服务保障自贸区建设的建设与探索——首届沪粤闽津检察机关服务保障自贸区建设交流研讨会纪要》，广东省深圳市南山区检察院检察官张宝峰在该次交流会上的观点，载《人民检察》2015 年第 21 期。

④ 参见周娟：《两岸洗钱犯罪比较研究》，华东政法大学 2013 年博士学位论文。

⑤ 参见刘亚：《数字时代，国际司法协助何去何从》，载《方圆》2017 年第 19 期。

（二）健全与自贸区金融监管机构的沟通协调

树立双赢多赢共赢法律监督理念，建立自贸区金融检察与金融监管机构的良性、积极关系，共同推动解决监管比特币等虚拟货币中存在的问题。建立虚拟货币等金融产品监管信息共享平台是健全金融检察与金融监管机构之间沟通的有效途径。《行政执法机关移送涉嫌犯罪案件的规定》和《人民检察院办理行政执法机关移送涉嫌犯罪案件的规定》，对行政执法机关移送涉嫌犯罪案件作了相应规定，但因金融监管的专业性较强，仍有必要建立自贸区公检法与金融监管部门的协作机制，从制度上将包括涉虚拟货币犯罪在内的金融犯罪防线延伸到金融监管工作中去。自贸区金融检察可将涉比特币的新型犯罪手法、办理难点汇总，并告知金融监管部门。金融监管部门也应及时将自贸区内出现的ICO或虚拟货币交易平台的活动情况及规律反馈给检察机关，建立信息共享、风险共控、危害共防的长效协作机制，就虚拟货币的法律问题和监管问题形成有效互动，达到资源的充分利用。在个别疑难复杂的涉众型虚拟货币案件中，自贸区金融检察积极组织或参与金融监管部门的研讨交流，共同提升专业化能力。

涉比特币等虚拟货币金融犯罪案件的特有性质，如事前监督的重要性、事后影响的重大性，决定金融检察建议在金融案件治理工作中所扮演的重要角色。① 自贸区检察机关在处理涉虚拟货币金融犯罪案件的过程中，总结案件特点，发现金融监管领域的疏漏之处，应及时向金融监管部门发出检察建议。笔者认为，国内对比特币等虚拟货币的监管政策只是暂时性的，前文提及的网信办出台的《区块链信息服务管理规定（征求意见稿）》就证明我国正在逐步完善监管的技术性问题，金融监管部门同样追求更佳的监管策略和方案，预警金融风险。因此，针对涉比特币金融案件发出的检察建议的作用还在于帮助构建我国数字货币理想的监管体系：从明确虚拟货币的法律定位到实现"矿工"、ICO及虚拟货币交易平台、承兑现金等各个环节，均有相应的金融监管和技术监管。对于案情重大、能够明显反映出监管漏洞的涉比特币等虚拟货币的犯罪案件，自贸区检察机关在制发检察建议时，应当定期回访，催促相关金融监管部门尽快填补漏洞。

（三）探索审前分流制度助力比特币金融监管

在过去的十多年里，美国逐渐形成了两个针对公司犯罪的制度，即暂缓

---

① 参见林喜芬、张驰：《论中国金融检察专业化的体系构建》，载《江淮论坛》2018年第4期。

起诉协议和不起诉协议,这两个制度几乎被用于所有方面的公司犯罪,包括垄断、欺诈、商业贿赂、逃税、环境违法等。和传统的辩诉交易相比,涉案企业会以恢复原状、罚没财产、罚金以及法律和结构治理上的改革来换取检控机关的不起诉。① 诚如前文所述,金融机构必须受审慎监管的约束,内部治理应遵循一系列法定义务。如美国《银行保密法案》(Bank Secrecy Act)要求金融机构应该设立完备的反洗钱程序,确保它们能够识别并向金融犯罪执法网报告可疑金融交易,这项义务还应该落实到金融机构的每一位雇员。2005 年纽约银行因违反该项法定义务面临着被美国检察机构提起公诉,纽约银行接受了检方提出的不起诉协议。根据协议约定,纽约银行得支付高达 3800 万美金的处罚和被害人的损失;完成内部改革以确保满足反欺诈和反洗钱义务;以及接受中立第三方的监督。② 南沙自贸区检察院现已探索建立起暂缓起诉制度以及认罪认罚不起诉制度,但仅适用于适格自然人犯罪。面对数字时代各式各样的金融创新活动,特别是依旧强势的国际虚拟货币交易活动,如自贸区检察机关对大型金融机构或跨国金融机构提起公诉,可能会损害到该公司员工、股东或债权人的权益,也不利于涉案金融机构的自我革新。自贸区检察院可尝试建立对适格单位暂缓起诉制度或认罪认罚不起诉制度,契合金融犯罪打击和防范系统性风险的双重需要。在个案中要求 ICO 或者虚拟货币交易平台满足赔偿投资者损失、完善内部控制等条件,检察机关可对涉案 ICO 或虚拟货币交易平台作不起诉处理。涉案单位履行暂缓起诉或认罪认罚不起诉约定义务的过程中,通过独立且具备专业知识的第三方进行监督并向检察机关出具相应的报告,自贸区金融检察可直接参与到市场主体的信用调查、信用评级和信用约束中去。当然,自贸区检察院应与金融监管部门就暂缓起诉或认罪认罚不起诉规则指引达成共识,金融监管部门应要求 ICO 或虚拟货币交易平台定期或及时地提供部分交易情况和交易信息,减少比特币交易"匿名性"带来的负面影响。

---

① See Cindy R. Alexander and Mark A. Cohen, The Evolution of Corporate Criminal Settlements: An Empirical Perspective on Non-Prosection, Deferred Prosecution, and Plea Agreements, American Criminal Law Review, Vol. 52, Issue 3(Summer 2015), p.537.

② See Christopher A. Wray, Robert K. Hur, Corporate Criminal Prosecution in a Post-Enron World: The Thompson Memo in Theory and Practice, American Criminal Law Review, Vol.43, 2006, pp.1151–1152.

自贸区建设对犯罪主体认定标准的影响 *

——"揭开公司面纱"在检察办案中的适用研究

莫丽华 **

【摘　要】自贸区建设对相关犯罪的刑法适用产生了影响,设立公司标准降低,造成自贸区内难以区分单位犯罪与自然人犯罪,人格混同也产生了罪责不相适应的问题。基于我国现行的刑事法律规定,目前需要精细化的司法技艺在个案中"揭开公司面纱"。刑事案件"揭开公司面纱"能够解决自贸区内涉案单位和自然人人格混同的难题,检察机关在办理相关刑事案件时需要更新执法理念,充分发挥检察职能,结合自贸区建设的特点,实现"揭开公司面纱"的精细化操作。

【关键字】自贸区建设　揭开公司面纱　单位犯罪　检察　法律监督

"公司面纱"指公司法人与股东法律责任的相对独立,体现公司的独立人格,而"揭开公司面纱"则是"股东有限责任待遇之例外",只对特定个案中的公司独立人格予以否认。"揭开公司面纱"指控股股东为逃避法律义务或责任而违反诚实信用原则,滥用法人资格或股东有限责任待遇,致使债权人利益严重受损时,法院或仲裁机构有权责令控制股东直接向公司债权人履行法律义务、承担法律责任。[1] "揭开公司面纱"本为公司法概念,属于"大民事"范畴,刑事的引入是伴随我国单位犯罪的确立而出现的,主要针对犯罪主体认定的复杂性。[2] 刑事"揭开公司面纱"指犯罪分子滥用法人资格行进行违法犯罪

---

* 本文获广东省检察机关服务保障中国（广东）自由贸易试验区建设研讨会征文一等奖。
** 莫丽华,广州市南沙区人民检察院案件管理中心科员,检察官助理。
① 参见刘俊海：《揭开公司面纱制度应用于司法实践的若干问题研究》,载《法律适用》2011 年第 8 期。
② 参见袁超：《"公司面纱"之刑事最优"揭开"——以有支付能力之公司刑罚适用的经济学考量为视角》,载《山东审判》2013 年第 3 期。

活动，则对该行为不以单位犯罪论处，而应以自然人犯罪定罪处罚。在刑事案件中"撕开蒙在个人脸上的单位面纱"，有利于正确区分单位犯罪和自然人犯罪，还一个自然人本来的犯罪面目，有助于维护正常的社会秩序和经济秩序。[①]结合自贸区建设的特殊性，检察机关在办案时适用刑事"揭开公司面纱"应革新案件审查的方向和方法。

一、自贸区内区分单位犯罪和自然人犯罪的现实挑战

国家工商行政管理总局《关于支持中国（上海）自由贸易试验区建设的若干意见》放宽了注册资本登记条件，除法律、行政法规、国务院决定对特定行业注册资本最低限额另有规定的外，取消公司最低注册资本要求；不再限制公司设立时全体股东（发起人）的首次出资额及比例；不再限制公司全体股东（发起人）的货币出资金额占注册资本的比例；不再规定公司股东（发起人）缴足出资的期限。该意见的目标定位为"推动试验区建设"，"形成可复制、可推广的经验"。自贸区作为我国法律法规在我国境内设立的系统性试验区，集经济试验区与法治试验区于一身。[②]上海自贸区降低公司设立标准的经验被《公司法》所吸收，2014年3月1日实施的修订后的《公司法》实行注册资本认缴登记制。广东自贸区对市场准入的改革更为保守稳健，《关于印发贯彻落实〈工商总局关于支持中国（广东）自由贸易试验区建设的若干意见〉的实施意见》中提出推进企业登记注册制度便利化，支持广东自贸试验区放宽注册企业场所登记条件限制，放宽经营范围登记。工商总局《关于支持中国（广东）自由贸易试验区建设的若干意见》第4点明确广东自贸区内的子公司达到三家以上的企业，允许在企业名称中使用"集团"或者"（集团）"字样，不受注册资本数额限制。为实现投资开放和贸易便利，《中国（广东）自由贸易试验区条例》规定在特定领域或特定行业，逐步减少或者取消对国内外投资的准入限制。[③]

[①] 参见安文录：《公司犯罪若干问题研究》，华东政法学院2007年博士学位论文。

[②] 参见彭凤莲：《中国自贸区法律适用的基本问题》，载《安徽师范大学学报》（人文社会科学版）2015年第2期。

[③] 《中国（广东）自由贸易试验区条例》第20条规定："自贸试验区在金融、航运、商贸、专业服务、文化服务、社会服务等现代服务业和新一代信息技术、装备制造等先进制造业领域扩大开放，逐步减少或者取消对国内外投资的准入限制。"

为激发公司制企业的新活力,自贸区降低甚至取消注册设立公司的门槛,加上一系列的税收优惠或减免政策,势必造成公司林立的局面,自贸区内公司主体与自然人主体界限模糊的现象必然出现。在此基础上,单位犯罪和自然人犯罪的界限变得模糊不清,必须重新审视刑法区分单位犯罪与自然人犯罪在自贸区内的意义和价值。由于自贸区内公司注册资本没有限制,公司的财产和自然人财产很容易产生混同,尤其是在投资环境更加自由宽容的自贸区内,一人公司可能大量涌现,公司与自然人财产混同必然加剧。在人格混同的情况下,行为人为单位谋取利益而实施犯罪行为,实际上就是为自然人自身谋取利益,根本无法体现单位整体对社会的作用。国内或国际不法分子可利用现行的单位犯罪和自然人犯罪刑法适用不同标准,通过在自贸区内设立企业或利用已有自贸区的企业实施走私、洗钱等相关犯罪,实现犯罪利益的最大化和承担刑事责任的最小化。在刑事实务中,正确区分一个行为属于单位行为还是自然人行为,是认定单位犯罪或自然人犯罪的标准。① 换言之,如果在犯罪主体的判定上有所偏颇,就会产生罪责不相适应的情况。

针对上述在自贸区内犯罪主体认定的难点,有学者提出理应在自贸区内对单位犯罪和自然人犯罪的适用的起刑点和量刑标准作必要的调整,甚至可以采取同一标准,以解决罪责刑不相适应的问题。② 但笔者认为,此种"一刀切"的做法虽可给司法实践带来便利,但是制定同一标准本身立法难度极高。自贸区的法治实践探索了"因地因事调整"的理念,③ 制定固定的同一标准本身与该理念本身有一定的冲突。另外,如何保证制定出来的标准不会增加投资者的司法风险,还能保持自贸区对外商投资的吸引力等问题也尚待讨论。④ 同时,考虑到自贸区内刑法主要体现轻缓化和谦抑化的特性,单位犯罪和自然人犯罪适

---

① 参见任婕:《单位犯罪的认定》,载张明楷编:《刑事疑案探究》,清华大学出版社2012年版,第17页。

② 参见刘宪权:《中国(上海)自由贸易试验区成立对刑法适用之影响》,载《法学》2013年第12期。

③ 参见贺小勇:《中国(上海)自由贸易试验区法治建设的评估与展望》,载《海关与经贸研究》2015年第2期。

④ "... In a society which wishes to stimulate investment it is not surprising that the law should sanction, at least to some degree, a device which protects an investor against unlimited liability." See Harvey Gelb, Piercing the Corporate Veil – The Undercapitalization Factor, Chicago-Kent Law Review, Vol.59, January 1982, p.1, available at: http://scholarship.kentlaw.iit.edu/cklawreview/vol59/iss1/2.

用的同一个起行点和量刑标准要体现上述两方面的特性也极为困难。恰恰因为单位犯罪的复杂性，立法才放弃了对单位犯罪的定义，从而将认定单位犯罪的任务留给了理论和实务界。① 在处理自贸区内的有关刑事案件时，利用"揭开公司面纱"之技术，对个案犯罪主体的认定大有帮助。

二、我国刑事案件"揭开公司面纱"的实践性分析

（一）我国刑事案件中"揭开公司面纱"的法律渊源

我国《刑法》第 30 条实际上仅规定了单位犯罪构成的主体要件、客观要件和前提要件，缺少单位犯罪构成要件的主观罪过、行为方式等实质性内容，规定比较抽象以及模糊，无法据此将单位犯罪与自然人犯罪区分开来。② 在人格混同的情况下，"揭开公司面纱"的刑事方面的法律渊源主要是《最高人民法院关于审理单位犯罪案件具体应用法律有关问题的解释》（以下简称《解释》）。其中《解释》第 2 条规定："个人为进行违法犯罪活动而设立的公司、企业、事业单位实施犯罪的，或者公司、企业、事业单位设立后，以实施犯罪为主要活动的，不以单位犯罪论处。"第 3 条规定："盗用单位实施犯罪，违法所得由实施犯罪的个人私分的，依照刑法有关自然人犯罪的规定定罪处罚。"对上述《解释》的第 2 条，部分司法解释又对司法操作给予了更有针对性的指引，例如《办理走私刑事案件适用法律若干问题的意见》中规定，"单位是否以实施犯罪为主要活动，应根据单位实施走私行为的次数、频度、持续时间、单位进行合法经营的状况等因素综合考虑认定"。另外，在可供参照的法律文件中也有刑事"揭开公司面纱"之规定。《全国法院审理金融犯罪案件工作座谈会纪要》中规定"以单位实施犯罪，违法所得归单位所有的，是单位犯罪"。对于应当认定为单位犯罪的案件，检察机关只作为自然人犯罪案件起诉的，人民法院仍应依法审理，依法按单位犯罪中的直接负责的主管人员或者其他直接责任人员追究刑事责任。因此我国刑事适用揭开公司面纱的情况主要有"股东与公司无犯罪合意时公司责任的排除"以及"股东与公司有犯罪合意时应负连带责任"两种。③

---

① 参见陈兴良：《刑法适用总论》（上卷），法律出版社 1999 年版，第 587 页。
② 参见杨国章：《单位犯罪与自然犯罪的界分》，载《北方法学》2011 年第 5 期。
③ 参见袁超："公司面纱"之刑事最优"揭开"——以有支付能力之公司刑罚适用的经济学考量为视角，载《山东审判》2013 年第 3 期。

(二)我国刑事案件"揭开公司面纱"适用概况

目前,北大法宝数据库中收录了 1690 个适用《最高人民法院关于审理单位犯罪案件具体应用法律有关问题的解释》相关规定的刑事判决。[①] 数据库内贡献此类刑事案件最多的地区前五依次是河南省、广东省、山东省、江苏省、河北省。[②] 适用《解释》的刑事案件案由绝大部分是破坏社会主义经济秩序犯罪,其中又以扰乱市场秩序、破坏金融管理秩序和金融诈骗类犯罪居多。就《解释》适用条款情况而言,明确援引《解释》第 2 条的案件数量远远高于第 1 条以及第 3 条(具体数目比较见图一[③])。从表面数据来看,以违法所得的归属作为单位犯罪和自然人犯罪的区分似乎存在司法操作上的障碍。但应考虑到存在不具有谋利目的、没有犯罪所得的犯罪,以及犯罪所得去向不明的情况,那么区分单位犯罪和自然人犯罪的标准就自然不能利用犯罪所得归属予以判断。

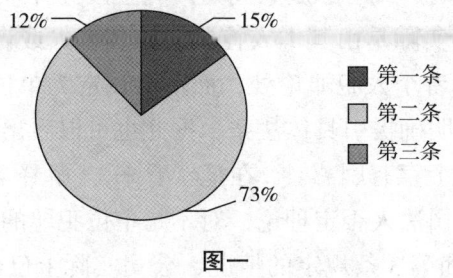

图一

(三)我国刑事适用"揭开公司面纱"个案探究

在个案中,犯罪主体的认定也常常是争议焦点之一。如广州市南沙区人民检察院诉林某杰等 10 人组织、领导传销活动案[④] 中,被告人林某杰于 2015 年 3 月在南沙自贸区设立广州放飞旅游有限公司(以下简称"放飞公司"),该公司注册资本 8888 万元(未实际投入),被告人林某杰任公司法定代表人和董事长,被告人蒲某任公司总经理。因旅游生意惨淡,被告人林某杰和蒲某于 2015 年 12 月在未经国家有关主管部门批准,没有取得发行股票等资格的情况下,

---

① 为保证案例样本的针对性和可比较性,笔者仅以北大法宝中的"案例与裁判文书"数据库作分析比较,本文统计数据均截至 2018 年 8 月 30 日。
② 其中,河南省 181 宗,广东省 161 宗,山东省 137 宗,江苏省 135 宗,河北省 121 宗。
③ 该扇形图根据北大法宝"案例与裁判文书"数据库中明确援引《解释》条款的 141 起案件制作。
④ 穗南检公刑诉〔2017〕470 号起诉书、穗南检公刑诉变诉〔2018〕1 号变更起诉决定书。

发起以众筹放飞公司 30% 注册资本为名的网络传销平台。涉案网络传销平台于 2016 年年底被查处。该案是犯罪分子利用自贸区较为宽松的投资政策实施犯罪的典型，在犯罪主体的认定上存在一定的困难：放飞公司确实经营过一段时间的旅游业务，但组织出游次数极少；从放飞公司的出资及税务登记来看，打着众筹该公司注册资本幌子收入的"投资资金"从没有到过公司公账，而全部变成传销人员的违法收入。在该案的一审判决书中，法院明确援引了《解释》第 2 条，放飞公司成立后，主要业务就是进行放飞股权的众筹，发展会员并获取利益，不以单位犯罪论处。而孟某某非法经营案[1]则主要聚焦于挂名股东公司犯罪的性质认定上。该案的最有争议也是最有价值之处在于以家庭共同成员为所有股东的有限责任公司，如实际控制人以公司名义进行违法犯罪，该犯罪的性质究竟是单位犯罪还是个人犯罪。法院认为该案被告人也都承认公司的财产不能同其个人财产或者家庭共同财产完全区分开来，故可以认定被告人非法经营的犯罪所得实际是由其本人控制、归其个人或者说家庭所有。因此，本案应当以实际经营者个人犯罪论处，而不能认定为单位犯罪。在本判决中，法院适用法条时，未明确援引具体法条，据此也可以看出，实务界对挂名股东公司犯罪的性质认定上存有困惑。[2]在笔者看来，《解释》虽然属于刑法规定，但借用了民法上的公司法人否定理论，对不是单位犯罪的自然人犯罪进行了排除。《解释》第 2 条和第 3 条规定的情况，公司实际上已经成为股东或经营者的操纵工具，公司已不具备法律意义上独立的法律人格，在"实际控制人"的认定上，应当和民法的"揭开公司面纱"理论是相通的。

三、从比较法视野看"揭开公司面纱"的具体适用

公司股东的资产一般独立于公司的债务，这是民商事法律中的"公司面纱"。但在原则之上必有例外，在特定的情况下，法院将会"揭开公司面纱"，追究股东或经营者的个人责任。当公司作为股东的"另一自我"，成为逃避债权人、实施违

---

[1] （2012）淮刑初字第 0699 号判决。
[2] 参见刘龙、王丽静：《孟某某等非法经营案——挂名股东公司犯罪的性质》，载《人民司法·案例》2013 年第 18 期。

法或欺诈的假象时，"揭开公司面纱"则得以适用。① 在澳大利亚，适用刺穿公司面纱的情况之一是公司作为股东的掩饰（Sham or façade），该情况下法人仿如面具一般掩盖公司控制者的真实目的。② 美国"揭开公司面纱"的主要学说是"工具论"，"揭开公司面纱"应具备三个条件：（1）"完全支配"的控制；（2）这种控制用来从事欺诈或不法行为；（3）上述控制对法律义务的违反与原告诉称的损害结果之间存在因果关系。③ 美国法院在审判时要求"揭开公司面纱"必须满足"形式要求"，即核对资金混同程度、公司管理层的构成等十多项"待查问题"。④ 德国法院认为法人和股东的独立性理应被尊重，只有存在严重违背法律公正和诚实信用的事实才能迫使裁判者忽略公司以及股东的独立性，而在实际操作上与美国"揭开公司面纱"一样，是视个案情况不同而由司法官作出判断的。⑤ 具体到刑事案件的认定，英国的"同一视原理"体现出来的是将形成法人组织的人格特征的高层管理人员的行为和意志视为法人组织自身实施犯罪，只有法人代理人的犯罪行为有实质关系的法人董事会及其他高级管理人员的主观意思才能归于法人自身。⑥ 由于日本历来的判例和学说均否认法人具有犯罪能力，为了合理追究法人及自然人的责任，日本的刑事立法采取了"两罚规定"，通常采用"法人代表人及法人或人的代理人及其他从业人员，在法人的业务或财产方面，实施了违法行为时，除处罚该行为人之外，对该法人或人也各处以本条所规定的罚金"的形式。⑦ 因此，在日本并不存在刑事方面的"揭开公司面纱"一说。

笔者认为，最高人民法院《关于审理单位犯罪案件具体应用法律有关问

---

① "Piercing is most commonly done when a corporation is the shareholder's "alter ego" and is a sham or façade used to evade creditors or commit fraud." See Mark R. Hinkston, Piercing the Corporate Veil, Wisconsin Lawyer, Vol. 79, No. 2, February 2006.

② Ian M Ramsay, David B Noakes, Piercing the Corporate Veil in Australia, Company and Securities Law Journal, Vol.19, 2001, p.256.

③ Carsten Alting, Piercing the Corporate Veil in American and German Law – Liability of Individuals and Entities: A Comparative View, Tulsa Journal of Comparative and International Law, Vol.2, 1994, p.195.

④ 参见陈东：《论跨国公司治理中的责任承担机制》，厦门大学 2001 年博士学位论文。

⑤ Carsten Alting, Piercing the Corporate Veil in American and German Law – Liability of Individuals and Entities: A Comparative View, Tulsa Journal of Comparative and International Law, Vol.2, 1994, pp.198–199.

⑥ 参见任婕：《单位犯罪的认定》，载张明楷编：《刑事疑案探究》，清华大学出版社 2012 年版，第 20 页。

⑦ 参见黎宏：《单位刑事责任论》，清华大学出版社 2004 年版，第 74 页。

题的解释》第 2 条、第 3 条对刑事"揭开公司面纱"仅有较为简单的规定，对单位犯罪及自然人犯罪的认定需要在司法实践中进一步细化。上述国家对刑事"揭开公司面纱"的态度以及规定各有不同，但个案分析的精细化司法操作有异曲同工之妙。对于犯罪主体认定的疑难案件，司法工作者可从股东或实际控制者与单位的具体联系进行全面的证据审查以及分析，将单位的业务范围、违法活动占经营活动的实际比例、违法所得的归属等均列为"待查问题"，综合判定犯罪的主体是单位还是自然人。

四、自贸区内检察办案适用"揭开公司面纱"的思考

在自贸区内刑事案件"揭开公司面纱"的适用有一定的特殊性，打击犯罪与保有投资者对自贸区法治环境的信心应是并行不悖的。自贸区建设构筑对外投资服务促进体系，对境外投资开办企业实行以备案制为主的管理方式，[①]加强境外投资事后管理和服务，那么自贸区内对企业的监管可能宽松于自贸区以外的企业。在监管环节减少的前提下，侦查机关发现犯罪行为或收集证据的难度将会加大。检察机关也应积极探索与自贸区建设相匹配的工作模式，对个案的犯罪主体认定进行严格把关，正确履行法律监督职能。

（一）更新执法理念，谨慎揭开"公司面纱"

建成具有国际水准的投资贸易便利、监管高效便捷的自贸区，依靠的是公平公正且符合国际通行规则的法治营商环境，这要求检察机关更新执法理念。自贸区建设的初期需要检察机关淡化打击、惩治理念，强化服务保障功能。这要求我们科学把握好依法惩治违法犯罪和全力支持改革的关系，从宽容谦抑的检察执法理念出发。[②]在刑事案件中适用"揭开公司面纱"，正确区分单位犯罪和自然人犯罪的界限，应坚持法律效果与社会效果相统一。自贸区的建设在世界瞩目的聚焦之下，检察执法对自贸区内法治环境的建设至关重要。在高度开

---

① 参见全国人民代表大会常务委员会授权国务院在中国（广东）自由贸易试验区、中国（天津）自由贸易试验区、中国（福建）自由贸易试验区以及中国（上海）自由贸易试验区扩展区域暂时调整有关法律规定的行政审批目录。

② 参见朱毅敏、吴加明：《探索建立与自贸区建设相匹配的检察工作模式》，载《人民检察》2014年第 8 期。另外，《中国（广东）自由贸易试验区条例》第四条正是反映了同样的理念："在自贸试验区进行的创新未能实现预期目标，但是符合国家确定的改革方向，决策程序符合法律、法规规定，未牟取私利或者未恶意串通损害公共利益的，对有关单位和个人不作负面评价，免予追究相关责任。"

放以及透明的自贸区内,检察机关的一举一动将会影响甚至改变区内外企业甚至外商们对该区法律环境的评价。检察机关对尚有经营能力和继续盈利能力的单位犯罪主体审查应当注意多方平衡的经济效益及社会效用,既有利于单位继续生存、被告人降低刑罚成本,同时被害人能够得到补偿,保护正的交互性。[①]认真对待以及谨慎适用刑事"揭开公司面纱",体现了罪刑法定、罪刑相适应及刑罚谦抑的原则。

(二)发挥检察职能,实现"揭开公司面纱"精细化

诚如前文所述,自贸区内公司设立标准的降低,除了对投资环境带来积极作用外,单位被不法分子作为实施违法屏障的可能性也是不可避免的。在刑事个案的证据审查上,检察机关应当把好第一道关卡,从"待查清单"中一一找到刑事指控的突破口,以实现"揭开公司面纱"的精细化操作。第一,充分发挥自贸区检察室的职能作用,深入挖掘涉案单位的经营情况。自贸区检察室有着天然的地理优势,在办理自贸区内发生的具有社会敏感性、企图利用单位减轻罪责的刑事犯罪案件时可以更贴近企业本身,全面了解单位设立、运营的情况,对照"待查问题"清单对涉案单位进行深入"体检",做到以事实为根据、以法律为准绳的"揭开公司面纱"。第二,基于司法现实的需要,检察机关对于部分犯罪主体认定有困难的案件可以提前介入,帮助侦查机关分析案件,指导对涉案单位股东或经营者与涉案单位之间实际控制程度的调查取证。提前介入与犯罪主体认定相关的侦查环节,建立优先、快速、专业办理机制,在打击走私、洗钱等破坏社会主义市场经济秩序犯罪时精准地"揭开公司面纱"。第三,与市场监管机构进行及时、有效的沟通。在初步断定需要适用"揭开公司面纱",建议与相关信用调查和等级评价机构取得联系,保证企业信用约束机制正常运行,无损自贸区内守信激励和失信惩罚制度。同时,参与完善企业信用信息公示系统,为落实企业年报公示、经营异常名录和严重违法企业名单制

[①] 刑事被告人可以借助"公司面纱"减轻罪责,被害人也有可能借助"公司面纱"尽可能地追回损失。刑事上如果将单位拉进被告行列,被告的自然人和法人同时被赋予了支付损害的责任,这就产生了一种交互性。参见袁超:《"公司面纱"之刑事最优"揭开"——以有支付能力之公司刑罚适用的经济学考量为视角》,载《山东审判》2013年第3期。

度给予必要支持。① 第四，助力自贸区内预防腐败工作的展开。贯彻《中国（广东）自由贸易试验区条例》第 62 条之规定，检察机关加入自贸区预防腐败工作机制，建设廉洁示范区，建立检察法律监督体系与行政监管、行业自律、社会监督相辅相成的综合监管体系。

（三）打造专业队伍，保证正确揭开"公司面纱"

自贸区内投资、贸易、金融等领域相关法律法规的变化对检察执法专业化提出了更高的要求。自贸区内已暂停实施外资企业法等法律及与之相关的行政法规、规章，同时海关总署等各部门也相继出台了配合自贸区建设的有关规定。行政法律法规的变化有可能影响到包括但不限于犯罪主体的相关犯罪的认定。随着政策的不断开放，实现高效自由的贸易、投资机制的过程中，单位极有可能成为新型走私、骗取出口退税、洗钱、侵犯知识产权等衍生新形态的掩护，这对检察机关的执法办案专业化提出了更高要求。由于自贸区内案件涉及较多的国际法、国内法适用以及民刑交叉的法律问题，熟悉了解国际惯例和同行规则、兼通公司法专业领域、适应自贸区建设的专业人士承办相关刑事案件，是保证刑事"揭开公司面纱"正确适用必然要求。打造专业化、国际化的检察办案队伍，一方面要注重人才来源的广泛性；另一方面强化对检察官的国际投资、金融等方面专业知识的培训，加强与港澳在信息交流、检察人才培训方面的合作，② 全面提升检察人员的专业素养。

---

① 健全社会诚信体系及完善企业信用信息公示系统是自贸区内建立宽进严管的市场准入和监管制度的要求，参见《中国（广东）自由贸易试验区总体方案》"三、主要任务和措施"。

② 《中国（广东）自由贸易试验区条例》第六章粤港澳合作和"一带一路"建设，第 54 条规定："自贸试验区应当加强与港澳在项目对接、投资拓展、信息交流、人才培训等方面的合作，共同到境外开展基础设施建设和能源资源开发。"

专题三

自贸区、粤港澳大湾区民商事、行政检察问题研究

自贸区检察机关行政公诉刍议 *

赵 剑** 莫丽华***

【摘 要】自贸区检察机关加强行政行为法律监督，促进法治政府建设。自贸区政府监管职能淡化、服务色彩凸显，为维护区内自主、公平、自由、诚信的市场秩序，努力营造宽严有序、松紧有度、公开透明的法治环境，自贸区检察机关更应加强行使行政公诉权，完善行政公诉制度。

【关键字】自贸区 行政公诉 公益诉讼 法律监督

行政公诉是行政主体的行政违法（包括不作为违法）行为严重损害国家利益、公共利益，人民检察院经督促有关行政主体纠正行政违法行为，行政主体拒不履行职责的，人民检察院有权代表国家利益、公共利益提起诉讼，通过法院判决责令有关行政主体在规定限期内纠正行政违法行为，履行法定职责。① 在自由贸易试验区加快政府职能转变，② 推进简政放权、放管结合、优化服务环境的背景下，完善检察机关行政公诉制度不仅是行政检察工作的重要内容，也是保障自贸区改革创新风险可控的必然要求。③

---

* 本文载最高人民检察院《检察机关服务保障自贸试验区建设工作推进会论文集》；获广东省法学会诉讼法学研究会 2017 年年会优秀论文二等奖；全文发表于《检察研究》2017 年第 3 期、《广州检察》2017 年第 5 期。

** 赵剑，广州市南沙区人民检察院检察长，员额检察官。

*** 莫丽华，广州市南沙区人民检察院案件管理中心科员，检察官助理。

① 傅国云：《行政检察监督研究：从历史变迁到制度架构》，法律出版社 2014 年版，第 150 页。

② 《中国（广东）自由贸易试验区总体方案》"三、主要任务和措施"；《全面深化中国（上海）自由贸易试验区改革开放方案》"四、进一步转变政府职能，打造提升政府治理能力的先行区"。

③ 朱毅敏、吴加明：《探索建立与自贸区建设相匹配的检察工作模式》，载《人民检察》2014 年第 8 期。

一、自贸区内完善行政公诉制度的价值

(一)促进政府职能转变,扩展司法间接管理功能

我国《宪法》第134条规定,人民检察院是国家的法律监督机关。自贸区检察院有权监督辖区内行政主体及国家公务员、其他行政执法组织和执法人员行使行政职权行为,[①]履行行政检察监督职能。当前自贸区行政管理体制改革以简政放权为重点,最大限度地给市场放权,行政权对民商事行为的干预大为缩减。在自贸区法治化营商环境建设的过程中,司法机关承担起更多保护国家公益、维护经济秩序的责任。从应然的角度来说,市场经济就是法治经济,市场经济条件下的社会管理强调通过法律进行无形调整,淡化和缩小政府具体的有形管理,[②]因此司法功能必然在法治经济建设中适度扩张。自贸区建设对行政目的与手段关系上的利益平衡提出了更高的要求,行政行为是否合乎比例原则将会成为行政检察监督的重点。就实体而言,比例原则指行政主体行政权力的行使,不可给予相对人超过行政目的之价值侵害;就程序而言,比例原则指行政主体所采取的措施与要达到的行政目的之间必须具有合理的对应关系。[③]政府管理的可诉性是自贸区管理法治化的基本要求,对于政府管理可能引发的争议纠纷,自贸区应提供公正、便捷的司法程序机制,保障区内不同主体的合法权益。[④]笔者认为,行政检察监督在自贸区的审查重点将会围绕行政行为是否合乎比例展开,司法管理功能的扩张旨在最大限度地满足公益保护的需要,检察机关则更要承担起相应的行政公诉职能责任,切实纠正自贸区内行政不作为和行政乱作为等问题。

(二)利于适应法律变化,更进一步优化营商环境

营商环境是衡量自贸区建设的重要指标,营商环境的改善将大幅度提升市场效率,降低企业成本。按照世界银行的分析,营商环境通常包括开办和注销

---

① 姜明安主编:《行政法与行政诉讼法》(第五版),北京大学出版社、高等教育出版社2011年版,第145页。
② 崔伟、李强:《检察机关民事行政公诉论》,中国检察出版社2010年版,第50页。
③ 黄学贤:《行政法中的比例原则研究》,载《法律科学》2001年第1期。
④ 唐健飞:《中国(上海)自贸区政府管理模式的创新及法治对策》,载《中国经贸》2014年第4期。

企业的流程及法律、与经济活动相关的各种行政许可等。①在自贸区内外资企业法、中外合资经营法、中外合作经营企业法等暂时调整或停止实施,核心是将部分原本需要行政审批的企业设立、分立、合并等重大事项审批改为备案制管理,转变为法无禁止皆可为,增加透明度和可预期性。因法律发生变化,部分根据行政审批认定合同效力的规定,对自贸区内设立的四类涉外企业不再适用。在自贸区金融创新的过程中,为实现人民币跨境使用的便利以及利率市场化,减少了外汇管理方面的行政审批。②政府管理由注重事先审批转为注重事中、事后监管,建立一口受理、综合审批和高效运作的服务模式,建立统一市场监督管理体系,提高行政透明度,完善体现投资者参与、符合国际规则的信息公开机制。③在行政公诉设计方面,及时建立检察机关维护自贸区内民商事主体根本利益的行政公诉制度,有利于充分保护行政相对人尤其是那些弱势群体的合法利益和根本利益,有助于及时满足自贸区内投资者对便利化营商环境的需求。

(三)促进检察职能转变,树立双赢共赢多赢理念

国家监察体制改革将导致检察职能的调整和重新配置,部分司法工作者存在失去侦查权作为支撑后的法律监督权能能否有效开展的担忧。④但从检察制度的发展来看,检察官是从代理国王参与民事诉讼,继而发展到代表国家和社会利益负责侦查刑事案件、提起刑事诉讼而走上历史舞台的。⑤不论从检察机关产生的过程,还是从现代各法治国家的实践以及我国建设法治国家的要求和趋势来看,公诉职能是检察机关的重要职能。检察机关作为公共利益的代表成为行政诉讼的原告,担当起维护公共利益的职责,与其法律监督的职能定位完全契合。⑥在清醒地认识到公诉权是检察权重要组成部分的基础上,树立双赢多赢共赢法律监督理念,完善行政公诉的思路十分必要。自贸区是制度创新的试验田,制度改革的进程也应当处于全国前列,结合自贸区政府职能转变的实

---

① 李支:《营商环境视野下的自贸区金融纠纷多元化解决机制探析——以广东自由贸易试验区为例》,载《现代经济信息》2016年第8期;亦可参见世界银行网,Doing Business,Measuring Business Regulations,Topics,http://www.doingbusiness.org/data.
② 张勇健:《建设自贸区法治化的营商环境》,载《人民司法》2016年第16期。
③ 龚柏华:《国际化和法治化视野下的上海自贸区营商环境建设》,载《学术月刊》2014年第1期。
④ 王玄玮:《国家监察体制改革和检察机关的发展》,载《法治论坛》2017年第2期。
⑤ 陈卫东:《我国检察权的反思与重构——以公诉权为核心的分析》,载《法学研究》2002年第2期。
⑥ 参见孙谦:《设置行政公诉的价值目标与制度构想》,载《中国社会科学》2011年第1期。

际情况，用好政治智慧、法律智慧、监督智慧，探索完善行政公诉制度，[①]形成可复制、可推广的经验，将对全国范围的深化改革产生深远的影响。

二、自贸区内完善行政公诉可行性分析

（一）试点工作实施办法提供行政公诉原始雏形

2015年7月2日，《检察机关提起公益诉讼改革试点方案》（以下简称《试点方案》）的发布是探索建立检察机关提起公益诉讼制度，充分发挥检察机关法律监督职能作用的关键举措。最高人民检察院于2015年12月24日发布的《人民检察院提起公益诉讼试点工作实施办法》（以下简称《实施办法》）对检察机关提起行政公益诉讼的诉求种类、管辖、负责部门、诉前程序、举证责任等问题进行了有操作价值的规定。《实施办法》对行政公诉的规定是全过程和全方位的，人民检察院在履职过程中发现生态环境和资源保护、国有资产保护、国有土地使用权出让等领域负有监督管理职责的行政机关违法行使职权或者不作为，造成国家和社会公共利益受到侵害，公民、法人和其他社会组织由于没有直接利害关系，没有也无法提起诉讼的，可以向人民法院提起行政公益诉讼。另外，《实施办法》也吸收了学界一直以来倡导的前置程序，即在提起行政公益诉讼之前，人民检察院应当先行向相关行政机关提出检察建议，督促其纠正违法行为或者依法履行职责。经过诉前程序，行政机关拒不纠正违法行为或者不履行法定职责，国家和社会公共利益仍处于受侵害状态的，人民检察院可以提起行政公益诉讼。前置程序使部分社会矛盾在非诉形式下得以解决，促进社会和谐，防止滥诉，节约司法资源，也体现了检察机关对行政自治的尊重，发挥行政主体的自主性和能动性。[②]

《实施办法》中检察机关提起行政公诉，其所享有的诉讼权力义务与一般诉讼当事人一样，并没有体现出公权的强势地位，但《实施办法》也体现了对检察机关行政公诉权的限制，行政公益诉讼案件不适用调解。检察机关只是以公众受托人、代言人的身份提起行政诉讼，是特殊原告，对争议客体只有依法维护的权力，无直接处分的权力。检察机关一旦提起行政公诉，不能随意撤诉，也不能与被告和解，庭审中也不能适用调解原则，防止检察机关滥用起诉

[①] 参见《广东省人民检察院关于服务保障中国（广东）自由贸易试验区建设的若干意见》第16点。
[②] 田凯：《行政检察制度初论》，载《人民检察》2014年第11期。

权。① 虽《实施办法》理论上只在从试点期限两年内适用，但其规定的实质上提供了我国行政公诉的原始雏形，搭建了行政公诉的诉讼程序框架。

（二）行政公益诉讼相关实践提供了有益的参考

广州市检察机关在行政公益诉讼领域进行了积极的探索。各业务部门在履行职责的过程中根据有关规定，将相关线索移交民事行政检察部门。2018年1月至7月，广州市检察机关收到公益诉讼线索513条，其中民事公益诉讼线索23条，占4.485%；行政公益诉讼线索490条，占95.52%，②足见检察机关在行政公诉领域大有可为。从同期广州市检察机关行政公益诉讼立案情况来看，生态环境和资源保护领域占78.95%，比重最大（不同领域行政公益诉讼立案比例见下图）。③具体到中国（广东）自由贸易试验区广州南沙新区片区，自检察机关提起公益诉讼试点以来，南沙自贸区检察院查办公益诉讼线索98条，其中行政公益诉讼线索86条，开展行政公益诉讼诉前程序63件，督促行政机关纠正违法或履行职责48件，提起行政公益诉讼1件，取得了良好的监督效果。该院办理某公司超四至用地行政公益诉讼案件，向国土部门发出诉前检察建议书后，有效监督国土部门彻查超四至用地61亩，国土部门作出责令退还非法占用土地，拆除违法建筑物，恢复土地原状，罚款22万余元的行政处罚，并已整改到位。该院办理的镇政府低价转让国有土地行政公益诉讼案件，依法提起行政公益诉讼后，镇政府最终采纳了该院发出的检察建议。上述两案为自贸区内完善行政公诉制度提供了有益的参考。

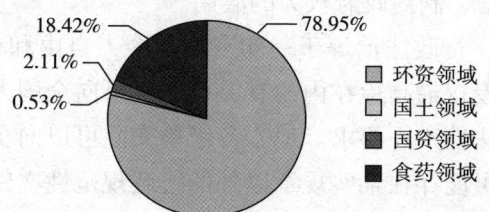

2018年1~7月广州市检察机关行政公益诉讼立案

---

① 张式军：《环境公益诉讼原告资格研究》，武汉大学2005年博士学位论文。
② 数据来源为广州市公益诉讼案件线索情况统计表。本文统计数据截止至2018年8月2日。
③ 该图根据广州市公益诉讼案件线索统计数据制作。

（三）自贸区行政公诉制度案件范围的优化设置

在很长一段时间里，立法对检察机关能否作为行政诉讼主体留白。2017年6月27日第十二届全国人民代表大会常务委员会第二十八次会议决定，我国《行政诉讼法》第25条增加一款，作为第4款："人民检察院在履行职责中发现生态环境和资源保护、食品药品安全、国有财产保护、国有土地使用权出让等领域负有监督管理职责的行政机关违法行使职权或者不作为，致使国家利益或者社会公共利益受到侵害的，应当向行政机关提出检察建议，督促其依法履行职责。行政机关不依法履行职责的，人民检察院依法向人民法院提起诉讼。"该决定自2017年7月1日起施行。《行政诉讼法》的修改肯定了检察机关行政诉讼的主体地位。同时我们应当看到，一方面，《行政诉讼法》新增条款中的生态环境和资源保护等四大领域当然属于检察机关重点监管的范畴；另一方面，自贸区的政府职能转变，自贸区监管制度有可能困于"政府—企业"二元困境，行业协会、中介组织等的参与仍旧存在体制性困境。① 自贸区内虽倡导最大限度取消行政审批制度，但行政权责清单制度尚未完善，政府手中的审批权仍可能实现授予企业业务垄断权，或采用行政手段排挤外地经营者，破坏市场公平竞争，受影响的经营者、消费者往往不敢起诉。② 行政垄断行为也应当列入行政公诉的范围。政府采购机关保护供应商（包括政府采购供应商和潜在供应商）的公平竞争权，③ 实践中打着公开招标幌子进行暗箱操作的现象亦有之，潜在供应商的利益如果亦纳入"公众利益"的范围，检察机关也能针对政府采购行为提起诉讼，制约政府权力的滥用。

没有司法审查，行政法治等于一句空话，个人自由和权力便缺乏保障。④ 日前《立法法》已授权最高检在内的有关机关，可向全国人大常委会提起行政法规的合宪性、合法性审查要求。地方各级检察院可以向全国人大常委会提出审查建议。现实中可能存在某些规章以外的行政规范性文件侵害国家利益或者社会公共利益，没有适合的主体出面提起行政诉讼；或者虽然规章以外行政规

---

① 侯志伟：《政府职能转变的理论框架及其改进路径研究——以上海自贸区监管制度改革为例》，载《兰州大学学报》2015年第4期。
② 崔伟、李强：《检察机关民事行政公诉论》，中国检察出版社2010年版，第456~457页。
③ 朱中一：《论政府采购行政诉讼的原告范围——从出租车司机被劫案说起》，载《行政法学研究》2011年第3期。
④ 王名扬：《美国行政法》（下），中国法制出版社1995年版，第566页。

范性文件侵害公民利益，但没人敢于或愿意提起行政诉讼。这就导致行政诉讼法所构建的规章以外行政规范性文件的合法性审查路径不畅。① 自贸区制度创新难度较大，在"先行先试"的阶段不可避免地颁布规范性文件，与有关政策进行对接。② 在探索改革的过程中有必要将这些法律、行政法规和地方性法规以下的损害不特定人利益的抽象行政行为纳入行政公诉进行监督的对象范围。

（四）丰富的域外经验带来与国际接轨的可能性

各国对政府行为的司法审查标准都不一样，但行政公诉的终极目的都是维护和促进社会公共利益，都在一定程度上体现了司法理性，域外的行政公诉部分理论对我国有借鉴意义。自贸区在私法领域争取与国际接轨，在公法领域也可稍作超前的探索，加速法治进程，一个积极的在行政公益事项上有所作为的法律监督机关可坚定投资方或商人对自贸区法治环境的良好评价。

美国检察权具有行政性，通常代表政府提出诉讼，通过法院判令有关行政机关履行某种职能，属于行政公权力的内部监督。美国行政公诉权是一种具有特别诉权、调查权的行政权，它通过诉讼、通过被诉行政机关作出一定的具体行政行为，实现保护社会公众利益的目标，这是美国宪政所决定的。美国的行政公诉主要包括相关人诉讼、纳税人诉讼和职务履行令诉讼，私人经过授权后也可以提起行政公诉。现代行政法发源地法国检察机关也属于行政机关，而且行政案件属于行政法院管辖，从而整个行政公诉以及行政审判置于行政体系框架，诉讼结构出现原告、被告、行政法院法官均为行政机关或具有行政性质的机构，形成独特的诉讼风格。尽管这两个国家行政公诉存在一定的差异，但启动行政公诉的范围皆有严格的限制，即维护社会公共利益。英国判例法规定，凡是被认为违背"越权无效原则"的行政行为（包括抽象行政行为和具体行政行为），均属于检察总长可以提起的行政诉讼范围。在行政公诉进行的过程中，通过英国的令状制度解决公民的诉讼资格和公共利益的维护问题。如英国公民对某些公共当局的不法行为不满，可以请求以检察总长的名义向法院申请宣告令（确认判决），负有保护公共利益职责的检察总长如果认为公民言之有理，即可批准公民自行以他的名义去法院诉讼。德国没有公益诉讼，检察机关作为公益代表只能参与诉讼，却不能提起诉讼，而且其代表的只能是州或者州行政

---

① 韩成军：《依法治国视野下抽象行政行为的检察监督》，载《河南社会科学》2015 年第 3 期。
② 钱焰青：《上海自贸区的规范性文件若干问题分析》，载《社会法学家》2015 年第 10 期。

机关这一层级以上的公共利益，而不能是区镇和某些实体利益。①日本的行政公益诉讼比较突出民众诉讼形式，检察官由于隶属于法务省，以内阁服务大臣为最高主管首长，难以由检察官充当起诉行政机关损害公益的违法行为的原告主体，但并不妨碍检察官在行政公益诉讼程序中通过出庭应诉、关注诉讼进展等途径，坚守作为政府代言人和公益维护者的重要角色。

协作型诉讼模式和诉讼协作理念，是印度公益诉讼的一大特色，表现为司法机关、公民和行政机关通过协商和合作共同谋求为社会中弱势群体寻求社会公正的努力，司法机关的作用不限于传统的认定事实和解决纠纷，还行使社会监督角色，提供讨论公共利益问题的场所，并采取临时措施提供紧急救济，充当仲裁者身份，在公共利益和个人利益间寻求平衡，提出可能折中的方案。以印度台拉登采石案为例，法院在作出关闭石灰石采石场的判决时考虑、平衡、解决相互竞争的政策，包括工业发展的需求、环境保护的需求、维持当地就业的需求和保持重要的投资者之间的关系，司法机关审查了有关地理学专家高度技术性报告，并对专家意见予不同的重视。司法机关在国家生活中真正扮演改造社会的积极角色。

三、自贸区内完善行政公诉制度的构想

（一）逐渐探索拓宽行政公诉的案件范围及领域

新修改的《行政诉讼法》中，行政公诉的范围是生态环境和资源保护、食品药品安全、国有财产保护、国有土地使用权出让等领域，有学者认为这个范围看似不大，但是界定是科学的，主要考虑到要准确抓住问题的主要矛盾，推动解决生态环境保护和食品药物安全领域等人民群众关心关注的突出问题。②从理论上来说，行政机关的违法行为，主要侵害到社会公益都应允许提起行政公益诉讼。笔者认为，为了不损害行政权的效率价值，遵守司法审查的有限性原则，以确保行政自主性，确有必要对行政公诉的受案范围作出一定的限制，西方国家和我国台湾地区的立法经验都选择在选举、环保、国有资产保护、垄

---

① 傅国云：《行政检察监督研究：从历史变迁到制度架构》，法律出版社2014年版。
② 胡卫列、田凯：《检察机关提起行政公益诉讼试点情况研究》，载《行政法学研究》2017年第2期。

断性行业、同业竞争等几个矛盾尖锐的领域引入公益诉讼。① 如果说行政公诉的案件范围和社会大众关注的话题息息相关，那么自贸区内探索拓宽行政公诉案件范围及领域就应该与其建立开放、法治的营商环境密不可分。

《行政诉讼法》新增条款对行政公诉的类型表述为"……国有土地使用权出让等领域"，"等"的中文意义既有表示列举未尽，又有列举后煞尾之意，笔者倾向于将条文中的"等"理解为前者，该种理解得到了司法实践的认可。如检察机关提起民事公益诉讼的内容事实上在不断扩张，《民事诉讼法》第 55 条新增条款人民检察院可对在履行职责中发现破坏生态环境和资源保护、食品药品安全领域侵害众多合法权益等损害社会公益的行为提起公益诉讼，2018 年 5 月 1 日实施的《英雄烈士保护法》又确立了检察机关对侵害英烈权益，损害社会公共利益的行为提起公益诉讼的基本制度，可见"等"字不表煞尾。将条文中的"等"理解为列举未尽利于以发展的目光看待提起行政公诉的范围及领域。破坏市场公平竞争的行政垄断行为，包括但不限于采用行政手段对市场进行封锁、政策性价格垄断等，应当列入自贸区行政公诉的重点领域。诚如前文所述，结合自贸区的特殊性，在自贸区的建设中必然出现规章以外行政规范性文件。随着自贸区内法治化趋势不断加强，具有可诉性的抽象行政行为终究会接受司法制约，抽象行政行为应纳入行政公诉的受案范围。自贸区内应以 WTO 所要求的对抽象行政行为的审查② 为契机，建立起完整的行政公诉制度。

（二）逐渐探索完善行政公益诉讼若干程序问题

检察机关在实体法上是"公益代表人"，程序法上是以原告身份参与诉讼，具有"原告＋法律监督机关"两种诉讼权利。③《行政诉讼法》的修改确认了检察机关在行政公诉中的主体资格和角色，初步界定了行政公诉案件的范围，也吸收了《实施办法》中关于诉前程序的规定，即行政机关收到检察建议后，仍

---

① 戴小俊：《比较视野下我国行政公益诉讼制度的完善》，载《黑龙江省政法管理干部学院学报》2010 年第 10 期。

② WTO 规则对行政行为的分类并没有采取我国法律所采取的具体行政行为与抽象行政行为的分类法，而是采取国际上通常的分类方法，将行政行为分为行政命令、行政处分、行政契约和行政事实行为。参见高新华、张振海：《WTO 规则与我国抽象行政行为的可诉性》，载《河南科技大学学报》（社会科学版）2003 年第 1 期。

③ 郑锦春：《行政公益诉讼制度探索中的几点思考——以行政公益诉讼与刑事公诉的区分为视角》，载《人民检察》2016 年第 18 期。

不依法履职的，检察机关依法向人民法院提起诉讼。但行政公诉制度的实施，仅有《行政诉讼法》新增规定是远远不够的，与之配套的规范性和可操作性程序规定也应当尽快出台和完善。细化诉前程序及检察机关的调查取证就是两大亟待解决的行政公诉诉讼程序问题。

在《实施办法》提供的原始雏形上，还需摸索诉前程序的启动条件、决定主体、上下级检察院关系、流程管理、送达方式、办案期限、期间延长、评判行政机关已履职的具体程序（包括评判标准、主体、所作决定的方式和效力等）、诉前程序效力和法律文书样式等一系列具体规定。[①] 如何在严格规范诉前程序的操作流程和效力的基础上进行制度创新则给自贸区内检察机关提出了更高的挑战。在现有的实践中，因《实施办法》第33条规定了检察机关调查核实有关行政机关违法行使职权或者不作为的相关证据，因此人民检察院自然不必向人民法院申请调取证据，但当检察机关提供的证据、依据不足以证明被诉行政行为违法性的，被诉行政机关仍负有证明行政行为合法性的责任。山东省庆云县检诉山东省庆云县环境保护局一案中，公益诉讼人提供的证据不足以证明被诉审批行为的违法性，但被告环保局所提供的证据也不能证明其行为合法性，根据行政诉讼中被告对其行政行为合法性负有举证责任的法律规定，被告环保局承担举证不能的法律后果。[②] 行政公诉在本质上属于行政诉讼，虽行政公诉具有很多特殊性，但在举证责任方面仍可坚持普通行政诉讼的举证规则，即行政机关对应其行政行为的合法性承担举证责任。[③] 公益诉讼证据的核实调查不仅仅是诉讼程序的立法问题，更是实操难题，南沙自贸区检察院结合涉海域违法案件隐蔽性强、取证难、评估难等实际情况，与广东省渔政总队南沙大队召开涉海域公益诉讼协作座谈会，就构建海域公益诉讼加强协作工作机制达成了初步意向。因此，在取证、举证等环节，自贸区检察机关应结合自身特色，加强与其他有关部门的联系与协作。

（三）逐渐探索在传统模式中融合诉讼协作理念

从总体情况看，扩充、强化是检察权的发展趋势，不同法系国家的检察权

---

① 刘辉：《检察机关提起公益诉讼诉前程序研究》，载《中国检察官》2017年第3期。
② 王鲲：《检察院提起行政公益诉讼案件的审理规范》，载《人民司法》2017年第11期。
③ 陈凯明：《检察机关提起行政公益诉讼的难题与对策研究——以全国首例检察机关环境行政公益诉讼为例》，载《盐城工学院学报》（社会科学版）2016年第2期。

在维护社会公益上表现出趋同性和融合性。① 不管在何种法律制度下，检察机关都被看作是公共利益的当然代表，都把对侵害公共利益的行为提起诉讼作为维护公共利益的有效手段。在国家监察体制改革的前提下，提高对检察公诉权的重视程度才能摆脱检察权的局限性，公诉权内容不断丰富的发展趋势和两大法系国家的检察权发展不谋而合。自贸区法治化建设的大环境下，传统对抗制行政公诉模式当然适用，因行政诉讼的特点在于不仅充任开启诉讼的角色，更多地承担了监督行政权力的职责，同时还要维护公共利益不受行政权的肆意侵犯。自贸区政府职能尚在转型，行政权的行使限度在部分领域属于探索阶段。考虑到该种特殊情况，应在传统抗辩式的行政公诉模式上锻造出新的工具、设计新的方法、采用新的策略。

我们可以借鉴印度的诉讼协作理念，构建自贸区特色的行政公诉体系，在行政检察监督工作中体现诉讼协作：一是与负有监督管理职责的行政机关，相互通报行政执法及行政检察监督情况，提高政务效率，构建绿色和谐的营商环境和高效便捷的治理体系；二是定期向自贸区人大常委会、党委报告自贸区行政检察监督工作情况，争取人大、党委对行政检察监督工作的理解和支持；三是建立定期走访自贸区企业机制，搭建自贸区企业与行政管理机关的桥梁，延伸监督触角；四是通过不断密切与自贸区企业及自贸区行政管理机构的关系，以及以案说法等形式，不断扩大行政检察监督的社会影响力。自贸区检察机关适当发挥能动作用，加强与行政机关、公民在行政诉讼中的合作关系，重视司法活动的社会效果。

---

① 钟琦：《国家民事公诉：检察权的新型配置与制度构建》，载《西南政法大学学报》2006 年第 5 期。

自贸区民商事、行政检察监督机制问题研究

自贸区民商事、行政检察监督机制研究课题组 *

【摘　要】自贸区法治营商环境需要民行检察机制的支撑，而基层民行检察机制完善创新也是当前司法改革的重要任务之一。自贸区检察工作民行检察机制的创新可促进检察职能的发挥，最终惠及百姓民生和公共利益。当前形势下，通过完善和创新支持起诉、提请抗诉、公益诉讼等民行检察监督机制，可从制度机制上形成自贸区群众办事依法、遇事找法、解决问题用法、化解矛盾靠法的法治环境，推动自贸区建设沿着法治化轨道运行，为自贸区建设发展营造出良好的国际化法治化营商环境。

【关键词】自贸区　民行检察　监督机制　完善创新

中国（上海）自由贸易试验区于 2013 年 9 月 29 日正式挂牌成立。2014 年 12 月，国务院发文将上海的自由贸易试验区的改革试点经验在全国范围内推广。① 在上海自贸试验区成立一年多的基础上，同月，第十二届全国人大常委会第十二次会议决定在广东、天津、福建设立自贸试验区，广东自由贸易试验区最为重要的建区目标之一就是深化粤港澳合作，通过自由试验区被赋予制度创新的特权，探索构建一系列有利于固定三地深化合作成果的以及有利于促进三地法律制度。与自贸区建设一样，自贸区检察工作也无先例可循，如何更新检察执法理念，探索和改进检察工作机制，积极适应自贸区对检察工作提出的新要求，以期与自贸区建设所需的国际化法治化营商环境相匹配，是自贸区检

---

* 课题组成员：陶伟（负责人），广州市南沙区人民检察院民行科科长，员额检察官；潘蕾，广州市南沙区人民检察院民行科副科长，员额检察官；郑天龙（执笔人），广州市南沙区人民检察院民行科副主任科员，检察官助理。

① 参见国务院 2014 年 12 月 21 日《关于推广中国（上海）自由贸易试验区可复制改革试点经验的通知》。

察机关亟须解决的重要问题。作为民行检察部门，我们必须紧密联系实际，探索和改进检察工作机制，积极回应自贸区对民行检察工作提出的新要求。

一、民商事、行政检察监督机制创建对自贸区建设的重要意义

深化司法体制和工作机制改革，是党的十七大作出的重大战略部署，是发展社会主义民主政治、建设社会主义法治国家的重大举措。检察机关作为国家法律监督机关，在加强对司法权的监督制约方面依法行使权力并发挥重要作用，中央确定的司法改革措施大多与检察机关密切相关。在司法体制改革的大背景下，完善检察职能是检察机关更好地履行法律监督职责的必然选择。[①] 按照中央的部署，深化检察体制和工作机制改革，不仅对于进一步解决检察工作中的体制性、机制性、保障性障碍，发展和完善中国特色社会主义检察制度，而且对于进一步解决影响司法公正、制约司法能力的突出问题，建设公正高效权威的社会主义司法制度，都具有重大而深远的意义。

当前，我国正处于发展的重要战略机遇期，经济的高速发展使得各种新矛盾不断产生。这些矛盾冲突若得不到及时有效解决，势必会影响到社会和谐，给传统社会管理模式带来空前挑战。检察机关作为社会秩序的守护者、各种利益诉求的平衡者和国家利益的代表者，单纯履行传统的检察职能已难以适应现代社会管理创新的形势。因此，有效延伸检察职能已成为检察机关参与社会管理创新的迫切需要。自贸区建设目标定位为"推动试验区建设"，"形成可复制、可推广的经验"。广东自贸区作为我国法律法规在我国境内设立的系统性试验区，集经济试验区与法治试验区于一身。[②] 可见，自贸试验区建设必须具有坚实的法治基础和完备的法治保障，检察机关是国家法律监督机关，在保障经济发展、促进法治建设等诸多方面担负着重要的工作职能，自贸区民行检察机制的创建完善可以促进自贸区司法公正，提高自贸区法治化程度，营造出法治化国际化的营商环境，吸引国内外的投资与贸易，发挥着其他机关无可替代的独特作用。

首先，民行检察监督机制中的抗诉机制有利于纠正错案，维护司法公正与

[①] 陈宏钧：《司法体制改革背景下检察职能的延伸及完善》，载《中国检察官》2016 年第 23 期。

[②] 彭凤莲：《中国自贸区法律适用的基本问题》，载《安徽师范大学学报》（人文社会科学版）2015 年第 2 期。

权威。有错必纠是我国自古以来遵循的传统，一旦出现错误就必须及时纠正，这也是我国根深蒂固的传统观念。而纠错便是民行抗诉制度存在的一种直观价值体现，是符合我国国情的一种制度。其次，民行检察监督机制有利于促进法治，利于制衡权力，将权力关在笼子里。权力机关或个人都可能出现利用手中职权从事交易的行为，一旦出现诱惑，可能存在触碰法律界限或道德底线的行为。因此，在现代法治中，民行检察监督或制约权力包括司法权是具有十分重要的现实意义的，适度的监督制约是正当的必要的行为，这与我国的司法环境紧密相连。最后，民行检察中的支持起诉等监督机制可保障弱势群体等合法权益，有利于维护最广大人民群众的合法权益。在法律保护下的利益便称之为法益，这一概念主要是刑法学中的说法，但法律间是相通的，民行检察要想在法治国家中充分尊重和保护国家的法律权威，维护社会集体及个人的权益，势必要将维护法益作为最大的共识或最终的目的，也只有这样，才能在广大人民群众中树立司法诚信与司法权威。

我国的检察机关是国家专门法律监督机关，其任务是通过监督权力的行使，维护国家法律的正确统一实施。我们必须随着时代的发展变化，深入探讨自贸区改革创新背景下服务保障自贸区的民行检察监督机制等问题，努力提高执法司法质量和水平，保证当事人合法诉求及时得到解决，更好地维护法律尊严、维护人民群众合法权益、维护社会和谐稳定。作为自贸区基层检察机关，民行检察监督机制的创建和职能发挥，有赖于依据特色，明确定位，围绕检察机关服务保障自贸区建设的定位，准确把握自贸区检察工作重点进行深入研讨，为加强自贸试验区建设提供有力的司法保障和高效优质的法律服务。为此，作为自贸区基层人民检察院，我们必须大胆探索，在自贸区创新背景下的法律范围内，在现有民行检察职能基础上创新民行检察监督机制，为有效提升法律监督的空间和能力进行有益的尝试。

二、我院民商事、行政检察监督机制在自贸区建设中的运作现状及难题

（一）人们对民行检察监督机制认识存在误区

宪法法律规定检察机关是国家的法律监督机关，但是现实中许多人从个人狭小的利益出发，错误地认为检察监督是给别人添麻烦，甚至认为检察建议等

可有可无，提了也白提。大家对行政权力的运行比较熟知，肤浅感觉到行政机关权力的适用效果短平快，如果存在检察监督那么就会拉了行政机关的后腿；又如法院自身对民事抗诉制度的重要性缺乏认识，个别法院甚至认为民事抗诉制度的程序麻烦，没有耐心和主动性去接受民事抗诉监督。因此，在检察院进行审查时，不能主动为其提供便利条件。也有部分法官认为，法院所履行的职责内外都有众多机构监督，包括上级法院、媒体及社会大众等的监督。因此，他们对民事抗诉制度存在的重要性并没有清晰地认识。另外，在案件审理中，民事抗诉制度本来是维护当事人合法权益的行为，但有的当事人在上诉期间却放弃上诉，原因是一旦上诉失败，便要承担诉讼费用，因此他们乐于等待检察院履行民事抗诉制度。

（二）民行检察机制运行的公信力有待提升

检察公信力属于社会公共信用体系的组成部分，其所蕴含的是社会公众对于检察制度的认可和信任，是一种制度信用而非理论道德信用或血缘情感信用。[①] 现阶段，我国针对检察机关履行民事抗诉的期限没有明确规定，因此，法院在裁判案件生效后，仍然处于不确定的状态，检察机关可以在任意时间提起抗诉，这便动摇了实现法律价值的准确性。不仅如此，检察机关履行民事抗诉制度后，法院在接受抗诉并进行再审过程中，也没有明确的时间限制，这必然会导致司法案件出现久拖不决的现象。久拖不决下，当事人一般会认为检察监督只是"橡皮图章"，没有多大实际效果；而且，现实中，个别检察人员甚至领导错误认为，开展检察监督工作出发点应当从单位考核或者从本单位狭隘的利益出发，而忽略当事人的合法权益甚至维护法律公平正义的法律职责，导致民行检察工作偏离正确的轨道，受到了人民群众的广泛质疑，因此我们必须以维护法益作为最大的共识或最终的目的，也只有这样，才能在广大人民群众中树立司法诚信与司法权威。

（三）新时代民行检察执法理念需要提升

现实中由于民行检察监督部门案件繁杂，既有支持起诉、提请抗诉、公益诉讼等业务，又有各种学习培训、大小会议等活动要参加，事务种类繁杂、人手不足，难免会顾此失彼，与当事人接触过程中发生各种不愉快的事情，尤其

---

① 单迎娜：《检察公信力建设的路径思考》，载《法制与社会》2017年第14期。

是从其他部门调入民行部门不久的干警,在适应民行检察监督工作的过程中会产生一些疑惑与情绪问题。不可否认民行检察部门与检察机关其他部门例如公诉、侦监等部门工作方式、面对的对象有所不同,民行检察部门面对的一般是申诉当事人及相关需要法律帮助的公司企业、个人,大部分适用的法律一般为平等主体之间的民商事法律。而公诉、侦监等部门面对的一般是犯罪嫌疑人,适用的法律一般是刑事法律。目前民行部门人手不足,案多人少的矛盾一时难以化解,招收新人、接纳其他部门检察人员的加入成为必然。另外,随着经济社会的发展,人民群众法律意识的不断提升,其对法律监督机关的期待更多的由惩罚罪犯逐渐转为得到服务保障,相应的,民行检察机关更需要转变自身的执法观念和服务态度,不断改变自身工作中不适应时代发展潮流的工作方式方法,进而提高当事人和人民群众对民行检察监督的认可度,增强各个国家公权力机关对民行检察工作的认同感和协助配合度。

(四)民行检察监督机制运行中传统抗诉案源较少

这一现象主要在于提请抗诉案件很少,作为法律监督机关,检察监督的主要业务应当是对法院适用法律情况加以监督,以求维护司法公平正义,维护国家法律的统一实施。但是现实中由于各种原因,导致基层民行检察机关检察业务中,与支持起诉、公益诉讼案件相比,提请抗诉案源较少。民行申诉案源减少的原因很多,其中就有:一是法律规定基层民行检察提请抗诉案件来源较窄。基层民行检察抗诉案件依法只能针对一审生效裁判,如果一审裁判经过了上诉程序,则该案必须由上一级检察机关审查办理,基层检察机关便无权提请抗诉,同时规定,当事人无正当理由能上诉而不上诉的也不能受理,还有需要经过向法院申请再审程序等条件。二是抗诉案件办理周期较长。基层民行检察抗诉案件依法只能针对一审生效裁判,基层院办案提请抗诉需要检委会讨论通过,期限就有三个月,如果检委会能够讨论通过,还需要提交上级检察机关,由其审查批准向同级法院提出抗诉,这里又有三个月的审查办理期限,最长可达半年之久,我们在办理民行检察监督提请抗诉案件过程中,也遇到过当事人来电话表示期限过长,催促意愿表现明显。三是提请抗诉案件改判率低。当事人向检察机关申诉,是希望通过检察机关抗诉将案件改判。但在司法实践中,检察机关提出抗诉的案件,法院不乏存在基于各种考虑而一般都维持原判的情况。

（五）民行检察监督机制的宣传力度有待加强

目前，民行检察监督机制运行中，案源较少及人们对民行检察监督了解不多甚至存在误解，其原因之一就是宣传力度不够。虽然民行检察部门与公诉部门同属检察机关的职能部门，但在社会上人们对公诉部门比民行检察部门的认知程度高。由于宣传力度不够，许多人没有了解检察机关存在民行检察监督机制，对民行检察监督职能一无所知或者一知半解，认为民行检察监督可有可无，甚至认为监督就意味着添乱，不把民行检察监督当监督，不把公益诉讼当监督政府公权力保障公益重要途径的现象普遍存在，这种认识不仅在老百姓中存在，在一些领导干部中也有。这些现象与民行检察监督的意义和相关法律法规规定宣传力度不够有着密切的联系。

（六）当前民行检察案多人少的矛盾有待解决

由于立法及其他原因，基层民行检察监督传统抗诉案件减少，但近年来，中央回应社会对生态环境、公权监督、公益保障等的关切和期待，赋予了民行检察机关办理民事公益诉讼与行政公益诉讼的权力，经过两年试点后正式在民诉法和行政诉讼法中予以明确规定。这就导致了民行检察部门在公益诉讼案件方面出现井喷的趋势，线索排查勘查现场收集证据、诉前程序撰写发出检察建议，准备庭前材料出庭诉讼等均需要大量熟悉业务检察人员参与办理。这些新形势的发展变化，均需要民行检察监督力量的投入和加强，但目前基层民行检察部门普遍人员配备薄弱，人员职业素养也有待提高，人手也显得不足，难以跟上中央保障生态环境和资源保护、食品药品安全、国有财产保护、国有土地使用权出让等领域国家利益或者社会公共利益的部署。

三、在自贸区建设中民商事、行政检察监督机制创新应当遵循的基本原则

一是民行检察法治原则。"小智治事，中智用人，大智立法。"古往今来法治都是治国理政不可或缺的重要手段。什么时候重视法治、法治昌明，什么时候就国泰民安；什么时候忽视法治、法治松弛，什么时候就国乱民怨。[①] 同时，

---

① 中共中央宣传理论局：《法治热点面对面》，学习出版社、人民出版社2015年版，第117页。

法治是社会诚信最本质和最根本的保障。① 在自贸区建设中民商事、行政检察监督机制创新首先应当遵循法治原则。

广东自贸区是我国新时代推进进一步改革开发重要部署之一,如何保持自贸区经济社会稳步、健康发展和实现国际化法治化营商环境的任务,是一个重大课题。而实现自贸区的经济发展、政治清明、文化昌盛、社会公正、生态良好,需要更好地发挥法治的引领和规范作用,加快建设法治经济和法治社会,把经济社会发展纳入法治轨道。要以法治引领经济社会发展方向。"法是善良和正义的艺术",法治本身凝聚了民主、自由、平等、公平、正义、人权、和谐等美好的价值,这正是以法治引领改革方向的依据所在。法治的引领是对经济社会发展的性质、理念以及走向的整体规划和指引,它蕴含着党和人民对经济社会发展的价值取向。保障我国经济社会发展的中国特色社会主义性质。自贸区的建设发展意味着必须改革与创新,不论如何改革,中国经济社会的发展都不能偏离中国特色社会主义这个本质属性,经济社会发展必须坚持社会主义制度,必须坚持社会主义市场经济的方向。自贸区内最大的政治效果是保护自由贸易,法律效果的关键在于如何理解和执行法律。承认法律具有稳定性的同时,还应符合更高的价值需求,即在自贸区内保护自由贸易的目的性。因此,为营造公平诚信的营商环境,必须依靠追求公平正义的法治。

二是便民惠民原则。法谚有云:"法律必须被信仰,否则它将形同虚设。"法治的建成意味着人们信仰法律,愿意遵守律法的规定,这就要求包括我们民行检察监督在内的司法活动做到便民惠民,让广大人民群众真正体会到法律是公正合理的,是可以为他们带来实实在在的便利和保障的,这样才能激起他们与司法机关之间的相互理解和尊重。自贸区民行检察监督机制的创构必须以便民惠民为价值导向,惠及民生,这样才能使得广大人民群众打心底认同支持民行检察工作,要创新监督机制演绎"民行检察为民开,有理不服请进来"的动人故事,擦亮民行检察品牌。例如,要认真办理支持起诉、督促起诉和提起刑事附带民事诉讼、执行监督等案件,挽回国家、集体和个人经济损失,为包括农民工在内的弱势群体讨回工资、维护其法益等。

三是维护司法公正原则。法律的灵魂性因素便是公正,而司法活动同样将公正作为灵魂性准则,公正在司法活动中难度较大,正确理解法律只是最基

---

① 王伟国:《诚信体系建设法治保障的探索与构想》,载《中国法学》2012年第5期。

本的要求，对于案件事实的认定同样重要。社会主义市场经济本质上是法治经济，厉行法治是发展社会主义市场经济的内在要求。① 市场经济对法治的需求是由市场经济自身的性质和特点决定的，自贸区经济属于市场经济，公平、公正是保障自由贸易区健康发展的内在要求。公平的竞争环境也是衡量自由贸易试验区成熟与否的重要标志。检察机关服务创建公平竞争的市场环境是服务保障自由贸易试验区建设的重要内容。检察工作在保障和服务自由贸易试验区的司法活动中，必须关注执法、司法不公问题，因为执法司法人员在对证据进行事实判断时，永远处于事后状态，很多情况下执法人员会依靠自身的经验以及先入为主的思维定式判断案件的发展情况，由于执法人员的个人素质不同，对待问题的认识能力带有局限性，这些个人因素会直接影响执法司法人员对具体案件的判定，加之考虑自身利益，来自涉案相关方面给予的压力，这些都会影响执法人员对案件的科学把握，最终出现错误或不公的执法司法活动。一旦出现了错误或不公的执法司法活动，必然与制定法律的初衷相违背，这样的行为也会对公民产生不必要的侵害，背离了法律适用的目的。为此作为法律监督机关的检察机关必须予以监督纠正。民行检察监督机制的设置和运行正是为了在国家利益、社会公共利益面前，民事抗诉制度在履行中所涉及的机构都是维护国家、社会、集体利益的代言人，同时更是能够为社会弱势群体提供帮助，维护他们合法权益的代言人。司法公正是民事抗诉的最基本出发点，不能为谋求一己私利而违背社会公共利益，因此应当以公正的态度监督裁判行为。一旦发生不公正的裁判，则应当及时提起抗诉，通过再审等程序，纠正不公正的裁判，最终实现维护司法公正的目的。

四是适当干预原则。在监督民事审判活动中，检察机关要尊重法院审判权的独立性，履行适当干预原则。我国法律的唯一监督机关正是检察机关，在民事裁判中，如果出现了侵害国家、社会公共利益等错误不公的裁判时，此时检察机关应当采取干预措施，例如民事抗诉手段纠正错误。但是这种干预原则应当建立在适度的基础上，如果干预过度，势必会影响相关权益的正常行使，久而久之会与社会发展的必然趋势和要求产生矛盾。因此，民行检察监督的存在具有必要性和重要性，但是其存在的范围应当在一定的限度内。民行检察监督活动一旦启动，适度性干预原则也应当随即启动，民行检察监督许多案件直接

---

① 赵晓强：《法治：经济社会发展的可靠保障》，载《新长征》2017年第7期。

面对企业或公民个人,特别是在触及当事人合法权益时,一定要给予他们充分的尊重,个人意愿当属于纯私权领域,法律许可的情况下,让他们按照自己的意愿做决定,这样既能维护当事人的合法权益,也避免出现过多干预的现象。当然,个别人对检察机关民行检察监督的担忧毫无必要,毕竟,检察机关并不是直接利益的涉及者,其本身就具有完全的公正性,加之其出发点是为了维护国家利益、社会公共利益及公民合法权益,体现司法的权威与公正。

四、完善工作机制,做好民行检察监督工作

(一)以服务保障自贸区法治环境为宗旨,构建民行检察监督联系点和联络员机制

自贸区法治环境建设离不开民行检察监督,而"监督是检察机关的立身之本;保障是基本的职能和目标,要保障区内公平交易和公平竞争;建设指的是制度建设、制度创新,把检察工作的创新融合到自贸区管理体系和管理机制的创新当中"。[①] 要在各个镇街村社、学校、企业单位等设立民行联系点,聘请一批具有法律知识、从事法律及社会矛盾调解工作的民行检察联络员,并对他们进行民行检察业务培训,构建起了延伸民行检察触角的框架,实现民行检察宣传经常化、基层化和群众化,及时收集和处理群众反映的民事行政案件线索。对生效裁判监督、支持起诉,尤其是要针对生态环境保护、食药安全等关切民生,以及行政权力监督等公益诉讼方面,设立以民事行政检察联系点和聘请联络员作为载体,使民事行政检察触角进村入社,贴近基层群众为根本目的。为更好地实现这一机制效果,可以制定出台《民行联系点和联络员规则》,明确联系点和联络员的工作职责,细化考核措施,民行检察人员定时和不定时的深入乡镇、村、社,深入群众了解实际情况,并以民事行政检察在乡镇、村、社和单位知晓度、影响力和联络员提供的案件线索质量为考核依据,评定工作效果,对工作开展得好的联系点和联络员给予适当的奖励,提升民事行政检察联系点和联络员的工作积极性。

(二)以增强民行检察监督知晓为目的,构建民行检察监督宣传机制

制约民行检察工作案件发现难、查证难和处理难的三大难题,其中重要

---

① 金园园、成月华:《准确定位强化自贸区检察监督》,载《人民检察》2015 年第 1 期。

原因之一就在有关机关及广大人民群众对民行检察监督工作知晓度低,不理解民行检察工作对自贸区形象、生态环境、营商环境及广大群众自身合法权益中的重要意义,导致其对民行检察工作表示疑惑、不配合甚至存在抵触态度。要构建完善民行检察宣传机制,着力转变工作方法,拓宽线索收集渠道,不断加大宣传力度,利用流动宣传车、法制宣讲团、在电视台等媒体做专题讲座和在乡镇集市发放宣传资料等方式,宣传民行检察工作,就近接受群众申诉。积极拓展人民群众举报提供涉及民事公益诉讼污染环境、侵害众多消费者合法权益等损害社会公共利益的行为线索,以及涉及生态环境和资源保护、食品药品安全、国有财产保护、国有土地使用权出让等领域线索渠道,在发展自媒体公益诉讼平台的同时,还要进一步完善来信、来访、电话、网络"四位一体"宣传沟通体系。通过"举报宣传月"等集中活动宣传和日常宣传相结合,大力宣传民行检察监督工作的重要意义、法律规定及相关案例等,努力达到法律宣传的预期目的。

(三)完善线索发现管理机制,解决案源根本问题

俗话说:"巧妇难为无米之炊",充足的案源是打开民行检察监督工作局面,切实践行民行检察监督制度,真正发挥民行检察监督作用的基础。毫无疑问,充足的案源是进一步打开民行检察监督工作局面、切实运行民行检察监督,真正发挥民行检察监督制度功效的前提。案件线索来源单一会极大地制约民行检察监督工作的进展,例如在执行监督领域,很显然单一的渠道是无法保障全面实施民行执行检察监督权,也无助于解决民行执行难、治理民行执行乱的,也绝对无法提升民行执行工作法治化水准。① 为此,如何避免案源来源单一,民行检察监督的来源渠道是否多样、各渠道是否畅通就是一个至关重要的基础性前提性问题。一要完善内部的线索移送机制,加强控申、公诉、侦监、民行等部门的沟通协作,注重培养公诉等部门干警捕获民行检察监督案件线索的能力,发现涉及民行检察线索后及时向分管检察长汇报,并与民行检察部门一起组织力量分析研判,对有价值的线索依规定及时移送并协助民行检察部门展开调查。二要完善外部线索移送机制,注意两法衔接平台线索查找功能,加强相关行政执法部门的沟通,督促相关单位及时移送涉及民行检察监督线索。

---

① 杜承秀、李静雅:《对民行执行检察监督实践的反思》,载《江汉大学学报》(社会科学版)2016年第2期。

(四)积极构建监督协作机制

逐步构建完善与相关政府执法部门的监督协作机制。例如,积极探索与国资部门的监督协作机制,严防国有资产流失。针对司法实践中,因刑事犯罪造成国有财产和集体财产流失的现象,与区国有资产监督管理局联合出台相关规定意见,对由于犯罪嫌疑人的犯罪行为使国有财产、集体财产或其他社会公共财产遭受损害的,由检察机关民事行政检察部门与相关国有资产管理部门依据具体规定及时通报,并及时召开相关区属国有企业座谈会,形成监管合力。又如,要构建完善检察机关与法律援助的联动机制,努力维护弱势群体合法权益。为了保障经济困难和其他符合法定条件公民的合法权益,更好地发挥民事行政检察和法律援助作用,维护司法公正,可以根据有关法律规定,以办理支持起诉案件为立足点,与区司法局通力履行联合制定的相关协作意见。依据该《意见》,检察机关与司法行政机关加强协作配合,使民事行政检察工作和法律援助工作相衔接,整合优势资源,建立长效的工作联系机制,真正解决困难群众"申诉难、胜诉难、执行难"等问题。尤其是对于拖欠农民工案件,要依法启动支持起诉程序,监督双方达成调解协议,使拖欠的工资全部付清,争取较好实现法律效果、政治效果、社会效果的统一。这样,通过联动机制的创立,可以大大节约当事人的维权成本,更好地维护当事人的合法权益。

(五)着力构建阳光检务机制,切实提升民行检察工作的公信力

确保权力正确行使,必须让权力在阳光下运行,阳光检务,是指检察机关通过检务公开,自觉接受社会监督,以实现检务工作透明、高效、公正、廉洁的一项重要检察制度。阳光检务通过有序、有度公开来开门纳谏,增强检察工作透明度,有利于畅通群众司法诉求渠道,强化检民互动互信,推动建立快速高效的群众诉求处置与反馈机制;有利于引导构筑符合人民群众新要求新期待,符合现代法治精神与社会需求的检察权良性运转体系,及时根据社会需求信号合理配置检察职权,切实提高检察权运行效率。[①] 要紧紧围绕护航南沙自贸区经济和社会发展大局,以"政治建院、业务立院、队伍兴院、科技强院、文化育院"为着力点,打造阳光检察,全面履行好民行法律监督职能,通过加强完善阳光检务的制度保障,明晰阳光检务的内容,从而健全阳光检务长效机

---

① 易志斌:《检务公开制度的法理思考》,载《湖南社会科学》2009年第5期。

制，以促进阳光检务与日常检务工作的有效融合。聚焦"公信"，深化检务公开。可以建立经常性征求群众意见制度，参加推进检察民生服务窗口建设，邀请社会各界人士走进检察机关，主动接受监督；坚持把新媒体作为检务公开、主动接受监督的重要渠道，全线开通"两微一端"，积极主动与外界广大群众交流民行检察工作信息；通过结对联系人大代表及政协委员等主动接受监督，切实提升民商事检察监督工作的公信力。

自贸区行政执法与刑事司法衔接机制研究

温志达[*]　汤玲之[**]

【摘　要】行政执法与刑事司法衔接运行不畅，不仅不利于有效打击犯罪，也与我国的法治建设背道而驰。本文将以南沙自贸区为例，从行政执法与刑事司法衔接机制的发展过程开始，研究检察机关在两法衔接工作中的功能定位，结合当前自贸区"两法衔接"案件特点，分析自贸区行政执法与刑事司法衔接存在的问题，并提出相应的对策。

【关键词】自贸区　功能定位　行政执法　刑事司法　两法衔接

自2013年以来，我国开始自贸区的实践尝试，不断推进制度创新，进一步促进了自贸区的法治建设，建设成效显著。基于自贸区法治建设的需要和现有行政制度创新带来的改变，自贸区"两法衔接"工作的复杂性和专业性都大大提升。要建成具有国际水准的自贸区，真正实现国家设立自贸区的目的，离不开公平公正且符合国际通行规则的法治化营商环境，这对检察执法和行政服务两方面工作提出了新的要求。

行政执法与刑事司法衔接（以下简称"两法衔接"），是为了促进依法行政、规范执法行为，查处经济犯罪案件而提出的衔接机制，该衔接机制对合力打击犯罪具有重要作用。但是在当前的行政执法实践中，也存在部分行政执法机关在执法过程中对涉嫌犯罪的刑事案件以罚代刑、一罚了之，未能依法、及时地移送给刑事司法机关的现象。这种现象在经济犯罪类案件尤为突出，尤其在自由贸易区，对外贸易增多，进出口贸易频繁，经济、金融领域类案件逐渐呈现出增长趋势，"两法衔接"机制运行不畅，不仅不利于有效打击犯罪，也

---

[*]　温志达，广东省广州市南沙区人民检察院侦监科副科长，员额检察官。
[**]　汤玲之，广东省广州市南沙区人民检察院侦监科科员，检察官助理。

与我国的法治建设背道而驰。

一、行政执法与刑事司法衔接机制的发展过程

行政执法与刑事司法衔接机制（以下简称"两法衔接机制"），是指在查处涉嫌犯罪的行政违法案件过程中，各部门在各司其职、各负其责的前提下，相互配合、相互制约，确保依法追究涉嫌犯罪人员的刑事责任的办案协作制度。

两法衔接是随着我国经济改革开放不断深入，国家在处置市场经济犯罪的过程中逐步开始设立并明确指导法规的，2001年国务院的《整顿和规范市场决定秩序的决定》，第一次提出"两法衔接"机制的概念，经过10年的实践，2011年《关于加强行政执法与刑事司法衔接工作的意见》进一步完善了"两法衔接"机制。行政执法与刑事司法的衔接机制从一开始强调"及时衔接"，强调事后衔接的环节式衔接机制，逐步转变为"建立信息共享机制、联席会议制度、移送备案制度、重大案件通报咨询制度、查询案件制度"的全程性的衔接机制。随着我国法治观念的不断深化，检察机关开展两法衔接工作的初衷也从"转变政府职能"和"规范政府行为"的工具意义转变为"依法行政与依法治国"的目的意义。衔接机制也随之从打击经济犯罪，向打击经济犯罪和职务犯罪，再向打击各类犯罪的协作机制演变，衔接范围逐步拓宽扩展，从部分领域合作打击犯罪开始逐步推广到打击各类犯罪。检察机关在衔接机制建立和完善过程中，地位不断提高，作用不断加强。

二、检察机关在"两法衔接"中的功能定位

检察机关在"两法衔接机制"中居于核心地位，担当关键角色。检察机关积极参与、主动介入对行政执法活动尤其是移送涉嫌犯罪案件的监督，是"两法衔接"工作机制的重要组成部分，也是促进这一工作机制高效、顺畅运作不可或缺的关键一环和重要保障。

由于检察机关本质上有别于行政机关和审判机关，也不依附于行政机关和审判机关，是专门行使检察权的法定国家法律监督机关。检察机关在推动建立和完善"两法衔接"工作机制中的功能定位，与检察权和行政权、司法权运作的边界有关，需要明确我国检察权的性质，才能对它们之间的关系进行合理的定位。现行《宪法》第134条规定："中华人民共和国人民检察院是国家的法律监督机关。"我国的检察权是一种以协调统一为目的的内部监管和制衡，是

我国宪法的创设,行政机关、检察机关和审判机关是相互配合、相互协作的关系,而不是西方国家的制衡关系。检察机关作为专门的法律监督机关,不是为了制约而监督,而是为了各机关"更好地"行使各自的权力而进行监督。因此,"两法衔接"不是行政执法部门与刑事司法部门的"对立"制衡,而是合作和相互促进。

在"两法衔接机制"中,全部行政机关以及所有行使行政权的组织等主体,在行政机关与检察机关职能的前后相继环节上,把相关信息、案件由行政机关向检察机关的流动。为了将一般行政执法过程中发现或应该发现的涉嫌犯罪的案件网罗到国家的刑事司法程序中来,防止犯罪分子逃脱刑事制裁,是为了充分发挥检察机关之外的其他行政机关在发现犯罪、揭露犯罪、打击犯罪方面的能动性作用。由于检察机关和其他行政机关存在各自的目标和利益诉求,因此"两法衔接"的核心问题就是检察权向其他行政权的适度渗透,没有渗透和渗透过度都达不到打击犯罪的效果。检察机关应该本着服务区域内法治化发展的目的,在移送监督和立案监督两大领域适度扩大检察监督权的职权、规模、力度和范围,督促行政执法机关依法、主动、及时移送涉嫌犯罪案件,借以开展全面、及时、有效的移送监督和立案监督,实现对行政执法权强有力的监督和制约。

三、自贸区行政执法与刑事司法衔接案件主要特点

自贸区内的行政制度创新是自贸区的重要使命,不论是上海的协商性行政执法试验还是南沙区的综合行政执法模式,都是为了尝试在不放任自由的状态,形成公正有序、依法竞争的机制。自贸区法律监管制度的改革,充分体现"市场在资源配置中起决定性作用"的要求,政府尽量放权,行政执法部门执法口径产生很大变化。相应地,自贸区行政执法与刑事司法衔接也具有与其他地区不同的一些特点。

一般来说,行政执法与刑事司法衔接案件在税务、烟草、药监、工商、海关、海事等各个执法领域内比较常见。而进出口频繁的自贸区,"两法衔接"案件也具有其他地区不同的一些特点。一是自贸区两法衔接案件多涉及经济领域。以南沙自贸区为例,就案件类型来说,在设立自贸之前,南沙区的"两法衔接"案件类型比较单一,主要集中在非法捕捞水产品、倾倒废弃物等环境专项领域。自设立自贸区以来,案件类型呈现出多样化,经济领域类案件有所

上升，涉及罪名有非法经营、逃避商检、假冒注册商标、销售假冒伪劣产品、拒不支付劳动报酬、身份证被盗用、伪造国家机关印章等。不难看出，南沙自贸区行政执法与刑事司法衔接案件主要集中在经济、环境两大领域，这一方面是与南沙自贸区的地理位置有关，南沙自贸区处于临海位置，河涌较多，水系发达，非法捕捞水产品案件比较多；另一方面也与南沙自贸区的经济发展形势有关，南沙自设立自贸区以来，经济发展进入新的阶段，经济领域犯罪案件也呈现出增涨趋势，"两法衔接"案件类型也逐渐多样化。二是自贸区行政执法制度改革与创新力度大，"两法衔接"工作界限难把握。以南沙自贸区为例，南沙自贸区实行的综合行政执法改革工作是一项重要的创新，是逐步将自贸区南沙片区范围内商务、知识产权、环境保护、水务、劳动监察、文化（含新闻出版广播影视、版权）、建设工程文明施工、城市管理、国土资源、工商、质监、食品药品安全、交通运输、房屋管理等14个领域法律、法规、规章规定的行政处罚权以及相关的监督检查、行政强制职权从广州市及南沙相关职能部门剥离，交由自贸区南沙片区综合行政执法机构承担，目的是为了通过创新行政执法运行机制，完善执法联动机制，健全信息共享机制，构建联合监管机制，进一步探索"一支队伍管执法"的事中事后市场监管新模式。由于各部门在行使行政权过程中多少存在目标各异、利益冲突的问题，由一个部门统领如此之多的行政执法，还是需要一段时间的磨合和适应。

面对自贸区行政执法全面改革的情况，检察机关的刑事司法工作定位也需要进行调整，要科学把握好依法惩治违法犯罪和全力支持改革的关系，从宽容谦抑的检察执法理念出发，严格把握办案尺度，正确界定适用刑事法律调整的执法边界，正确区分自贸区国家工作人员工作探索中的失误和失职渎职、滥用职权及玩忽职守的界限，正确区分执行政策偏差与钻改革空子实施犯罪的界限，为自贸区有效形成鼓励创新、支持改革的环境氛围提供帮助。

四、自贸区行政执法与刑事司法衔接存在的问题

在上级检察机关的领导下，南沙自贸区"两法衔接"工作一直有序开展，2017年南沙自贸区行政执法机关向南沙区检察机关移送涉嫌犯罪案件线索14件17人，经审查，南沙区人民检察院建议行政执法机关将该14宗案件全部移送公安机关立案侦查，后该14宗案件均已由公安机关立案侦查。但是这个数据与南沙区每年受理的审查逮捕案件（近年来，平均每年六百件左右）相比，

两法衔接案件数量明显偏少，这也说明南沙自贸区在刑事司法与行政执法衔接工作上存在一些难题与困境。当然，南沙自贸区只是个案，通过个案研究，我们也可以从中窥见自贸区两法衔接工作中的问题。

（一）立法衔接不畅，移送标准不清

自贸区行政执法的相关法律规范性不够，操作性不够，约束力不强，综合执法力度还不大，效应还没有产生，而自贸区检察机关监督行政权、监督行政机关的专门法律依据还停留在《宪法》《人民检察院组织法》等法律法规中的抽象条款中，行政执法和刑事司法两方面的法律都有待完善，两法衔接的具体法律依据或者具体执行条例也需要进一步完善。我国的行政违法行为主要依据行政法律法规进行处罚，而当一个违法行为涉及行政违法，如果"情节严重"，还有可能构成刑事犯罪。这就要求行政机关按照程序将该类案件移送给司法机关，这种移送案件也就是行政执法与刑事司法衔接案件。我国《行政处罚法》第7条规定，"违法行为构成犯罪，应当依法追究刑事责任，不得以行政处罚代替刑事处罚"。由此可见，行政处罚与刑事处罚依据的是不同的实体法。行政违法中的刑事罚依附于刑法，但是我国的行政法律条文中对该类案件的移送标准过于笼统，有的无法在刑法中找到具体的罪刑规定，有的援引性刑事罚则与犯罪构成要求不统一，很多甚至以"构成犯罪的，依法追究刑事责任"一笔带过，移送标准不清这种立法缺陷容易导致它们形同虚设，为"以罚代刑"留下了空间，无疑会影响行政执法与刑事司法的顺畅衔接，进而影响法律适用效果。

（二）证据对接缺乏，移送程序随意

在程序法律规定上，行政执法与刑事诉讼是两个不同的范畴。行政机关在执法过程中，发现某一案件可能涉及刑事犯罪，将该案移送给司法机关时，行政执法证据是否可以转换为刑事诉讼证据并不明确，行政执法人员在刑事诉讼法中的法律地位也不明确。缺乏证据对接使得行政执法机关收集到的证据证明力不强、有非法证据之嫌，该类证据在刑事诉讼中难以采纳。之所以难以采纳行政执法证据，是因为行政执法证据与刑事诉讼证据遵循两套标准，有不同的证据规则，公安机关收集证据相对来说更为严谨，行政机关收集的证据混乱、无条理，该类证据无法得到公安机关的认可。待案件移送至公安机关时，又往往错失了最佳的取证时机，关键证据没能及时固定，使得公安机关不愿意立案侦查。缺乏统一证据规则，证据无法对接，将影响行政执法机关移送案件的主动性与公安机关立案的积极性，出现有案不移、有案难移现象。除了证据对接上的问题，两法衔接移送程序也存在难点。目前，行政执法涉嫌刑事犯罪案件信息的来源渠道有三种：一是行政执法机关的依法、主动移送；二是人民群众的举报；三是刑事司法机关在日常工作中自行发现，都是事后的，存在明显的先验判断和处置后移送的滞后性。为推动两法衔接案件信息共享，南沙自贸片区人民检察院积极利用"两法衔接"信息共享平台，发挥一切力量推动行政机关共享信息。但是各行政机关对信息共享平台的重视依然不够，也因为信息平台的工作较为繁琐，各单位具体经办人的工作量较大，信息共享平台输入不规范、不及时，涉嫌犯罪案件网上流转率偏低，导致"两法衔接"信息共享平台的利用率不高。

（三）刚性监督缺乏，监督实效难保障

"两法衔接"工作机制的主体几乎涵盖全部的政府行政执法部门，但一直缺少全面协调的有关法律规定，导致检察机关规制权威性不够，各部门各单位各自为政。针对行政机关不移送涉嫌犯罪案件，检察机关尚无切实有力的惩戒措施和解决办法，相关检察意见、检察建议等手段约束力不强，未能引起行政机关的重视，导致"两法衔接"工作开展不力。就刑事立案监督来说，刑事立案监督是刑事诉讼法赋予检察机关的重要权力。对行政执法与刑事司法衔接案件的监督主要是检察机关通过立案监督来实现。我国《刑事诉讼法》第113条规定，"人民检察院认为公安机关对应当立案侦查的案件而不立案侦查的……应当要求公安机关说明不立案的理由。人民检察院认为公安机关不立案理由不能成立的，应当通知公安机关立案，公安机关接到通知后应当立案"。这些表述中只强调公安机关"应当"如何做但并未规定不这样做的法律后果。如果公安机关拒不立案怎么办呢？根据《人民检察院刑事诉讼规则（试行）》第560条，"公安机关在收到人民检察院的通知立案书后超过十五日不予立案，人民检察院应当发出纠正违法通知书予以纠正。公安机关仍不纠正的，报上一级人民检察院协商同级公安机关处理。"可见，检察机关只能将其认定为"违法"，发出纠正违法通知书，对于公安机关仍不纠正的，别无他法，只能报请上级协商处理。由此可见，检察机关对于公安机关的立案监督显然是"柔性"的，监督实效难以保障。

五、自贸区行政执法与刑事司法衔接对策

克服自贸区行政执法与刑事司法衔接中有案不移、有案难移、以罚代刑等现象,实现行政处罚与刑事处罚无缝对接,需要多单位联动、多管齐下,对症下药。一是完善行政立法,明晰移送标准;二是健全衔接机制,统一证据标准;三是整合监督网络,形成监督合力。

(一)完善行政立法,明晰移送标准

我国现行行政法律中规定的刑事罚则是依附于刑法的,这种立法方式存在弊端,不利于行政处罚与刑罚的衔接。而国外的行政执法与刑事司法衔接,在立法上采用的是行政刑罚制。行政刑罚是国外一种比较早的立法例。行政刑罚是指在行政法中设置具有独立罪名法定刑的刑法规范。① 鉴于此,笔者认为我们不妨借鉴国外经验,在行政法律中直接规定罪名、罪状、法定刑,以有效解决行政处罚和刑罚的衔接。自贸区作为改革的先行地、试验区,面对行政执法向刑事司法移送难的问题,自贸区检察机关与自贸区行政执法机关也应敢于担当,先行先试,结合自贸区域内案件特点,推动"两法衔接"工作的开展。如抓住金融、知识产权等重点工作的"两法衔接"。以南沙自贸片区人民检察院为例,2016年,该院正式出台《服务保障中国广东自由贸易试验区广州南沙新区建设实施意见》,其中对探索开展金融检察工作尤为重视。在自贸试验区建设中,金融创新是最受关注的部分,该院成立金融刑事检察组,加强金融犯罪案件专业化办理,提前介入重大金融犯罪的侦查。需要积极参与南沙片区金融市场综合监管,强化与银行、保险监管机构合作;打击利用地下钱庄、离岸公司进行的跨境有组织洗钱犯罪活动,联合开展新型金融犯罪风险预警和防范,促进人民币国际化、人民币跨境双向融资、自由贸易账户管理等金融创新政策的健康实施。南沙自贸片区检察机关这一系列措施促使办案朝专业化方向发展,也使两法衔接移送标准更为明晰,同时强调在办案中发现问题,做好风险防范预警,加大了对金融、知识产权等领域两法衔接的监督力度,确保自贸区改革探索在风险可控的前提下顺利推进。

(二)健全衔接机制,统一证据规则

梳理现有的行政执法领域,包括税务、烟草、药监、工商、检验检疫、海

---

① 陈兴良:《论行政处罚与刑罚处罚的关系》,载《中国法学》1992年第4期。

关、海事等,在各个行政执法领域内建立相应的衔接机制。对"两法衔接"的程序机制进行了深入、全面、充分的研究,包括从行政执法机关移送的程序,到司法机关对移送案件的受理及处理程序,以及证据收集与转化程序,检察监督等几乎"两法衔接"中涉及的所有问题。[①] 具体来说,一是建立联席会议制度,各行政执法机关、公安机关和检察院定期召开联席会议,对近期或某一段时间内的行政执法与刑事司法衔接案件进行情况通报,对行政执法与刑事司法衔接过程中存在的问题以及难点进行梳理,提出解决方案。二是依托现有的互联网技术,建立信息共享平台,进一步发挥"两法衔接"信息共享平台的作用。信息共享平台以案件线索和基本状况为架构,可以将行政处罚结果、法律文件、案件处理程序等信息上传至平台,使整个案件处理流程一目了然。各行政执法机关与司法机关信息和数据互联共享,方便司法机关调取证据,提前介入案件指导侦查。进一步改善和提高信息共享平台的技术,充分利用物联网、云计算、机器学习、数据挖掘、人工智能等技术,运用现代信息技术实现行政执法机关、公安机关、检察机关之间执法、司法信息互联互通,积极推进网上移送、网上受理、网上监督,提高衔接工作效率。三是统一证据标准,对于在行政执法过程中收集到的证据如何转化为诉讼证据要有统一规则,笔者建议将某些行政执法证据直接转化为诉讼证据,如行政执法笔录等。虽然我国关于行政违法性案件的证据是否可以直接运用于刑事侦察这一领域的规定尚为空白,但如果能够通过信息共享平台实现证据收集的统一归结整理能有效减轻司法机关的工作压力。因此,在"两法衔接"领域中,可以利用信息共享平台,通过数据整理与分析,将某个案件所属性质、证明力度大小以及不同证据与其所涉及的行政违法或者刑事犯罪的关联性予以分析,并将分析结果运用至案件审理过程。这一举措能够使行政执法与刑事司法衔接机制更加完善。当然,司法机关也应加强与行政执法机关的沟通,对行政执法人员取证方向提供指导和帮助,这样便于及时固定证据。

(三)整合监督网络,形成监督合力

目前,对行政执法与刑事司法衔接的监督并非没有,而是未能有效整合。对"两法衔接"案件的监督主要依赖于检察院的立案监督。2012年新修改的

[①] 周佑勇、刘艳红:《行政执法与刑事司法衔接的程序机制研究》,载《东南大学学报》(哲学社会科学版)2008年第1期。

《公安机关办理刑事案件程序规定》，公安机关对移送案件进行审查，"认为没有犯罪事实，或者犯罪事实显著轻微、不需要追究刑事责任，依法不予立案的，应当说明理由，并将不予立案通知书送达移送案件的行政执法机关行政执法机关"（第177条）；《行政及时意见》第7条，行政机关对公安机关不立案的复议决定仍有异议的，可以建议人民检察院依法进行立案监督。由此可见，检察院对建议行政执法机关将案件移送至公安机关，公安机关不立案的，检察院可以发出要求说明不立案的理由，理由不成立的，应当立案。例如南沙自贸区人民检察院在2017年4月21日收到广州市南沙区市场和质量监督管理局移送的广州市峰岩泉饮料有限公司涉嫌假冒注册商标案，经审查后，于2017年4月25日向广州市南沙区市场和质量监督管理局发出了《建议移送涉嫌犯罪案件函》，后广州市公安局南沙区分局未立案侦查。南沙自贸区人民检察院核实情况后开展立案监督，于2017年5月20日对广州市公安局南沙区分局发出《要求说明不立案理由通知书》，广州市公安局南沙区分局于2017年5月22日决定对该案进行立案侦查。这是一起成功的立案监督案例。但是如前面问题中所述如果公安机关拒不立案，人民检察院发出纠正违法通知书予以纠正。公安机关仍不纠正的，只能报上一级人民检察院协商同级公安机关处理。可见，检察院的立案监督还是一种"柔性"监督，对"两法衔接"案件的监督不能仅仅依靠检察院的立案监督，还应当整合其他监督，如行政监督、党内监督、舆论监督等。一是将行政执法与刑事司法衔接案件纳入平时绩效考核，绩效考核成绩与行政执法人员的工资福利待遇等个人利益挂钩，激发行政执法人员移送案件的主动性；二是充分发挥行政监督，对应移不移、移送不立案件，追究直接领导干部的领导责任；三是对借助网络平台，对重大案件进行通报，接受公众监督。只有织牢监督网络，才能将行政权力关在制度的笼子里，减少"两法衔接"领域的行政腐败问题。

粤港澳大湾区民事公益诉讼原告主体资格制度比较研究

何婷婷[*]

【摘 要】 随着时代的演进，科技的发展，损害国家利益和社会公共利益的违法现象已成为转型中的中国社会亟待解决的问题，而保护社会公众利益的最佳途径是构建民事公益诉讼制度。因而，本文在厘清民事公益诉讼主体相关概念和制度的基础上，分析了我国民事公益诉讼原告主体资格制度中所面临的困境，并借鉴港澳地区等域外关于民事公益诉讼制度的先进经验，为完善公益诉讼的原告主体资格制度提出设想，以期能为我国公益诉讼原告资格的主体认定和制度构建提供些许理论价值。

【关键词】 公益诉讼 民事诉讼 原告资格

一、民事公益诉讼原告主体资格的释义及相关制度经验

（一）民事公益诉讼及公益诉讼原告主体资格释义

1. 公益诉讼与民事公益诉讼

公共利益是全体社会成员或一部分特定的成员所共同获得，具有维护经济稳定，促进经济发展的价值取向。在此基础之上的公益诉讼，彼得罗·彭梵得认为，"在诉讼过程中，只有那些诉讼目的是为了维护公共利益，要求法院判决行为人承受罚金出发的诉讼才可以被称之为民众诉讼，在该国度居住的公民都可以向法院提起诉讼"。① 也就是说，公益诉讼的核心或者目的是为了维护公共利益不受损害，社会成员向法院提起诉讼的制度。公益诉讼法律制度最初发

---

[*] 何婷婷，广州市南沙区人民检察院民行科科员，员额检察官。
① ［意］彼得罗·彭梵得：《罗马法教科书》，黄风译，中国政法大学出版社1992年版。

源于古罗马时期，所有的城市公民均得享有为保护社会公众的权利和利益而代表公共利益依法提起诉讼的权利。现代所称公共利益诉讼制度萌生于20世纪五六十年代的美国，其萌生伴随着当时社会的动荡与转型，民权运动、公益法浪潮高涨，公共利益诉讼这一新型诉讼的模式应运而生。① 民事公益诉讼，就是指法律规定的国家机关、社会组织、团体或公民个人根据宪法、法律规定，针对损害国家利益、社会公共利益及不特定第三人合法权益的民事违法行为向法院提起民事诉讼，由法院通过民事诉讼程序追究违法行为并藉此捍卫国家利益、社会公共利益的一种法律制度。②

2. 公益诉讼原告主体资格

在诉讼中，产生纠纷的原被告双方以彼此所关切的利益形态处于相互对峙的模式，并具有相互对应的权利和义务。③ 原告主体资格是原告提起诉讼以及影响案件审理走向的重要部分，其是指当出现了权力或者权利的滥用或者误用时谁可以提起诉讼，衡量的标准就是看准备起诉的主体与该行为的利害关系。④ 传统的诉讼主体资格理论把利害关系严格限定为直接的利害关系，即是说只有当个人合法财产或者人身权利受到直接侵害时才有资格起诉获得救济。在私法中，这个原则是通行的，并且可以从严适用；但在公法中，只有这个原则显然是不够的，因为其忽略了公法保护公共利益的特点。随着工业化和市场化进程的加快，环境污染、消费者权益受侵害等损害公共利益的案件逐步增加。在这些公益诉讼案件里，作为诉讼的发起者原告的目的就不局限于只关注个人私利，更多的是其所代表的社会公众所赋予其维护社会公共利益的职责。与之相对应的被告却恰恰相反，其所追求的利益是有利于自身的价值。基于这种公私利益的考量，显然公共利会被优先考虑，这个结论在各国已经达成共识，被一贯遵循。⑤

---

① 许婧：《试论公共利益诉讼的新发展》，载《赤峰学院学报》（哲学社会科学版）2013年第4期。
② 张艳蕊：《民事公益诉讼制度研究》，中国政法大学2005年博士学位论文。
③ [日]新堂幸司：《新民事诉讼法》，林剑锋译，法律出版社2008年版。
④ 颜运秋：《公益诉讼理念研究》，中国检察出版社2002年版。
⑤ 刘平：《公共利益与私人利益之平衡路径》，载《河南财经政法大学学报》2005年第5期。

（二）港澳地区关于公益诉讼原告主体资格的经验

1. 香港特别行政区的公益诉讼原告主体资格的规定

《香港特别行政区基本法》第三章致力于对香港居民的根本的政治、经济、社会和文化权利的保护，为启动公益诉讼提供了强有力的法律根据。香港民事公益诉讼案件主要集中于以下两个方面：一是环境保护，如与保护维多利亚港、港珠澳大桥项目以及第三机场跑道相关的案件；二是文化遗产维护，如与皇后码头相关的案件。香港的公益诉讼经由司法复核而启动的，公益诉讼的当事人所遇到的最大的困难是申请获得司法复核许可阶段的出庭权利。是否有出庭权利在于审查申请人是否在申请所涉事宜中有"充分的利害关系"，法院通常要审查申请人是不是"受到特定决定不利影响的人"，以及相法律是否给予申请人寻求救济的权利。香港有关公诉讼的起诉资格目前被香港法院所采纳的判断方法有三种：（1）争议性标准，即仅仅考虑案件是非区直；（2）私利标准，即仅考虑是否受到他所质疑事宜的侵害；（3）中间路线法，即法院既会考虑案件的是非曲直，也会考虑申请人在被质疑的事宜中的私人利益，以及所有其他相关因素（包括被质疑事宜的公共重要性），以决定申请人是否有"充分的利害关系"。如果被质疑的事与环境保护相关，法院在处理出庭权问题的时候通常更愿意纳较为轻松的方法，相反，如果被质疑的有更多的政治性，法院似乎更不愿意批准许可。①

2. 澳门特别行政区的公益诉讼原告主体资格的规定

《澳门民事诉讼法典》第 59 条题名为维护大众利益之诉讼，规定："对于尤其旨在维护公共卫生、环境、生活质素、文化财产及公产，以及保障财货及劳务消费之诉讼或保全程序，任何享有公民权利及政治权利之居民，宗旨涉及有关利益之社团或财团，市政厅以及检察院，均有提起以及参与之正当性。"享有公益诉权和参与权的主体包括：任何公民、有利益关涉之社团或财团以及市政厅与检察院。第一类主体则较广泛地确认了诉讼资格的主体范围，相较于一般民事诉权要求"原告与对方当事人之间存在直接的利害关系"的主体资格相区别，赋予了广大公民对社会持续和谐发展进行关注的同时可诉诸行动与参与的权利。第二类主体为社团或财团，它们在澳门环境公益诉讼中发挥着积极的作用。澳门的社团和财团的设立与运行的法律手续并不复杂，相关部门的操作效率与程序相当专业。澳门是一个社团社会，大批量的非官方、非营利、自主

---

① 蔡迪云、林峰：《香港公益诉讼制度概述》，载《中国法律》2015 年第 3 期。

自治的民间组织活跃于社会的各个领域，有效地发挥公益诉讼的机能。第三类主体是市政厅与检察院，即民政总署与检察院。民政总署的职能为民事法律赋予的职能，检察机关可以在行政机关不作为或消极作为的情况下在较为中立的渠道发挥维护环境公益的职能。①

二、民事公益诉讼原告主体资格制度的现实困境

（一）检察机关作为公益诉讼原告的受案范围过于狭窄

最高人民法院《关于审理环境民事公益诉讼案件适用法律若干问题的解释》对于原告主体身份作出规定②，最高人民检察院公布的最高人民法院、最高人民检察院《关于检察公益诉讼案件适用法律若干问题的解释》规定，检察机关在履行职责中发现破坏生态环境和资源保护、食品药品安全领域侵害众多消费者合法权益等损害社会公共利益，在没有适格主体或者适格主体不提起诉讼的情况下，可以向人民法院提起民事公益诉讼。可以发现，检察机关提起或参与的公益诉讼仅仅被列举了环境污染、食药安全等公害案件。在从计划经济向市场经济的转轨过程中，也伴随着一系列新型社会公害现象的产生，这些案件均具有案情重大、影响面大以及具有公诉之必要的特点。对于这些损害国家利益和社会公共利益的行为，若不实行适当的国家干预予以制止，势必会严重影响和制约市场经济的健康发展，扰乱正常的社会经济秩序。检察机关在我国所有的国家机关中作为最适合代表国家利益和社会公共利益的诉讼主体，应当赋予检察机关对于这些公害案件的诉讼权利，以及应当随着社会主义市场经济不断发展而带来的新的社会问题而不断完善。

（二）对于"法律规定的机关"的规定不明确

根据《民事诉讼法》第55条第1款规定，"法律规定的有关机关和有关组织"、人民检察院得在法定情形下向人民检察院提起民事公益诉讼的规定，根

---

① 王华：《澳门地区公益诉讼制度现状及发展》，载《中国法律》2015年第3期。
② 最高人民法院《关于审理环境民事公益诉讼案件适用法律若干问题的解释》第2条规定："依照法律、法规的规定，在设区的市级以上人民政府民政部门登记的社会团体、民办非企业单位以及基金会等，可以认定为环境保护法第五十八条规定的社会组织。"第3条规定："设区的市、自治州、盟、地区、不设区的地级市，直辖市的区以上人民政府民政部门，可以认定为环境保护法第五十八条规定的'设区的市级以上人民政府民政部门'。"

据立法原意，可以提起公益诉讼的机关，应当具有明确的法律依据。纵观我国现行法律，目前有明确的法律依据能够提起民事公益诉讼的机关只有两类：一是由《中国海洋环境保护法》第 90 条第 2 款明确规定的 "依照本法规定行使海洋环境监督管理权的部门"；二是作为检察机关的人民检察院得以在法定情形下提起民事公益诉讼。

（三）对于 "有关组织" 的规定不完善

根据《环境保护法》规定，"符合条件的社会组织" 可以提起诉讼，《消费者权益保护法》及相关司法解释，中国消费者协会以及省级级别以上的消费者协会，有权利在适当的情形下代表消费者对侵害众多消费者合法权益的行为向适格的人民法院提起 "公共利益诉讼"。最高人民法院《关于审理矿业权纠纷案件适用法律若干问题的解释》，勘查开采矿产资源造成环境污染，或者导致地质灾害、植被毁损等生态破坏，法律规定的机关和有关组织提起环境公益诉讼，但不影响因同一勘查开采行为受到人身、财产损害的自然人、法人和其他组织依据民事诉讼法提起诉讼。在我国相关法律和司法解释中，对于符合公益诉讼主体资格 "有关组织" 的规定仅有上述法律进行了规定，在其他法律中却鲜为少见有相关主体资格的明确的规定。

（四）公民个人作为公益诉讼原告主体没有被法律予以确认

目前，法律对于公益诉讼中原告的规定仅限于检察机关和法律规定的有关组织①，而对于公民能否作为公益诉讼的原告目前则没有明确的法律规定。由于作为诉讼基础的利益纠纷的社会公共性——诉讼的公益价值诉求，要保护和救济因违法行为受到侵害或威胁性损害的普遍公众利益，按照传统的当事人理论来衡量原告适格已经不再具有实际意义了。所以，公益诉讼的控诉方涉及必须突破传统诉讼形态下诉权专属于 "直接利害关系人" 的思维定式②，通过法律直接赋予公民个人的独立诉权来扩大原告主体范围，从而保障任何公民均有权为

---

① 《中华人民共和国民事诉讼法》第 55 条第 1 款规定："对污染环境、侵害众多消费者合法权益等损害社会公共利益的行为，法律规定的机关和有关组织可以向人民法院提起诉讼。"

② 突破传统诉讼形态下诉权专属于 "直接利害关系人" 的思维定式，并非是对其进行否定和抛弃，直接利害关系人当然可以作为公益诉讼的原告主体，而且这是最普遍的情形。不过这时的直接利害关系人则不仅仅只是代表其自身的个人利益，而是应代表包括其自身在内的广大同类人的共同利益，否则这就不是公共利益，而仅仅只是传统的私益诉讼。

维护社会公共利益来代表国家起诉违法行为人。另外，从公益诉讼的本质及其所追求的诉讼价值来看，公共利益的最终指向者是社会公众。民治政治所依据的原则就是认为使社会治理完善是人人有份的事，其实力就是依赖于社会所有的一切大公无私的活动和智慧的集中。① 依法治国也必须要靠国家公民参与到法律的执行和实施中，民治不兴，法治则难成。公民作为最直接感受公共利益的亲历者，在提起诉讼中具有检察机关和其他组织不可比拟的实在感，能够最先发现问题，形成对侵害社会公共利益行为有效震慑的监督制约，增强公益诉讼的主动性。

三、民事公益诉讼原告主体资格制度的完善路径

综观港澳的民事公益诉讼制度的理论研究和司法实践，着眼国内现有研究和现实国情，若要完善我国现行民事公益诉讼主体制度，势必要进一步拓宽民事公益诉讼原告资格的范围，对人民检察院、其他机关、有关组织和公民个人四者进行合理规制与调配，构建多方面、全方位的民事公益诉讼主体制度，从而更深入更全面更高效更有建设性地来维护社会上公共权利和公众利益。

（一）完善检察机关公益诉讼原告主体地位的规定

应当通过立法明确人民检察院提起民事公益诉讼时作为原告的诉讼身份。检察机关提起民事公益诉讼时，应当赋予其诉讼当事人的地位，亦即等同于传统民事诉讼的原告地位。首先，民事公益诉讼原告资格的规定不应当突破民事诉讼的基本原则。人民检察院作为国家机关，相较于作为民事主体的对方当事人明显具有优势，在民事公益诉讼中将其作为公权力代表，则会造成双方当事人诉讼地位的失衡。同时，现有法律通过限定其提起公益诉讼的范围、规定诉前程序等方式限制其过大权利，也应当视为保障民事公益诉讼中当事人双方权利义务的对等与平衡。② 其次，人民检察院是国家的法律监督机关。人民检察院代表了所要保护的国家利益和大众利益，其职能要求它承担对国家和社会进行社会监督的职责，切实保护国家和人民群众的人身、财产利益。因而，人民检察院有必要、也有动力代表人民提起民事公益诉讼，本质上就是履行原告诉

---

① ［英］詹姆斯·布赖斯：《现代民治政体》，张慰慈译，吉林人民出版社2001年版。
② 阮少华：《检察机关提起民事公益诉讼的现状与设想》，载《法制与经济》2014年第9期。

讼权利的表现。① 最后，检察机关可以充分运用国家赋予它的调查权、取证权和监督权等法定权力，更加高效便利地调查取证、保护公众利益；检察机关的工作人员更具有调查举证和法庭辩论的经验，能够更专业地履行诉讼的职能。

（二）进一步对特定行政机关明确授权

通过特别法明确特定领域内的特定行政机关享有民事公益诉讼原告资格。从我国现行法律已经采取的"法律规定的机关"这一表述来看，我国民事诉讼法要求享有民事公益诉讼原告资格的机关应当由法律明确授权。② 而在中国现行法律中，仅有《中国海洋环境保护法》《生态环境损害赔偿制度改革试点方案》有关于结合实际情况，由相关部门提起公益诉讼的表述。同时，由于其自身的性质与特质，行政机关在特定领域提起民事公益诉讼方面有着其他主体不可比拟的优势。因此，应当综合考虑实际国情，在相关特别法中指定特定的行政主管机关享有民事公益诉讼的起诉权，并对其加以严格限定。

1. 对于涉及消费公益诉讼、环境公益诉讼等特定领域的案件，应当通过单行法赋予工商部门、环境保护部门以提起民事公益诉讼的原告资格。

2. 对于与案件涉及的公共利益有一定关联但并非主管单位的其他特定领域行政机关，若是对于公共利益的维护起积极作用的，也可以赋予其督促或参与民事公益诉讼的权利，但不可以作为民事公益诉讼的提起主体。③

3. 对于行政机关提起公益诉讼的，人民法院应当事前审查其是否已经用尽了法律法规的行政执法措施，若答案是否定的，则人民法院亦不应当受理。

（三）完善对于"有关组织"的规定

我国民事公益诉讼的主体在民事诉讼法条文中明确表述为"法律规定的机关和有关组织"。因此，在对"有关组织"这类起诉主体进行界定时，需要做仔细甄别。

1. 消费者协会

《消费者权益保护法》规定省级及以上级别的消协方可以作为公共利益的主动维权主体来提起公共利益诉讼，存在能提起诉讼的范围和主体太窄小的问题，依然难以满足普通消费者的维权要求。因此，鉴于中国地域广大并且区域

---

① 张卫平：《民事公益诉讼原则的制度化及实施研究》，载《清华法学》2013 年第 7 期。
② 陈燕萍：《环境公益诉讼主体资格的逻辑考量》，载《山东审判》2013 年第 4 期。
③ 郑晶：《民事公益诉讼制度研究》，载《陇东学院学报》2018 年第 1 期。

分散的特点，基于中国消费者与地域特点相适应的分布实际，消费者协会的公共利益诉讼提起资格应当向省级以下的区域组织继续下放，以全面覆盖各区域消费者范围，更好地维护消费者的权益。①

2. 环境保护法规定的相关组织

《环境保护法》对提起环境民事公益诉讼的相关组织作出了较为明确的规定，全国有700多家社会组织可以提起民事公益诉讼。然而，对于一般的社会组织来说，专业人才不足、专业水平不够、调查取证困难、诉讼费用过高，种种问题牵制着这些社会组织不敢或不能提起公益诉讼，又或者提起公益诉讼之后只能不了了之。对于这些环保组织来说，个体的力量过于微小，应当通过协会或其他平台将各个组织联系起来，点成线，线成面，把各方的力量汇聚到一起，同时成立相关专家团队予以技术辅助支持。②只有这样，才能更好地胜任民事公益诉讼起诉主体。

3. 其他有关组织

对于民事诉讼法中所规定的相关案件的起诉主体，笔者认为，应该作不完全列举来对待，同时，我国的社会组织繁多，其能力与水平也参差不齐。所以，我们在赋予有关组织民事公益诉讼原告资格之前，务必对其从多方面进行相应的限制与审核，减少滥诉造成的司法资源浪费和恶意诉讼对社会秩序的影响。③

（四）明确公民以个人身份的公益诉讼原告主体资格

公民个体作为社会的最小分子和最直接参与者，更是社会公共利益的直接利害关系人，为避免"滥诉"或不敢诉讼两种不利后果，我国现行法律和相关司法解释却均未授权公民个人提起民事公益诉讼。然而，通过立法赋予其民事公益诉讼原告资格可以充分调动其有效参与社会发展、社会管理和公共利益救济的积极性，因此，公益诉讼的主体应该保持开放的势态，不能局限于机关、社会团体，要跳出传统当事人适格理论的藩篱④，但应当给予相应的限制与帮助。

---

① 赵红梅：《有关消费者公益诉讼的三个关键性问题》，载《中国审判》2013年第6期。
② 阮丽娟：《环境公益诉讼原告资格的司法实践分析》，载《江西社会科学》2013年第12期。
③ 侯登华：《试论社会组织提起民事公益诉讼》，载《政法论坛》2013年第3期。
④ 伍玉功：《公益诉讼制度的研究》，湖南师范大学出版社2006年版。

第一，设置合理诉前程序。公民个体作为民事公益诉讼原告来提起公益诉讼，应当是公益权利救济的最后一道防线。也就是说，应当是法律规定的检察机关、行政机关和有关组织都拒绝或拖延起诉时，公民才可以就损害社会公益的行为提起民事公益诉讼。就此，公民应当对其申请提交证据，法院应当设立审查机制进行诉前审查。

第二，设置资格审查程序。公民个体作为民事公益诉讼原告来提起公益诉讼，应当具有特定资格。① 对于公民个体提起的民事公益诉讼，人民法院应当对作为起诉主体的公民进行相应专业资格的审查。

第三，设置合理奖惩机制。为了使公民个体在提起民事公益诉讼之前能够三思而后行，应当建立合适的诉讼费用承担方式。② 如果原告败诉且无恶意，则其律师费由各自自己承担；如原告败诉且有恶意，则还需要承担被告方的诉讼费用。若被告方败诉，则由被告方同时承担原被告的诉讼费用。

第四，构建多方合作配套机制。一方面，通过搭建专门互联网平台等方式，加强公民、有关组织与有关机关的联系和协调，促进公益诉讼信息透明化公开化，提高诉讼效率。另一方面，鉴于公民的诉权行使基于穷尽救济途径且经过法院审查，那么一旦公民个体被确定为适格原告，有关机关和有关组织就应当依法对其进行必要的专业支持和技术辅助。

---

① 候丹丹：《公民提起环境公益诉讼的原告资格探析》，载《黑龙江生态工程职业学院学报》2017年第6期。

② 唐玉富：《公益诉讼原告主体范围之扩张》，载《浙江工商大学学报》2015年第2期。

区块链技术在检察机关提起公益诉讼中的具体应用

——以广东自贸区南沙片区人民检察院实践为样本

贺之隽* 袁训文** 莫丽华***

【摘 要】 当前检察机关办理公益诉讼案件普遍存在案件线索发掘难、违法证据收集难和补偿费用鉴定难等问题。通过广东自贸区南沙片区检察院区块链存证平台试点应用实证研究，剖析区块链技术在检察机关提起公益诉讼应用中遇到存在的阻碍，探索和完善区块链技术在检察机关提起公益诉讼中的理想应用场景。

【关键字】 民行检察 区块链 公益诉讼 实证研究

自由贸易试验区立足于改革开放排头兵、创新发展先行者的角色定位，为我国全面深化改革和扩大开放探索新途径，积累新经验。自由贸易试验区检察机关应紧紧围绕聚焦自由贸易试验区的国家战略，找准检察机关保障、促进和服务辖区公益的定位及切入点，在新时代积极探索高新科技在检察机关提起公益诉讼中的具体运用，着力解决目前公益诉讼案件办理面临的难题，并形成可复制、可推广的高科技办案经验，为自由贸易试验区公益环境保驾护航。区块链作为一种分布式共享数据库技术在各领域的应用研究方兴未艾，[①] 区块链技术分布式、透明性、可追溯性等特点与检察机关提起公益诉讼的部分理念吻

---

* 贺之隽，广东省广州市南沙区人民检察院民行科科员，检察官助理。
** 袁训文，广东省广州市南沙区人民检察院技术科科员。
*** 莫丽华，广东省广州市南沙区人民检察院案件管理中心科员，检察官助理。
① 参见王毛路、陆静怡：《区块链技术及其在政府治理中的应用研究》，载《电子政务》2018年第2期。

合,将该技术应用于检察工作必将带来不可估量的影响。广东自贸区南沙片区检察院(以下简称"南沙自贸区检察院")公益诉讼工作为与区块链技术的发展保持适配性,加强区块链这一新兴技术的应用,突出民行检察工作中的区块链技术原理与优势,为完善区块链在检察业务领域的应用提供"南检经验"。

一、区块链技术与检察机关提起公益诉讼融合的意义

(一)撇开"比特币"谈技术

区块链技术起源于"比特币"(bitcoin)。"比特币"是基于无国界的对等网络,用共识主动性开源软件发明创立的一种新型数字加密货币,化名"中本聪"的学者于2008年末发表论文中《比特币:一种点对点的电子现金系统》[①]提出此概念。区块链是应用于比特币的底层支持技术,随着学者的关注和深入研究,发现区块链技术具有重要、颠覆性的应用价值。区块链,实质上是基于对等网络,利用密码学原理,通过信息技术来实现的去中心化分布式可靠数据库的技术方案。区块链技术具有去中心化、数据极难篡改和伪造和全网共享账本等无可比拟的优势。[②]至今为止,区块链技术大致经历了三个发展阶段,分别是起源阶段、以数字货币为标志的"1.0时期"和以智能合约为特点"2.0时期"。"2.0时期"的区块链技术的主要特点包括:智能合约,即区块链系统中的应用,是已编码的、可自动运行的业务逻辑,通常有自己的代币和专用开发语言;分布式应用(DAPP),包含用户界面的应用,包括但不限于各种加密货币,如以太坊钱包;虚拟机,用于执行智能合约编译后的代码。[③]目前,我国区块链生产链条已经形成,从上游的硬件制造、平台服务、安全服务,到下游的产业技术应用服务,到保障产业发展的行业投融资、媒体、人才服务,各领域的公司已经基本完备。区块链领域正吸引越来越多的创业者和资本入场,成为创新创业的新高地。[④]

(二)检察机关提起公益诉讼存在的难题

历经两年试点,检察机关提起公益诉讼于2017年民事诉讼法和行政诉讼

---

① See Satoshi Nakamoto, Bitcoin: A Peer-to-Peer Electronic Cash System, https://bitcoin.org/bitcoin.pdf.
② 参见赵刚:《区块链:价值互联网的基石》,电子工业出版社2016年版,第12页。
③ 参见工信部信息中心:《中国区块链技术和应用发展白皮书》(2016)。
④ 参见工信部信息中心:《2018年中国区块链产业白皮书》。

法修改后正式确立下来。目前，公益诉讼案件的办理普遍存在三大难点：第一，案件线索发掘难。基层检察机关民事行政检察工作普遍均存在案源少的问题，公益诉讼亦不例外。由于公益所涉范围过广，检察机关获取公益诉讼案件线索的渠道少，且通常以媒体曝光、群众举报、其他部门或单位移送线索等方式被动掌握线索，故难以主动发现并开展公益诉讼工作。第二，违法证据收集难。检察机关办理公益诉讼案件收集证据的方式通常是询问相关证人、当事人及现场勘查取证。由于民行检察部门所具备的调查权威慑力较弱，面对有时证人、当事人不愿配合的情况，则难以掌握案件相关关键线索，不利于推进下一步的工作。而现场所勘查到的证据往往难以确定受损现状，故难以解决认定违法行为起始时间、收集初始违法证据等难点问题。第三，补偿费用鉴定难。通常来说，环境等公益所遭受的损害具有隐秘性和长期性，短期内可能难以完全显现，故对于所涉区域的环境污染、破坏严重程度的鉴定及评估问题存在极大的难度。

（三）检察机关提起公益诉讼基于区块链的解决思路

由于检察机关办理公益诉讼案件存在前文所述的三大难点，导致有关工作的开展受到了较大的阻力。从技术理论层面而言，区块链技术的相关特性，恰恰可以帮助解决当前检察机关提起公益诉讼的部分难题。区块链主要发挥两个作用，首先是拓宽检察机关公益诉讼线索的来源，通过在区块链存证平台接入生态环境、食品药品安全、国有土地等相关的数据流，在保证数据真实有效的基础上，及时发现数据的变化。通过智能合约推送实现风险防范，让相关业务数据实现有效传导，降低检察机关与相关职能部门的合作成本，有助于检察机关从相关业务数据的变化中发现线索，在发现线索的同时还可以实现安全存证，提高取证效率。其次，区块链具有不可篡改性，利用区块链储存证据可以有效解决传统存证面临的安全问题。在证据生成时被赋予时间戳，证据存储固定时通过比对哈希值来验证数据完整性，在传输过程中采用不对称加密技术对证据进行加密保障传输安全，充分保障了证据真实性和安全性。在取证环节，由于区块链存证方式为分布式存储，允许检察机关、法院等多个节点在联盟链上共享证据，理论上可以实现秒级数据传输，降低取证时间成本，优化诉讼流程，进一步提高多方协作效率。区块链在司法方面的适用例子越来越多，例如微众银行联合广州仲裁委、杭州亦笔科技三方共同研发基于区块链的"仲裁链"。2018年2月，广州仲裁委基于仲裁链出具了业内首个裁决书，标志着区块链书在司法领域的真正落地并完成价值验证。① 理想中的"检察公益诉讼链"借助区块链技术，实时保存数据通过智能合约形成证据链，满足证据真实性、合法性和关联性的要求，实现证据及流程标准化，从而提高诉讼效率，降低司法成本，更好地实现保护公益之价值。

二、区块链在检察机关提起公益诉讼中的具体实践

南沙自贸区检察院自2018年2月开展区块链存证平台试点工作以来，该院已成功应用区块链技术办理1件非法倾倒垃圾污染环境案及1件非法占用农用地案。

（一）案情介绍

1. 非法倾倒建筑废料污染环境公益诉讼案

自2018年1月起，每天都有来路不明的泥头车将大量建筑废料和建材垃圾偷运至广州市南沙区规划建设的凤凰湖4号湖，涉案人员违法将大量建筑废料倒入湖中。截至2018年3月，上述湖泊周边及湖面已散布大量建筑垃圾和生活垃圾，对周边居民生活和生态环境造成了较大的影响。

2. 郭某福非法占用农用地公益诉讼案

2017年1月至2018年1月，郭某福承租位于广州市南沙区东涌镇某花场的20.07亩基本农田，并私自改变该农田的用地性质，对该农田进行硬化处理，用于出租给他人存放建筑机械进行牟利，致使其中的19.884亩基本农田遭受严重破坏。2017年4月起，广州南沙区国土资源和规划局多次向郭某福发出责令改正国土资源违法行为通知书和行政处罚决定书，要求郭某福停止非法占用和毁坏基本农田的行为，恢复土地原状，郭某福拒不执行。

上述两案在办理过程中所面临的难题基本一致，即现场勘查取证难以确定违法行为起始时间、持续时间及无法对损害前后样貌进行对比，难以具体地确认相关违法侵害事实，对损害结果进行评估量化。

（二）检察机关提起公益诉讼运用区块链技术所获成效

基于区块链技术所具备的可溯源、不可篡改、数据永存、全程追索等特

---

① 参见工信部信息中心：《2018年中国区块链产业白皮书》。

性，检察机关在办理上述两案过程中，通过现场走访调查的同时，应用区块链存证平台，将涉案现场的定位发送给从事区块链驱动技术的专家进行卫星数据分析。通过将卫星遥感图像数据接入区块链存证平台，在数据提供方的服务器端部署算法，以现场地理位置为基础，开展卫星影像处理、数据分析，分析得出涉案现场的具体情况。检察人员不仅能充分掌握现场区域被污染、破坏前后样貌的对比情况，为判断涉案建筑余泥倾倒、土地硬化持续时长、固定期间内垃圾堆放、土地硬化面积、范围的变化及速率等起到较大的辅助作用，而且能够更为具体地确认相关违法倾倒、土地破坏行为，认定涉案事实及危害性。可见，运用区块链技术，可以有效保障数据的生成、存储、分析及发现等技术流程真实可信，最大程度保障数据提供方的隐私，有效解决了公益诉讼调取案发前证据难的问题。另外，待被污染、破坏现场后期的修复整治完毕后，可再次运用该区块链存证平台，掌握经修复整治后的现场情况，为现场后期修复整治所达到的效果提供对比依据。定时运用该平台有助于检察人员跟进、监督涉案现场的后期使用、发展情况，以便发现其再次遭到污染、破坏等情况能够及时处理。上述两案在区块链技术的协助下实现高质高效办结，其中，非法倾倒垃圾一案仅在4个工作日内即查清了全部事实，并依法对行政机关履行了诉前程序，督促行政机关依法履职。经行政机关积极清理，该湖现已基本消除污染。非法占用农用地一案仅用不到一个月的时间即成功办结，相较从前同类型案件的办理时间缩短了50%。

（三）检察机关提起公益诉讼运用区块链技术过程中存在的问题

毋庸置疑，区块链技术与公益诉讼的融合，能够有效补足案件线索，对检察人员高质高效结案起到了良好的辅助作用。但必须承认的是，将区块链技术运用于公益诉讼的探索仍处于初级阶段，各方面尚未成熟。在实际办理案件的过程中，检察办案人员认为有以下几个方面应予以改善，以便区块链技术更好地为公益诉讼发挥效用：

1. 区块链技术对接的数据源有限

目前，南沙自贸区检察院运用区块链技术所办理的两起生态环境与资源保护类公益诉讼案件，均是通过将卫星遥感图像数据接入区块链存证平台，分析得出涉案区域被污染、破坏的情况，而对于食品药品安全、国有财产保护、国有土地所有权出让等类型公益诉讼案件，该院尚未进行有效的探索与尝试。究其原因，检察机关与食药企业、相关国有企业和有关职能部门之间未能实现有效的数据对接，以致区块链技术所覆盖的特定领域较为狭隘。在国家利益或社会公益遭受损害时，由于缺乏相应的数据源，难以达成理想中的快速获取相关线索状态。同时，本设计为拓宽线索来源所用的技术，因数据流未能实现共享，反而增大了区块链获取线索的局限性。

2. 区块链技术的适用缺乏共识机制

诉讼过程中，认定案件事实的证据必须符合法律规定的要求，不为法律所禁止，否则不具有证据效力。而有效证据必须具备三大特征，即合法性、真实性及关联性。基于区块链技术真实不被篡改的特性，真实性的问题不难解决。但检察机关与其他部门机关对区块链存证没有一个共识机制，直接导致涉案证据的合法性问题不能得到有效解决，具体表现为：第一，区块链实验室及相关专家的资质问题。运用存证平台分析得出《卫星遥感影像监测分析报告》的区块链实验室及相关专家，并未获得相关领域的司法鉴定资质，或者说，目前就区块链专业人员或机构资质问题，在司法实务中尚未得到共识。第二，区块链存证、取证环节的身份认证问题。由于和传统的鉴定意见或者其他书证、电子证据有所区别，对区块链专家提供的《卫星遥感影像监测报告》到底应该采用何种收集方式才是"取证过程合法"尚待商榷。如南沙自贸区检察院收到的《卫星遥感影像监测报告》存在"核实人"一栏处无签名、机构盖章，报告上还特别注明"内容仅供参考"，该份报告是否具备证据的合法形式存在疑问。第三，法院、行政机关、相关利益群体对区块链存证、取证未达成一致认可。目前，区块链技术辅助办案仅为探索阶段，这项技术未得到司法机关、行政机关、利益群体等的完全认可，权威性尚未有效建立。因此在实践中，区块链技术分析得出的报告往往只能作为具体案件的"参考"。

3. 存证平台上数据的利用权限、流转程序等尚未完善

目前，南沙自贸区检察院并不具备存证平台数据的接收利用权限，所以实际应用方式是检察机关发现涉案被污染、破坏区域后，再运用区块链存证平台分析涉案现场情况，区块链技术在公益诉讼上的应用仍处于存证静态数据阶段。虽说案后可基于平台数据用于回溯之前的数据，但仍旧无法实现在初始违法行为事实伊始便接收到数据。这种应用存证静态数据的办案模式相对较为被动滞后，无法根据数据的改变，主动向检察机关推送流转相关数据。故此，完善区块链技术下的数据流转程序、利用权限等问题对促进公益诉讼工作开展而言尤为重要。

三、检察机关提起公益诉讼区块链应用发展前瞻

区块链技术对公益诉讼案件办理所起到的促进作用,主要是基于区块链的电子数据存证系统。该系统最大的优势是可回溯、数据永存、不可篡改,故通过将卫星遥感图像数据接入区块链存证平台,在数据提供方的服务器端部署算法,可以保证电子数据的真实可信,增强数据安全性。但目前对于区块链技术的运用现仍比较局限,尚停留在区块链存证平台的应用上,实践中暂仅起到公益诉讼案件案发后线索的补足以及存证作用。如何使区块链技术助力案件预防、监督,并充分运用到其他类型的公益诉讼案件中,笔者认为应从以下三方面进行完善。

(一)建设基于区块链的信息共享网络,扩大公益诉讼线索来源

目前在检察机关、行政机关、企业之间虽然已建立一些传统模式的信息共享机制,但是共享数据仍存在实时性差、相互信任难等问题。尤其是公益讼诉有关数据具有涉及部门多、系统多、平台多等特点,而由于缺乏共识和信任,数据共享连接困难、安全问题等原因导致行政机关、企业不敢共享,因此探讨建设一种新的信息共享模式就有实际的意义。[1]区块链技术具有去信任、去中心化、信息不可篡改等特征,基于该技术特点,在检察机关、行政机关、食药企业之间,搭建联盟链系统,[2]各联盟节点为环保、海洋、食药、国土、城管、卫生等行政部门和食药等企业,各业务数据通过区块链系统上的节点实现点对点连接,通过区块链系统自动运行共识机制和智能合约,提供点到点的信息传递、存储和管理功能。建设基于区块链的信息共享网络,接入检察机关、行政机关和食药企业,可以解决检察机关公益诉讼线索少的痛点,同时又破除了传统信息共享模式的难点。

(二)完善信息共享流程,优化线索流转

优化数据流转权限和流程,实现公益诉讼线索自动推送,加快查案进度。首先构建智能合约。参与到区块链的检察机关、行政机关和食药企业各方,商定一份协议,规定各方的权利和义务,将协议数字化转变为机器语言,各方用

---

[1] 参见高国伟、龚掌立、李永先:《基于区块链的政府基础信息协同共享模式研究》,载《电子政务》2018年第2期。

[2] 参见史海建:《区块链原理与应用前瞻》,载《中国科技纵横》2017年第10期。

各自的私钥进行签名确保合约的有效性,可选择检察机关作为区块链的共识节点,由它代为执行把智能合约传入区块链网络中。其次产生数据上传区块链网络。当参与方有公益诉讼领域的业务数据产生时,数据产生方利用其私钥进行数字签名,制成共享表单并记账,然后传输到整个区块链上的各部门。再次是校验与反馈。各节点收到共享数据后进行验证,并通过数字签名进行反馈,根据合约规则进行提醒。最后是数据的存储。区块链上的各机构对共享数据表单进行签名后,通过网络传播验证,汇成共享总表单,通过共识节点上传至区块链,然后区块链通过智能合约进行备份且不可篡改,安全可靠地满足下次共享的需要。完善后的信息共享流程,应用区块链2.0版本中内嵌智能合约,排除人为的恶意干扰,根据公益诉讼领域、地区等情况,可将符合条件的公益诉讼线索推送至检察机关,检察官在接收到线索后在第一时间对线索进行分析处理,破除传统模式发现线索不及时的痛点。

(三)多方技术融合,为公益诉讼案件提质增效

客观来说,区块链技术有再好的发展前景,其对于检察机关提起公益诉讼也只能起到部分积极作用,只有科技的融合才能全方位助力检察机关。将区块链技术与大数据等技术进行融合,区块链技术在数据方面的开放共享、不可篡改、可追溯等特征,可以确保基于区块链的信息共享网络所收集到的线索是真实与可靠的。运用大数据技术对收集到的大量线索数据进行分析和挖掘,不断更新对线索数据的管理流程,可提高案件线索的利用效率,同时还可以对公益诉讼领域案件进行预测和研判,检察官根据研判结果对公益领域案件进行决策。

专题四

其他问题研究

浅论自贸区刑事诉讼模式的构建 *

李东翁 **

【摘　要】本文以自贸区的核心特征为视角，分享了自贸区刑事诉讼模式中关于案件管辖、审前过滤、审理程序方面的构思，分析了目前在自贸区刑事诉讼模式方面存在的争议问题，并结合司法实践进行了实证研究，以期为自贸区刑事诉讼模式的构建提供参考。

【关键词】自由贸易试验区　刑事审判　管辖　审前过滤　直接言词证据

2013年9月27日，国务院批复成立中国（上海）自由贸易试验区；2015年4月20日，国务院批复成立中国（广东）自由贸易试验区、中国（天津）自由贸易试验区、中国（福建）自由贸易试验区3个自贸区，并扩展中国（上海）自由贸易试验区实施范围。2018年4月13日，海南全岛被划为自由贸易区，支持海南逐步探索、稳步推进中国特色自由贸易港建设。目前，已有包括上海浦东新区、天津滨海新区、广州南沙区等地设立了自贸区法院。由于检法的不对称性，目前大多数自贸区法院的审理范围还不包括刑事案件，但可以预见的是，随着各地对应自贸区检察院的挂牌和成立，刑事审判必然会进入自贸区法院的视野和范围之中，因此有必要探讨和研究自贸区刑事案件的刑事诉讼模式。

一、案件管辖：秉持核心特征设立受案范围

关于自贸区刑事案件的管辖问题，是必须首先解决的问题。哪些案件该由自贸区检察院、自贸区法院管辖，是自贸区刑事诉讼的先决问题，也是核心问题。对于这一问题，目前主要有三种意见：

---

* 本文获广东省法学会检察学研究会第十二届年会征文二等奖。
** 李东翁，广东省广州市南沙区人民检察院副检察长，员额检察官。

第一种意见认为,刑事案件的管辖确定以地域管辖为原则,这是因为犯罪地是证据最为集中的地方,也是对案件审判结果最关心的群众集中居住地,人民检察院、人民法院通过对本地区刑事案件的办理,可以便于掌握本地区的犯罪规律,更好地参与社会治安综合治理。① 自贸区虽然不是行政区,但也是具有地域范围的区域,而非虚拟空间概念,因此,应当将自贸区地域范围内的刑事犯罪全部纳入自贸区刑事诉讼的范围。

第二种意见认为,地域管辖虽然是刑事诉讼确定案件管辖的基本原则,但不是唯一原则,自贸区与行政区具有截然不同的性质,运行的法律法规也有较大的差异,况且,从实际情况出发,自贸区与行政区存在交叉、重叠的情况,如洋山保税港区,就属于沪浙两地共同管理的区域②,广州南沙区也存在自贸区七大板块散落在行政区内的情况,难以行使地域集中管辖。而且,自贸区的本质特征是贸易投资便利化,其经济特征更为明显,因此,应当参照刑事案件专门管辖的规定,仅对具有显著自贸区特征的知识产权、金融等案件进行专门管辖。③

第三种意见认为,自贸区是创新的策源地,自贸区的显著特征在于制度创新④,因此,创新才是自贸区得以存在和发展的动力。而创新的关键在于人才,因此,对于自贸区刑事诉讼,应当坚持以人为本的原则,而为了贯彻这一原则,就应当吸收刑事诉讼法关于属人管辖以及保护管辖的精神,自贸区刑事诉讼范围应当界定为自贸区人员犯罪案件以及侵害自贸区单位、公司、企业及其人员的犯罪案件。对这类案件统一受理和审判,真正实现对自贸区单位以及人员的保护。

我们认为,上述三种意见都有一定的合理性,但也均有值得商榷之处。第一种意见认为应当以自贸区的地域范围确定案件管辖范围,实际上是混淆了行政区与自贸区的概念,任何经济性区域的划分,都必然依托于一定的行政区域,但行政区建置的主要目的是解决行政管理问题,而自贸区的建置是为了进行经济体制改革试验,因此,两者不可混为一谈,如果将发生在自贸区范围内的所有刑事案件都纳入管辖范围,无异于是在国家行政区内划出了新的行政

---

① 陈光中:《刑事诉讼法》(第六版),北京大学出版社 2016 年版。
② 参见《上海洋山深水港区港政航政管理办法》(2006 年 10 月 24 日)第 34 条。
③ 上海市已经出台的《上海检察机关涉中国(上海)自由贸易试验区刑事法律适用指导意见(一)》即是如此确定管辖范围。
④ 从上海、广东等地的自贸区试点总体方案中可以得出此结论。

区,不符合行政法的精神;第二种意见认为应当以自贸区的经济特征界定案件范围具有合理性和可操作性,也便于司法机关更好地服务保障自贸区建设大局,但这种意见只注重了经济改革的方面,对创新驱动改造有所忽视,实际上,自贸区经济改革的源动力就是人才,因此,单一的专门管辖也不太符合自贸区的职能定位和发展;第三种意见的问题和第二种意见相似,只注重保护创新忽视了经济改革,因此也不太符合自贸区的功能定位。而且这种意见主张对侵害自贸区单位和人员的犯罪一并管辖,实际上是主张对自贸区单位、人员的特殊保护权,但自贸区单位、人员的特殊保护应源于其经营行为和职务行为,而非其身份地位,这种做法违背了法律的平等原则,也是存在问题的。

综上,我们认为,对于自贸区刑事诉讼的受案范围,应当按照自贸区经济改革和创新驱动两大核心特征来确定,而非简单地根据自贸区所处地域来确定,也不适合对自贸区单位和人员实行超出经营围和职务范围的特殊保护,因此,对自贸区刑事诉讼的受案范围可界定为两类:一是具有自贸区经济特征的案件,主要包括金融、知识产权犯罪,可拓展到刑法分则第三章规定的破坏社会主义市场经济秩序罪和国家工作人员职务犯罪,这类犯罪往往严重破坏法治化营商环境,有必要一并予以专门打击;二是自贸区单位及其人员实施的其他刑事犯罪,理由在于自贸区单位及人员多数属于专业人才,同时工作失误和违法犯罪也应当作出专门区分,因此有必要参照未成年人检察的设置原则,予以单独办理。

二、审前过滤:消极干预原则的司法运用

明确受案范围之后,必须讨论的就是审前过滤问题。目前,我国的刑事司法起诉率很高,审前过滤功能较为弱化,2016年全国检察机关的不起诉率仅为5.5%[①],显示出我们的刑事司法还存在"一诉了之"的心态,对于案件的起诉必要性较少评估。实际上,将案件机械地诉至法院存在诸多的问题,尤其对于自贸区部分专业人才的轻微刑事案件,一律将之诉至法院定罪判刑,对企业和人才本身可能是毁灭性的打击,而刑罚的实际效果却不一定很好,甚至可能引发负面评价,因此,审前过滤在当前的司法环境,尤其是在新刑事诉讼法正式确立了认罪认罚从宽制度的语境中十分必要。

我们认为,对于自贸区刑事诉讼的审前过滤,可以参照行政法中"消极

---

① 数据来源:2016年最高人民检察院工作报告。

干预原则"。所谓的"消极干预",不是消极司法,而是对司法方式和理念的转变,具体来说,就是合理维护、扶植和监督:所谓"维护"就是以尊重和保护市场主体的法律权利和公平竞争环境为出发点;"扶植"就是尽量减少刑事裁判给涉案主体带来的成本,以促进制度创新;"监督"就是针对严重的犯罪行为进行打击,针对轻微的犯罪行为进行等价化的非犯罪化处理;针对潜在的犯罪行为进行风险预警和提醒,做到既符合自贸区制度创新需要又符合中国目前对法治秩序的维护与建设要求。

一是对严重的犯罪行为坚决予以打击。对于严重危害人民群众生活感、危害法治化营商环境,尤其是破坏市场公平竞争环境的严重刑事犯罪,坚决予以打击,用好用足检察机关的量刑建议权,在法律框架内从严惩处,履行好检察机关打击犯罪的职能,形成震慑力,这是检察机关义不容辞的光荣使命和职责。

二是对轻微的犯罪行为进行等价化的非犯罪化处理。严格区分罪与非罪的界限,对于改革中的工作失误和刑事犯罪作严格区分,确保不因刑事执法挫伤改革和创新的积极性。同时,对于自贸区单位或人员实施的轻微刑事犯罪案件,充分考虑其主观恶性和犯罪后果,结合其专业素能和个人情况,给予尽量轻缓化的处理,对于其中犯罪较轻的,给予等价化的非犯罪化处理。

值得说明的是,这里说的给予等价化的非犯罪化处理,不等于直接给予非犯罪化处理。我们认为,可以参照中国香港特别行政区、英国等国家和地区的社会服务令制度[①],要求涉案犯罪嫌疑人在一定时限内完成一定次数或时间的社会公益劳动,以弥补因其犯罪行为给社会和个人造成的伤害,我们称之为等价化的非犯罪化处理。通过这种等价化的非犯罪化处理,一方面避免了"标签效应",另一方面也使得犯罪嫌疑人在社会公益劳动中反思自我的行为,更加符合刑罚的基本精神。从域外的司法实践来看,效果十分显著。广州市南沙区检察院 2016 年制定了《涉自贸区适格犯罪嫌疑人暂缓起诉工作规程(试行)》,正式将这一制度落到实践,一年多的实践显示,该制度具有强大的生命力,取得了法律效果和社会效果的双赢,得到了上级检察机关、人大代表的一致好评。[②]

---

① 社会服务令(Community service order)是一种刑罚,为替代监禁的一项判刑选择。社会服务令既有惩罚的成分,也有使违法者改过自新的作用,一般认为起源于英国。

② 《南沙自贸区检察院首创暂缓起诉制度,感受有温度的司法》,载广州日报大洋网,http://news.dayoo.com/guangzhou/201707/17/152263_51513073.htm,2017 年 7 月 17 日。

三是对潜在的犯罪行为进行风险预警和提醒。如前所述，自贸区是经济改革和社会创新的策源地，改革和创新必然伴随着相应的风险。近年来，随着互联网的高速发展，出现了一大批新型的经营方式，包括共享经济、融资租赁在内的前沿经营方式游走在法律的空白地带，罪与非罪界限不明，这既不利于经营者进一步推动创新，也不利于社会治安综合治理，尤其是E租宝案件、快播案件、P2P系列案件的发生，更让技术创新与犯罪的界限成为急需解决的问题，在这一问题上检察机关显然应当有所作为。因此，检察机关应当充分依托整合后的刑事检察部门的力量，对于自贸区内的新型经营行为进行实时监督，对于属于创新范畴不构成犯罪的经营行为，应当监督公安机关不得介入，避免公权力的介入危害创新的孵化；对于有违法苗头的经营行为，应当联合公安机关发出整改建议，督促企业在法治的轨道上运行；对于涉嫌犯罪的非法经营行为，应当立即督促公安机关予以取缔、打击，避免涉众型经济犯罪案件的重演，给经济秩序和人民群众造成不可挽回的损失。

综上，我们认为，谦抑平和与恢复性司法已经是当前司法界的主流理念，尤其对于自贸区这一创新和改革的策源地，更应该坚持"消极干预"的审前过滤机制，发挥检察机关在服务保障自贸区经济建设方面的主观能动性，改变以往"一诉了之"的机械司法观念，从起诉、不起诉、提前介入三方面综合发挥检察机关的作用，以保障自贸区的经济安全和改革动力。

三、审理程序：繁简分流与直接言词原则

由于全国人大常委会并未授权自贸区内调整或者停止刑事诉讼法的适用，因此从总体上而言，在自贸区刑事诉讼的审理程序当然的应当适用刑事诉讼法，但这并不意味着自贸区刑事诉讼的审理程序就没有其特殊性。对于这个问题，我们还是必须回归自贸区刑事案件的特征来审视。

如前所述，我们认为，自贸区刑事诉讼的受案范围：一是破坏社会主义市场经济秩序的案件、国家工作人员的职务犯罪案件，这些案件的普遍特征是专业性强，尤其是在涉及新型经营方式的案件中，涉及大量的电子证据、书证、鉴定意见，毋庸置疑的是，目前我国的刑事司法人员素质与这类案件还不尽匹配，在司法实践中迫切需要专业人员的意见；二是自贸区单位、人员犯罪案件，这类案件如同我们在审前过滤部分中阐述的一样，主要要解决的是刑罚如何适当裁量问题，这必然关系到涉案被告人的社会危险性问题，这一问题人民

法院、人民检察院无法调查，或者虽可以调查但需要耗费大量的精力，需要司法行政部门和社会力量的协助，往往还需要调查其社会关系人的证言。而这两类案件之中的事实清楚、证据确实充分、法律关系简单的案件，要求的是快速审结，减少当事人的诉累，快速修复被犯罪破坏的社会关系。有鉴于此，我们认为，自贸区刑事诉讼的审理程序应当是繁简分流与直接言词原则的结合。

一是繁简分流，实现司法效率的提升。对于事实清楚、证据确实充分、法律关系简单，控辩双方没有争议，被告人自愿认罪认罚的案件，主要的任务是快速确定被告人的刑事责任，修复被破坏的社会关系，因此，应当用好认罪认罚从宽制度，适用速裁或者简易程序，快速审结案件。检察机关在审查起诉环节在辩护人或者值班律师的见证下与被告人签署具结书并进行证据开示，法庭在查明被告人确系自愿认罪的基础上，不再进行法庭调查和法庭辩论，径行作出判决，这也是建立审前过滤、繁简分流法治国家的一般做法。

二是直接言词原则，确保案件公正处理。对于涉案法律关系复杂，尤其是涉及新型经营方式的案件，加大当事人主义的诉辩式对抗，以直接言词原则为原则，传闻证据为例外，建构有别于一般刑事案件的审理程序，成为以审判为中心诉讼制度改革的先驱者。我们认为，这类案件专业性极强，涉案电子证据、书证以及鉴定意见的解读都需要专业人士的意见，而庭前证据由于取证主体、取证方式的限制，很难完整客观地表达专业意见，且辩方无从进行反对询问，庭审容易流于形式。尤其是自贸区案件涉及域外法律关系较多，而直接言词证据原则是域外司法审判的通行原则，如还是按照之前的审判模式，难免给域外案件相关人留下不良印象，不利于法治化营商环境的建立。因此，有必要在适用普通程序审理的案件中全面确立直接言词原则，明确无特殊情况不出庭作证接受反对询问的证言无效，以推动以审判为中心诉讼制度改革的全面落地，保证案件的公正审理，使案件审判模式与自贸区相适应。

三是推行监禁刑必要性司法审查。在自贸区刑事诉讼中，推行监禁刑必要性司法审查，即在查清被告人构成犯罪的基础上，将是否有必要对其判处监禁刑作为审理的一部分内容予以审理，并且在该部分审理中也适用直接言词证据原则。恢复性司法已经成为司法实践的主流，监禁刑的判处对于自贸区单位人员来说，不仅是标签效应问题，还极易影响企业的正常经营。正如同检察机关刑事检察部门越来越重视逮捕必要性一样，人民法院也应当对是否有必要判处监禁刑进行实质化司法调查。考虑到监禁刑必要性多数依赖于社会调查，进行社会调查的人员以及被告人的社会关系必须当庭陈述证言并接受反对询问，才能从根本上防止随意出具说明或者收买证人的情况发生。

综上，我们认为，对于自贸区刑事诉讼的审理程序，在现有的刑事诉讼流程基础上，应当坚持繁简分流，对于事实清楚、证据确实充分、被告人自愿认罪认罚的案件，适用认罪认罚从宽制度快速审结；对于法律关系复杂、专业性强的新型案件，应当以直接言词证据为原则，全面推动证人、鉴定人、侦查人员出庭，明确庭外证据只在极个别情况下可以采用。同时，在所有涉自贸区刑事案件诉讼中推行监禁刑必要性独立审查，以真正让自贸区的刑事审判符合国际视野，成为中国司法改革的先行者。

南沙自贸区派驻基层派出所检察官办公室现状与路径选择

何梓桢[*]

【摘　要】对基层派出所派驻检察官是检察机关对公安派出所监督机制健全完善的有效途径，自贸区派出基层派出所检察官办公室开展工作要点是针对自贸区特点"因地制宜"，在明确工作原则和价值取向的前提下，根据自贸区改革、经济发展态势以及公安派出所工作模式，抓住对金融犯罪和非法侦查监督的重点，使监督取得实效，实现派出所刑事工作和检察监督的双赢。

【关键词】自贸区　基层派出所　派驻检察官　检察监督

一、南沙自贸区基层派出所刑事工作现状和趋势

（一）涉自贸区基层派出所情况

广东省自贸区获批后，广东自贸区分为南沙、前海、横琴三个片区，笔者在本文中主要以所在的南沙片区实际作为探讨范围，希冀立足现状、解决实际问题为目的。目前南沙片区涉自贸区的基层派出所包括龙穴、横沥、珠江、万顷沙、东涌、黄阁、金洲、虎门等八个基层派出所，其中涉自贸区地域较多的是龙穴、横沥、珠江和万顷沙等四个基层派出所。从目前的刑事案件种类看，该四所刑事案件主要类型为毒品、盗窃类犯罪，与一般基层派出所未显现出明显不同，但商标侵权类案件已成为上述所普遍发案的类型之一。2017年1月至7月，龙穴派出所移捕12宗，分别为毒品犯罪5宗、盗窃3宗，抢劫、敲诈勒索、假冒注册商标、放火各1宗；横沥派出所移捕14宗，分别为毒品犯罪6宗、盗窃3宗、诈骗2宗，妨害公务、强奸、销售假冒注册商标的商品各1

---

[*] 何梓桢，广东省广州市南沙区人民检察院侦监科科长，员额检察官。

宗；珠江派出所移捕 11 宗，分别为盗窃 5 宗、故意伤害 3 宗，假冒注册商标、强制猥亵、传播性病各 1 宗；万顷沙移捕 1 宗盗窃。对刑事案件办理主要以刑事组或专门民警办理刑事案件两种方式，人员少的所有 3~5 名，多的也不超过 10 人，每个所均有专门负责刑事的副所长，为正科级编制。在涉自贸区基层派出所中万顷沙派出所为边防派出所，人员属边防武警，业务由区公安分局领导。目前，南沙片区对案件量较大的金洲派出所、南沙边防派出所派驻派出检察官。

（二）涉自贸区基层派出所刑事工作变化影响因素

一是经济发展将使案件类型趋于复杂疑难。2015 年至 2017 年南沙的三大自贸区板块：蕉门河中心区、明珠湾起步区、南沙湾区块都已启动，金融企业从挂牌前 100 多家增加到 1844 家，2016 年跨境电商保税进口总值达 36.9 亿元，占广州市该项业务的九成。南沙自贸试验区融资租赁企业从 30 余家增加到 297 家，合同额已达 1000 亿元以上。今年，自贸区又提出建设粤港澳大湾区。在开发进程中，侵犯知识产权类犯罪、金融类犯罪将会在上述地区多发，这些犯罪往往涉及艰深的专业知识，有时需判断是改革中的先行先试抑或犯罪，竞合、牵连交织其中，为认定是否犯罪增加了难度。另外，由于开发还引致一些妨害公务、非法拘禁、故意毁坏财物等犯罪，又可能涉及民众与政府的关系，检察监督的介入要慎重及时。二是自贸区基层派出所设置机构变化。目前涉自贸区派出所与一般基层派出所编制、人员、职责无异。经了解，无论是南沙片区或深圳前海片区，均准备设立专门涉自贸区警署，但尚未获得有关部门的批准。若建立涉自贸区警署，在人员、职责整合过程中，对派驻基层派出所检察官办公室工作提出了新的要求。

二、自贸区派驻基层派出所检察官办公室的工作原则和具体措施

派驻基层派出所检察官工作在全国检察侦查监督部门开展以来，在有些省份遇到了较大的困难，比如湖南省公安厅就下文全省公安机关要求暂停该项工作，认为条件尚未成熟，开展过程中存在诸如侦查案件秘密泄露、案件受干扰等无法厘清责任等。因此派驻基层派出所检察官办公室工作首先要确定正确的工作原则，做到监督有办法、帮忙不添乱，实现监督到位、派出所案件办理质量提高的双赢。

（一）监督到位不越位

派驻自贸区派出所检察官办工作室要自觉以履行检察职能为出发点，行使好检察监督，特别是立案监督的侦监工作职能。刑事立案是案件侦查的起点，但由于破案数等指标考核，派出所存在不破不立、压案不立的现象。因此要将立案监督作为工作重点，监督到位。工作措施上：一是除使用以往在一般翻查台账、接受控告申诉等手段发现应当立案不立案的刑事案件，及时监督公安机关立案；二是要利用现代电子手段，目前各地正积极推动电子数据共享，派驻检察官也应有这样的思维，协调派出所开放警综系统涉自贸区派出所业务权限，利用巡回查看电子档案，发现问题，减少正面冲突，了解公安机关不立案的深层原因，推动公安机关及时立案；三是杜绝僵硬监督思想，对公安机关对问题能作出合理解释，但限于客观情况未及时立案，经查证属实，应允许公安机关自行立案，无须再发出《立案通知书》。

（二）引导侦查不代查

引导侦查是侦查监督的重要职能，同时也是派驻自贸区派出所检察官重要的工作内容。有些派出检察官曾在反贪、反渎等侦查一线工作过，本身就是一把侦查好手，担任派出检察官引导侦查难免技痒，再加上派出所民警对一些案件，特别是犯罪构成较为复杂的案件，简直无从入手，对查银行、查房产、搞审计更是不在行。检察官说起来费劲，有的就忍不住亲自动手了，又或者对民警"指手划脚"，俨然回到了侦查部门负责人的岗位，这样既偏离了工作重点、容易引起派出所有意见，且违反了法律。按法律规定，侦查监督部门人员仅在立案监督、非法证据排除、侦查活动违法监督中有调查权，不具有刑事案件侦查权，因此，引导侦查必须要杜绝越俎代庖，把握好引导侦查的重点，提高工作的质量和效率。一是要清楚了解哪些案件要引导侦查。要将引导侦查精力集中在以下三类案件：新型案件，如近期以互联网为媒介的众筹集资案件；在本辖区有影响或敏感案件；类型案件，该派出所多发常发且批捕率较低的类案；派出所提出要引导侦查的案件。引导侦查不分轻重缓急，案案都去引导侦查，不单只是派出检察官工作不堪重负，而且极易导致派出所案件侦查秩序混乱，检警关系恶化。二是如何引导侦查。对于新型案件，检察官要发挥知识特长，率先研究相关法学探讨观点的争议、相关判例、北上广深等一线城市实务界如曾办理类似案件的法官、公诉人的相关观点，然后进行过滤，得出较为严谨的罪名认定和证据标准。在此过程中，要谦虚地与办案民警研讨，及时反馈观点和提出意见。对一些涉众案件，极易引发信访矛盾，公安机关在长期工作中积累了大量经验，注意倾听和消化，共同降低案件风险。对于有影响案件，如对证据标准和定性认识无模糊，只是处理结果可能会引起反响，如某些征地拆迁导致的案件，则要及时掌握侦查进展和各方情况，及时向院党组汇报，在办案中贯彻大局观。对于类型案件则要收集案例，宜采用集中授课的方式，帮助办案民警厘清犯罪构成、固定证据的方法，避免取证误区。派出所提出要引导侦查的案件，派出检察官应积极回应，依据案件的犯罪构成向民警提出侦查方向和取证要点。

（三）主动参谋不代替

南沙涉自贸区派出所面临着机构设置、案件发案类型等变化，派出所刑事案件管理和办理上，派出检察官要立足于检察职能，主动参谋，不但有利于开展检察监督工作，而且也可以使派出所的刑事案件办理质量更上一层楼。同时派出检察官要力戒由于担任派出所派驻检察官，在人员安排、与分局协调工作等方面超出工作职能不当为派驻派出所"发声"。一要掌握派驻派出所的刑事工作管理现状。派驻检察官要通过走访、座谈、案件沟通、个别聊天等多种形式，深入了解派驻派出所机构设置架构、刑事案件办理运转流程、存在短板。二要与分管刑侦副所长建立日常联系。派驻检察官不但要按派驻工作方案履行职责，除了"文来文往"，更要"人来人往"，打破工作壁垒，破除对方戒心，自觉一般每周与派驻派出所刑侦副所长通报反馈近期刑事案件审查逮捕、起诉、判决等动态情况，特别是审判中证据标准的变化。三要为派出所刑事案件管理积极建言献策。派出所在案件办理、分析上限于警力、人员素质常常流于粗糙，派驻检察官要利用知识优势，为派出所刑事案件管理和办理方面向精细化迈进。每年派驻检察官要形成书面刑事案件分析报告，对派驻派出所刑事案件全年办理情况进行回顾、整理和分析，在案件办理质量上进行评价，针对问题提出切实可行的建议和意见。

三、派驻涉自贸区检察官办公室工作开展的路径选择

随着机构改革深化，公安机关的改革也随之深入，自贸片区设立无论是按现行体制设立基层派出所，或设立警署，检察机关都要主动作为，派出巡回或

固定的检察官担任具体检察监督工作,确保工作顺利开展和进一步加强。

在自贸区担任派出检察官立足于自贸区发展的特点,工作重心与一般派出到基层派出所的检察官既有共同之处,也有其特有的重点:

(一)建构金融检察与金融监管关系

南沙自贸片区得益于政策优势,又处于大湾区建设中心地带,银行业、证券业、保险业等陆续进驻,金融犯罪案件显然未来将是自贸片区的主要类型犯罪之一。因此派出检察官要与金融监管部门建立"共存互联"[①]的关系:一是加强与金融监管部门进行信息互通和情报通报。二是利用"两法衔接"信息共享平台适时掌握应当移送而未移送的情况,并提出移送意见,及时由地域所在派出所或警署查办。三是积极协同金融监管部门、案件查办派出所或警署,通过个案加强犯罪预防和法制宣传的联动合作。

(二)侧重于侦查行为合法化的监督

自贸片区派出检察官的工作重心始终要放在避免严重违反法律侦办案件,因此要特别注意在以下四个方面进行监督:一是强化对人身自由限制的侦查行为的监督。主要通过台账审查是否合法拘留、羁押期限是否超过法律规定。二是强化对搜查的监督。主要根据公民申诉、抽查案件防止无证搜查或证据无合法来源。三是强化对扣押的监督。根据审查逮捕和起诉案件,及时发现非法扣押财产情况,派出检察官要展开调查,查明原因。四是加强技术侦查监督。派出检察官要深入了解技术侦查公安机关的规定、实际工作中的通行做法,防止滥用技术侦查手段,侵犯侦查对象的合法权利。

---

① 佟晓琳:《金融检察与金融监管的关系》,载《检察工作实践与理论研究》2017年第4期。

域外社区检察制度及其启示

——以完善派驻南沙片区检察室功能为视角

郑创彬[*]

【摘　要】 社区检察作为一种"全新"的检察理念和检察模式,从其诞生起算不过三十余载。社区检察扩大了传统检察机关的职责。检察官除了具有传统的职权与职责外,同时担负预防与打击犯罪,帮助提高本社区的生活质量,促进本社区居民参与社区刑事司法,以此拓宽与其他社区及公民团体或组织机构之间的合作空间等职责。新的形势下,特别是南沙自贸区大发展的背景下,传统检察室在参与基层社会治理中短板日趋显现,可以借鉴社区制度合理之处,进一步完善派驻自贸片区检察室。

【关键词】 社区检察　域外实践　启示

一、域外社区检察制度基本情况

社区检察（community prosecution）又称"社区导向检察"（community-orientedprosecution）,[①] 美国检察官研究院（the American rosecutors Research Institute）将其定义为"以目标区域为重点,包括在检察官办公室、执法机构、社区、公共或私人组织之间的长期、积极的合作关系,因此检察官办公室的权力被用于解决问题,改善公共安全,提高社区生活质量。"[③] 作为一种"全新"的检察理念和检察模式,从其诞生起算不过三十余载。世界上第一个社区检察

---

[*] 郑创彬,广州市南沙区人民检察院控申科科长,员额检察官。

[①] 对美国社区检察制度,我国有学者曾从检察制度的视角作过一定的介绍,可参见张鸿巍:《美国检察制度研究》人民出版社 2011 年版；王伟:《美国社区检察制度研究——兼谈对我国的借鉴意义》,载《天津法学》2014 年第 1 期；王建林:《美国的社区检察及其启示》,载《浙江学刊》2016 年第 3 期。

[③] 王建林:《美国的社区检察及其启示》,载《浙江学刊》2016 年第 3 期。

于1985年出现在美国纽约曼哈顿地区,在1993年成立了专门的研究小组对社区检察的理论、实践情况进行研究。随后,英国、南非、荷兰、加拿大等国均开始了对社区检察项目的理论探讨与实践,构建了一套相对比较完整的理论体系,并通过不断的改革与创新寻找符合本国国情的实践模式。

(一)美国、英国、南非等国社区检察实践概况

在美国,受20世纪六七十年代高犯罪率的冲击,美国刑事司法部门以惩罚为中心的美国传统检察逐渐从消极应对向积极防范转变,社区检察作为顺应这种变化的检察创新,聚焦选定的目标区域,在检察官办公室与执法机构、社区、公共或民间组织之间建立起长期积极的伙伴式合作关系,以解决社区问题,提升社区公共安全,改善居民的生活质量。实践中,社区检察是针对特定区域开展的,必须选定一个需要长期帮助、适合开展社区检察的目标区域,一般通过走访社区、召开座谈会、举行听证会、调取社会统计指数、警察统计数据、社会服务统计、医院急诊记录等。社区检察需要社区参与和伙伴式合作,建立与社区有效联络和合作的机制非常重要。在实施社区检察计划过程中,检察官对确定的可能诱发违法犯罪的社区问题,在日常工作中需要及时处理,消除社区治安隐患。在对具体个案的处理上,检察官要对案件和行为人进行筛选。对不适合通过社区检察方法处理的,按传统检察程序向地方法院起诉。对适合通过社区检察方法处理的,则根据案件和行为人的具体情况,在社区参与和多方合作下,为行为人制定一个矫正其行为和人格并让其回归正常生活的个性化处理方案,并跟踪、监督方案的落实。社区检察官还与各方合作,监督被处以缓刑或假释的罪犯,并为其提供服务。

在英国,2005年英国皇家检察署明确提出了"社区参与战略",明确检察机关将在三个地区进行社区检察的试点工作,并以不同的方式实现社区广泛参与。[①]英国社区检察最开始在西约克郡、泰晤士河谷及达勒姆这三个地区进行试点。其中,西约克郡试点是将社区参与引入检察机关的日常事务中,以城市和农村这两个地域为重点,为社区提供与仇视罪相关的信息,并制定了一份计划书,该计划书考虑了社区及居民意见。而泰晤士河谷则以创新让本地居民及公司参与到检察工作中,并在多机构合作基础上改善城市中心地

---

① The Crown Prosecution Annual Report and Resource Accounts 2005—2006: Inspiring the Confidence of the Communities We Serve, http://www.cps.gov.uk/publications/reports/2005/communities.html.

区、乡镇及中小型村落应对反社会行为的相关措施。达勒姆则探索加强本地社区对公共安全信心的方法，尤其是在那些受仇视罪影响的社区，鼓励更多的居民挺身而出，参与案件的处理。社区检察官将更多地参与到本社区的活动中，更深入了解本社区关注的问题，在制定这些问题的对策时更好地应对这些问题。

在南非，尽管社区检察实践受到现实物质条件的制约，但是其发展依然不断深入与完善。2006年，国家检察机关（National Prosecuting Authority）开始正式对社区检察进行评估，并在九个地区进行了试点。这九个地区有共同的特点：出租屋聚集、毒品交易猖獗。在试点地区，地区检察官的主要工作是：建立共同解决问题的机制，发展合作关系，联络有关的利益相关者；参与社区法院及社区司法中心的建立；启动和支持预防犯罪的各项活动；鼓励建立多样化的解决问题的方案；确保优先考虑和有效处理社区居民关注的问题。为了更好地实施社区检察，国家检察机关制定社区检察初步指导方针，确定了实施社区检察项目的一系列标准。2007年年初，南非国家检察机关在其2020年战略计划中提出在全国范围内推行社区检察，并将其作为缩小检察官与社区之间差距的机制进行推广。

（二）域外社区检察制度共同特征

传统检察机制以惩罚为中心的运行，主要通过提出起诉和在法庭中证明被告人的犯罪事实及其应承担的刑事责任作为主要任务。社区检察扩大了传统检察机关的职责。检察官除了具有传统的职权与职责外，同时担负预防与打击犯罪，帮助提高本社区的生活质量，促进本社区居民参与社区刑事司法，以此拓宽与其他社区及公民团体或组织机构之间的合作空间等职责。具体来其核心要义包括：

1. 强调社区参与的作用。社区参与是指邀请社区居民和组织参与检察工作或者让社区的意见和建议反映到检察决定中。社区作为检察服务的接受人、检察官决策顾问、共同制定和实施问题解决方案合作者等角色。社区检察官邀请社区居民和组织以及其他社区利益相关者，了解各方重点关注的社区安全和秩序问题，协助检察官执行法律和寻求解决问题的适当方法，帮助、监督具体违法犯罪案件处理方案和社区问题解决方案的落实。在社区相关刑事案件审理过程中，社区居民对犯罪处理的意见和建议还会被作为附属材料带入法庭，等等，社区这一主体在社区检察工作中扮演重要角色。

2. 突出以问题解决为导向。检察官重视以多样化的方法解决社区法律事务。检察官不再单纯地处理案件，而是积极地解决引发违法犯罪的问题，特别是在解决生活质量犯罪[①]方面，为相关涉案人员提供改过自新、成为遵纪守法公民的机会，是检察官的责任。社区检察解决问题的方法具有多样性，运用替代起诉犯罪的民事、行政、教育培训等多种手段，或者通过调解防止纠纷升级为犯罪，以期从根本上消除引发传统检察应对失灵的长期存在的低层次违法犯罪。

3. 构建伙伴式的合作关系。伙伴式合作关系是指检察官与执法机构、社区组织和居民、政府机构、公共和民间的社会组织之间长期、真诚的合作关系，这是社区检察能否取得成效的关键。这种伙伴式合作关系，是社区检察官通过日常的工作有计划地培育起来的，具有长期性、日常性、互动性的特点。通过这种合作机制，检察官获得社区内外的支持与帮助，从而发现、评估、解决社区问题。从具体合作对象看，除警察、法庭、辩护等部门和组织以及政府机构、学校、社会团体外，还包括街坊邻里组织、青少年服务组织、教堂、民间机构、行业协会、社区内的企业以及其他组织。

二、对南沙自贸区检察室建设的启示

笔者所在的南沙区人民检察院从 2007 年起，为进一步延伸检察触角，更好为群众提供便捷的检察服务，先后尝试在人口较为的中心镇设立派驻乡镇、街道设立 3 个检察室，之后也尝试在辖区大型国企设立针对企业员工的派驻国企法律服务工作室，并在南沙自贸区明珠湾设立预防职务犯罪联络站。上述检察室、工作室职责，基本是按照最高人民检察院在 2009 年 2 月下发的《2009—2012 年基层人民检察院建设规划》提出的要求，即进一步强化民生意识，拓宽工作渠道，把检察工作服务科学发展的阵地前移，深入街道、乡镇、社区，面对面倾听和解决人民群众的诉求，筑牢化解矛盾纠纷、维护稳定的第

[①] "生活质量犯罪"又称"居住性犯罪"（livability crime）或"滋扰性犯罪"（nuisance crime），指相对轻微、非暴力但威胁到社区居民幸福感（sense of well—being）与安全感的不法行为，比如酒后故意毁坏财物、寻衅滋事等，在我国多以行政处罚案件进行处理。参见 Wikipedia. Quality of Life.http：//en. Wikipedia.org/wiki/Quality_of_life。

一道防线,切实做到工作联系在基层、调处案件在基层、化解矛盾在基层。在预防基层干部职务犯罪和加强对基层公权力的监督等方面取得一定成效。新的形势下,特别是南沙自贸区大发展的背景下,传统检察室在参与基层社会治理中短板日趋显现,主要包括:

(一)传统检察室回应社区诉求不力

传统的检察室参与基层社会治理工作,核心内驱力主要来源于体制压力,即运转机制带有明显的压力型体制色彩,由其派出检察院布置重点工作,派驻检察室被推动开展工作,其主要精力和工作重点集中于应对上级布置的工作任务以及业务考核等日常工作,而不是积极关注并回应基层社区居民的法律监督诉求。这种任务导向而非需求导向的工作模式导致的后果是社区事务和诉求很难被主动、及时地关注和回应,进而影响了检察室工作的时效性和社区居民的认同感。

(二)传统检察室的社区知晓和认可度不足

被动接受案件受理,过分强调法律监督的滞后性、被动性,淡化主动监督、主动服务意识,一定程度上会导致传统检察室工作在群众中的知晓度不高,社区及其成员对于检察室工作的认可度也亟待提高。2015 年最高人民检察院察理论研究所曾主持开展全国检察公信力测评,相关结果表明,公安、法院等特定主体对检察机关评价较高,但社会公众对检察机关的了解程度偏低,检察机关的司法监督职能需要加强。[①] 笔者认为,这与以往工作中传统检察室对社区居民诉求回应较弱、与社区发展需求契合度不够有直接关系。派驻检察室开展基层法律监督的目的是服务社区治理法治化,为此社区居民群众的知晓度、认可度,以及满意度是评价派驻检察室的重要标尺。

(三)自贸区发展对检察室工作提出新的要求

1. 自贸区建设要求检察服务功能更好体现。南沙自贸区对接粤港澳,对标国际最高规则,在全面深化改革和扩大开放的形势下,与金融创新、知识产权、国际贸易等元素交织的新型犯罪,以及涉外民商事行政检察监督工作将与日俱增,自贸区主体提出更高的法治诉求。鼓励创新、倡导自由开放的自贸区建设,不能通过高压的刑法来严厉惩治和打击一切违背和破坏社会经济秩序的

---

① 庄永廉:《检察公信力测评体系在探索中国逐步完善》,载《人民检察》2016 年第 10 期。

行为,刑法应侧重于服务经济的顺畅自由发展,倡导刑法的轻缓化与谦抑化。在此背景下,派驻检察室工作重心不能单纯放在处理涉自贸区案件的办理上,而是积极地了解自贸区各主体司法诉求,查找解决引发刑事犯罪背后深层次问题,以期从根本上消除因自贸区鼓励创新、强调事中事后监管而容易引发的违法犯罪。另外,自贸区发展背景下的城市化进程,南沙社会改革逐步推进,经济水平快速发展,社会流动人口增加,贫富差距拉大,各类社会矛盾容易集中累积,对基层社会的治安状况较为严峻。在此背景下,检察室法律监督的触角延伸到最基层,对于创新社会治理方式和加强治理现代化水平有着十分重要的作用。

2. 自贸区主体与检察机关之间关系有待进一步厘清。自贸区倡导建立法治化国际化便利化的营商环境,自贸区经济主体更希望在透明有序的环境中开展经济业务,更加关注与司法机关之间平等、公正的良性互动关系,更需要建立一种伙伴式合作关系,即检察室与其他执法机构、自贸区主体、政府机构之间长期、真诚的合作关系,这与社区检察强调伙伴式关系有很强相似性。2018年8月24日上午,中央全面依法治国委员会第一次会议召开。中共中央总书记、国家主席、中央军委主席、中央全面依法治国委员会主任习近平主持会议并发表重要讲话:"要推进法治社会建设,依法防范风险、化解矛盾、维护权益,加快形成共建共治共享的现代基层社会治理新格局,建设社会主义法治文化。"[①]共建共治共享社会治理格局,是党委领导、政府负责、社会协同、公众参与、法治保障下的一种社会治理体制。在此背景下,要求检察机关自觉将检察室工作纳入自贸区建设全局工作中,立足于南沙所处的历史方位和面临的阶段性任务,以完善工作体制机制、加强基层基础为保障,稳步推进社会治理创新工作,推进社会治理系统化、科学化、智能化、法治化,为服务南沙转型升级提供了实践依据,更好参与共建共治共享的社会治理格局建设。

3. 自贸区发展对检察室创新工作方法提出新的要求。习近平总书记反复强调,司法工作要聚焦大局、服务大局、保障大局,要求我们找准司法工作与经济社会发展的结合点、着力点,为经济社会持续健康发展提供法治保障。创新能力是更好服务保障自贸区发展的关键。自贸区发展背景下,传统派驻检察室

---

① 郝多:《这个委员会首次开会!4组数字读懂习近平重磅讲话》,载新华网,http://www.xinhuanet.com/politics/2018-08/25/c_1123326703.htm。

缺乏突破既有模式和创新的思维，停留在传统的法制宣传、参与社会综治等思路，习惯于使用传统的街道设点、加强社区人防技防等工作手段，发掘监督项目、运用现代科技、采用创新形式的能力不足，缺少核心竞争力，难以获得自贸区主体的认可，发展空间也将大大受限。

自贸区港澳籍罪犯社区矫正刍议

胡应立[*] 雷陈媛[**] 叶晓彬[***]

【摘 要】随着粤港澳大湾区建设写入十九大报告和政府工作报告,广东与香港在广州市南沙自贸区建立"粤港深度合作区",广州市南沙区自贸区与港澳两地合作不断深化,港澳籍人民在广州南沙自贸区犯罪的情况时有发生,特别是在当下轻微犯罪和缓刑率趋高的情势下,如何处理好港澳籍罪犯在内地接受社区矫正的问题,成为目前理论界与实务界亟待解决的一大难题。笔者拟通过对港澳籍罪犯在南沙自贸区犯罪情况的统计分析和典型案例分析,通过借鉴英国、美国和香港地区的社区矫正制度,建议从建立涉港澳社区矫正专门机构、明确港澳籍罪犯调查评估制度、要求港澳籍罪犯完成社区服务等方面完善自贸区港澳籍罪犯社区矫正制度。

【关键词】社区矫正 港澳籍罪犯 涉港澳社区矫正专门机构

一、自贸区港澳籍罪犯接受社区矫正存在的问题

(一)港澳籍罪犯缓刑适用率低

2017年1月至2018年6月,广州市南沙区人民法院共受理一审刑事案件1612件,判处罪犯1785人,其中判处缓刑362人,缓刑适用率20.3%。其中港澳籍罪犯8人,判处缓刑1人,缓刑适用率12.5%。[①]

(二)社区矫正期间对港澳籍罪犯的监管存在困难

港澳籍罪犯持有电子港澳居民来往内地通行证,其可使用口岸自助查验通

---

[*] 胡应立,广东省广州市南沙区人民检察院刑事执行检察科科长,员额检察官。
[**] 雷陈媛,广东省广州市南沙区人民检察院刑事执行检察科试用期干部。
[***] 叶晓彬,广东省广州市南沙区人民检察院刑事执行检察科文员。
[①] 数据来自广州市南沙区人民法院、广州市南沙片区人民检察院。

道实现自助通关,提高了港澳籍罪犯在社区矫正期间的脱管漏管风险。笔者摘取了一个典型案例:

2017年10月10日23时20分许,香港居民陈某兴酒后无证驾驶一辆无号牌二轮女装摩托车,当车辆行驶至广州市南沙区横沥镇中环路路段时,摔倒致全身多处受伤,后被救护车送到南沙区中心医院治疗。经鉴定,被告人陈某兴血液中酒精含量为186.4mg/100ml。2017年11月24日,罪犯陈某兴因犯危险驾驶罪经广州市南沙区人民法院判处拘役1个月15日,缓刑2个月,该判决于2017年12月5日生效,缓刑考验期为2017年12月5日至2018年2月4日。

2017年12月4日,陈某兴及其在南沙区居住的直系亲属均表示不愿意陈某兴在南沙区进行社区矫正,但2017年12月5日,陈某兴本人在南沙区人民法院签订了"接受社区矫正保证书"。2017年12月5日,南沙区司法局认为陈某兴不符合南沙区社区服刑人员接收条件,将有关法律文书退回至南沙区人民法院。经南沙区委政法委会议协调,陈某兴在南沙区进行社区矫正,交付南沙区司法局执行,罪犯陈某兴不接受社区矫正,并且脱逃回到香港。2018年2月1日,南沙区人民法院在南沙区司法局的建议下裁定撤销对罪犯陈某兴的缓刑,决定收监执行原判拘役1个月15日。

目前,罪犯陈某兴已脱逃回到香港,本案至今无法执行。

(三)确定港澳籍罪犯的居住地存在困难

根据2012年最高人民法院、最高人民检察院、公安部、司法部联合制定的《社区矫正实施办法》(以下简称《实施办法》)的规定,社区矫正罪犯在其居住地县级司法行政机关接受社区矫正[①],但我国目前的司法文件对于社区矫正人员居住地的界定并无具体、明确规定。为了解决实践中存在的大量人员流动导致的居住地认定困难,有的地区通过地方性规定给予明确。例如,根据《广东省贯彻落实〈社区矫正实施办法〉细则》第10条第2款的规定,"罪犯的户

---

① 《实施办法》第5条规定,"对于适用社区矫正的罪犯,人民法院、公安机关、监狱应当核实其居住地,在向其宣判时或者在其离开监所之前,书面告知其到居住地县级司法行政机关报到的时间期限以及逾期报到的后果,并通知居住地县级司法行政机关;在判决、裁定生效起三个工作日内,送达判决书、裁定书、决定书、执行通知书、假释证明书副本等法律文书,同时抄送其居住地县级人民检察院和公安机关。县级司法行政机关收到法律文书后,应当在三个工作日内送达回执"。

籍地为其居住地。经常居住地与户籍地不一致的,经常居住地为其居住地。经常居住地为罪犯被追诉前已连续居住一年以上的地方,但住院就医的除外"。根据《江苏省社区矫正工作流程》的规定,"居住地"应同时具备以下条件:(1)社区服刑人员在居住地有固定住所并且能够连续居住六个月以上;(2)社区服刑人员在居住地有固定的生活来源。根据上述标准不能确定居住地的,社区服刑人员户籍所在地视为居住地。根据《浙江省社区矫正实施细则(试行)》的规定,"居住地"应同时具备下列条件:(1)社区矫正人员应当具有本人所有、承租或者他人、有关单位提供且能够连续居住一年(含)以上的固定住所,社区矫正执行期少于一年的除外;(2)社区矫正人员有固定生活来源,或者有他人、有关单位为其提供的生活保障。

总体而言,各地关于"居住地"在司法实践中的处理,基本采用户籍所在地和经常居住地相结合的方式,但判断经常居住地的标准不一。港澳籍罪犯在中国内地不存在户籍地这一判断标准,对于在中国内地有固定住所、工作、或有固定收入来源等的港澳籍罪犯,与内地居民类似,尚且能判断其可执行社区矫正"居住地",但这种情况仅占港澳籍罪犯中的极少部分。大部分港澳籍居民在中国内地的居住情况普遍具有流动、短期、非定居等特殊性,其往往在中国内地旅行、工作出差、探亲等,住在亲属家中、公寓酒店或完全无居住地,随着南沙自贸区与港澳发展交流的深入,甚至出现每天往返两地,在港澳居住每天过关工作、上学、购物或流动于多个地市的群体,使得根据常规的标准无法判断港澳籍人员在中国内地的居住地,也就无法确定港澳籍罪犯在中国内地的社区矫正地点,这将导致港澳籍罪犯"流入地"社区矫正机构不愿接收、港澳籍罪犯社区矫正适用不便甚至无法适用等问题,造成港澳籍罪犯权利受损或监管困难,社区矫正的目的无法真正实现。

二、港澳籍罪犯社区矫正的域外借鉴

20世纪70年代以来,社区矫正已成为世界各国刑罚发展的一种国际潮流。笔者通过对比英美法系国家与大陆法系国家社区矫正制度的特征与具体的制度安排,为南沙自贸区学习借鉴国外成熟经验,完善南沙区港澳籍罪犯社区矫正制度打下基础。

(一)英国的社区矫正机制借鉴

英国的社区刑罚方法与措施也称为社区判决。如果罪犯被法院认定有罪但没有被判处监禁刑,一般会被判处社区判决。笔者重点介绍缓刑和社区惩罚机制。

1.缓刑

英国对缓刑人员管理的机构和项目具体包括:

(1)进行量刑前调查和危险性评价。缓刑工作者向法庭提交评估分析报告,对犯罪嫌疑人是否适用社区刑罚提出建议,作为法院判刑的参考。

(2)监督和考察被判处社区刑罚和假释的社区服刑人员。缓刑机构接收本辖区的社区服刑人员后,要按照社区服刑人员的类别和特点作出矫正方案,并交由专门的矫正官对特定的对象进行分组或个案矫正和监督。

(3)管理缓刑集体宿舍。管理缓刑集体宿舍是介于监禁刑和非监禁刑之间的一种比一般缓刑要严格的社区刑罚处罚措施。该宿舍的管理对象是在缓刑管理中需要相对严格管理的服刑人员。①

(4)指导和管理监护中心。缓刑机构充分利用和调动所在社区的资源,并与地方缓刑机构所在的地方政府、社会团体建立紧密联系,为社区服刑人员提供教育、培训、就业指导、娱乐及讨论的场所,以促进社区服刑人员加强与社会的沟通和联系,提高其社会认知能力和水平。

(5)为社区服刑人员提供帮助和服务。缓刑机构与有关社会福利机构、医疗服务机构、志愿者机构、劳工组织和企业家联合会等相关部门建立联系,为社区服刑人员提供帮助和服务。

(6)定期将社区服刑人员的表现情况向法院作出书面报告,根据社区服刑人员的矫正表现,提出减刑、定期解除和收监执行的建议和意见,由法官对社区服刑人员实施奖惩和作出解除社区刑罚执行、收监执行或者变更有关裁定或判决。②

2.社区惩罚

为了突出社区服务的惩罚功能,英国在2001年4月将"社区服务令"更名为"社区惩罚令"。社区惩罚令是要求犯罪人在社区内提供无偿劳动的社区

---

① 刘强主编:《英国社区刑罚执行制度比较研究》,中国法制出版社2011年版,第103~104页。
② 刘晓梅:《英国的社区矫正制度及其对我国刑罚制度改革的启示》,载《犯罪研究》2006年第3期。

刑罚方法，即地方法院以判决的方式判处罪行较轻的犯罪分子，在一定时间内，必须为社会提供一定的无偿劳动。通过此种方式，达到让罪犯服务社会、矫正罪犯的犯罪心理、使罪犯改过自新的目的。

社区服务从事的劳动可以是体力劳动，也可以是智力劳动。但是，法院不要求犯罪人对其居住地或犯罪行为的特定被害人直接提供劳动。犯罪人的无偿劳动，应当是服务整个社会的。犯罪人劳动的项目广泛，包括清扫垃圾、回收废品、粉刷社区公共设施，为老年人或残疾人装修、打扫房屋，制作简单手工艺品、进行义卖，支持慈善事业，等等。犯罪人可以单个劳动，也可以组织在一起共同开展劳动。[1]

并非任何工作都适用于所有罪犯。监督官必须考虑罪犯的再犯风险、罪犯的个人技能、对罪犯来说适当的劳动时间以及适当的劳动场所等，综合多种因素来具体指示罪犯劳动。例如，英国足球协会雇用的某法国籍足球明星，因打人被地方法院判处到社区服务劳动72小时，允许他在停赛后到社区服务组织去劳动，服务的内容是让他在社区教孩子们踢球。[2]

（二）美国的社区矫正机制借鉴

进入21世纪，特别是在"9·11"事件发生后，美国增加了对社会控制的力度。经过反思，美国对社区矫正管理赋予了新的内容，应在社区矫正中体现惩罚功能，增强更新改造的效果，彰显社区矫正中的惩罚与改造功能。笔者重点介绍中途住所机制。

中途住所的英文是"Halfway Houses"，也有的州叫作社区居住的矫正机构或社区居住中心（Community Residential Centers）。中途住所的主要功能有：

（1）提供食品和住所。一些假释人员在狱中服刑时能通过劳动得到一些有限的积蓄，但不少人没有积蓄，出狱后存在食宿的困难。中途住所能暂时解决他们的困难，使他们在找到工作和参加一些自助项目之前有一个过渡的平台。

（2）工作安置、职业指导和就业帮助。几乎每个中途住所都通过与有关单位及个人的联系，通报有关招聘的信息，帮助罪犯寻找工作。

（3）对罪犯给予一些特别的治疗。针对有特别需要的罪犯，如涉及毒品、酒精和精神障碍、智力低下的罪犯，创造条件为他们提供更多的特别治疗

---

[1] 司法部基层工作指导司：《英国社区矫正制度》，载《人民司法》2004年第11期。

[2] 王运生、严军兴：《英国刑事司法与替刑制度》，中国法制出版社1999年版，第109页。

项目。

（4）行使对缓刑、假释人员的监督功能。这些监督功能一般是由缓刑、假释办公室来行使，缓刑、假释人员一旦进入中途住所，工作人员就对其行为负有高度的责任。

（5）节省开支。中途住所的花费一般来说是低于监狱的。大多数当事人每天的费用为15~25美元。在公共机构中，75%是由州政府支付，其余部分由城市和县来提供。也有的州采取由当事人提供部分的费用，如房费和伙食费等。[①]

（三）我国香港特区的社区矫正机制借鉴

我国香港特区自20世纪80年代开始推行"社区为本，辅导为主"的犯罪矫治措施，为了顺应社会发展和社区需要，香港相继推出了包括《感化令》《社会服务令》和《社区志愿服务计划》等。笔者重点介绍感化制度。[②]

感化，是一种非监禁性的刑罚方式，具体规定缓刑制度的规范性文件是《罪犯缓刑条例》。香港设有首席缓刑官、缓刑官以及督导缓刑官，首席缓刑官的职责包括组织及管制缓刑服务，监管及训练缓刑官并分配缓刑官的工作。缓刑官则根据法院的指示，在法院认为须对特定案件作出缓刑令时，对罪犯进行初步调查，包括对该罪犯的居所环境进行调查。

（1）适用缓刑令的条件。缓刑令所针对的对象是14岁以上的被告人，凡因其犯某罪行，且该罪行并无法律规定固定刑罚，而在法院受审的，法院可以根据案件的具体情况颁发缓刑令，但须得到该被告人的同意才能颁发。

（2）颁发缓刑令的程序。法院对罪犯的犯罪性质作出合理判断，并结合对其人性特征及人身危险性等方面情节的充分、全面认知，如认为罪犯之行为可适用缓刑者，可指示缓刑官就相关事实进行调查并在此基础上就是否颁发缓刑令作出决定。法院如认为需要制定某些规定以确保该罪犯行为良好或防止他重犯同一罪行或犯其他罪行，则缓刑令可额外规定该罪犯在整段或部分感化期间遵守该规定。同时，法院在作出缓刑令之前必须向罪犯明确地告知或解释该命令的效力，如不遵守该命令或另行犯罪将面临的处遇。

（3）缓刑令确定的监管期间。一般而言，缓刑官监督的期限不得少于一年或超过三年，罪犯在缓刑期间接受缓刑官之监督，由缓刑官就其行为之差误进

[①] 刘强等：《社区矫正制度惩罚机制完善研究》，中国人民公安大学出版社2016年版，第82页。
[②] 陈文椿主编：《社区矫正教程》，高等教育出版社2016年版，第193页。

行思想辅导和行为矫治，帮助和督促罪犯认识到自身的错误，逐步感化罪犯并使之重新正常而健康地融入社会。

（4）缓刑令的内容。缓刑令中应指明监管罪犯日常行为的缓刑官，具体的缓刑监管期限，如有必要还须制定罪犯在缓刑令有效期限内应遵守的规定，另外，可以对与该罪犯的居住事宜作出规定，如缓刑令规定罪犯入住核准的机构的则须在该命令中指明机构的名称及规定该罪犯在该机构居住的期间，并且该期间不得超过自缓刑令作出之日起计12个月。

（5）触犯缓刑令或再行犯罪的规定。缓刑期间如违反缓刑令的有关规定的，裁判官可发出传票，规定该缓刑人员在传票指定的地点及时间出席应讯，如证实确有其事者，可警戒该缓刑人员或判处不超过500美元的罚款，或就作出缓刑令前的罪行处置该罪犯。如该罪犯在缓刑期间又犯新罪的，法庭可命令恢复执行原判刑罚或提高或降低原判刑罚或延长缓刑期限，最高可达三年，从改变缓刑之日起计算。

三、完善自贸区港澳籍罪犯接受社区矫正的建议

（一）建立涉港澳社区矫正专门机构

港澳籍罪犯由于没有固定居住地点，考虑到后续监督管理困难，[①] 目前很少对其适用社区矫正，相对于同等罪名同等情节的内地籍罪犯，港澳籍罪犯存在同案不同判、标准不统一的问题。笔者建议在南沙自贸区建立涉港澳社区矫正专门机构，即涉港澳社区矫正中途住所，在社区矫正考验期内为港澳籍罪犯提供固定的居所，落实港澳籍罪犯在缓刑适用方面与内地居民的同等待遇。

（二）明确港澳籍罪犯调查评估制度

明确港澳籍罪犯适用社区矫正的条件，充分考虑港澳籍罪犯在内地无居住地，涉港澳社区矫正专门机构有条件予以收留、接纳并履行协助监管义务，港澳籍罪犯愿意在涉港澳社区矫正专门机构进行社区矫正的，可以视为社区矫正考察对象，由涉港澳社区矫正专门机构履行职责。在适用调查评估时，完善制定专门的港澳籍被告人审前社会调查评估表，明确家庭状况、矫正条件，包括港澳籍前科、再犯罪危险等事项的调查要求，确保评估结论客观全面。

---

① 刘志伟等：《中国社区矫正立法专题研究》，中国人民公安大学出版社2017年版，第339页。

（三）要求港澳籍罪犯完成社区服务

借鉴英国、美国、我国香港特区的经验，由涉港澳社区矫正专门机构根据港澳籍罪犯的职业特长、家庭情况、健康状况制定社区服务计划，社区服务项目包括公共设施保养和检查、简单的修理保养、美化环境，以及与港澳籍罪犯个人技能相适应的社区服务项目。港澳社区矫正专门机构根据港澳籍罪犯在规定的劳动时数和幅度内，对劳动表现评分，由港澳社区矫正专门机构填写社区服务情况记载。

美国审前分流制度对自贸区刑事诉讼制度改革的启示 *
——以南沙区人民检察院认罪认罚暂缓起诉制度为视角

张凌锋** 莫丽华***

【摘 要】美国审前分流机制为研究我国自贸区刑事诉讼制度的改革以及创新提供了一个较为成熟的样本。美国审前分流制度的程序设置、检察官的职能等都与该制度的价值导向密切相关。从美国审前分流遭受的质疑以及发展中，获得完善我国自贸区包括认罪认罚从宽机制、暂缓起诉等刑事诉讼制度的启示。

【关键词】审前分流 暂缓起诉 刑事诉讼 自贸区

美国刑事审前分流（diversion program）指的是在某些刑事案件中，原本可被提起诉讼的被告人在进入刑事审判之前，如果他们成功完成了工作培训、教育等方面的社区项目，检方可能不起诉他们。[①] 目前对美国刑事审前分流制度的研究主要集中在我国未成年人附条件不起诉程序上的可借鉴方向，但我国自贸区作为制度创新的试验田，在认罪认罚从宽机制、暂缓起诉等方面的探索更加需要域外实践以及相关理论的支持，美国审前分流制度的设计以及遭受的质疑恰可以提供一个较为成熟的样本。

---

* 本文中期研究成果是由莫丽华撰写的《美国审前分流制度对自贸区刑事诉讼制度改革的启示》，该中期成果获广东省法学会检察学研究会第十一届年会征文一等奖，刊登于《检察工作》。

** 张凌锋，广东省广州市南沙区人民检察院公诉科科长，员额检察官。

*** 莫丽华，广东省广州市南沙区人民检察院案件管理中心科员，检察官助理。

① A program that refers certain criminal defendants before trial to community programs on job training, education, and the like, which if successfully completed may lead to the dismissal of the charges. — Also termed pretrial diversion; pretrial intervention. See Black's Law Dictionary (8th ed. 2004), p.1440.

一、美国审前分流制度概述

(一)美国审前分流制度的价值导向

尽管美国审前分流制度是在 20 世纪 40 年代后期为处理少年犯构想出来的方案,但直到 1982 年的《审前服务法案》(*The Pretrial Services Act of 1982*)通过后,美国审前分流机制才以现行的形式在联邦司法机构中施行。[①] 审前分流作为一种审判的自愿替代性方案(a voluntary alternative),由检方同意赦免,以换取被告履行某些要求;如果被告人已经完成了这些要求,检方仍然指控,那么相关的指控将会被驳回。暂缓起诉(deferred prosecution)以及不起诉协议(non-prosecution agreements)的适用植根于审前分流,[②] 审前分流制度的目标是:(1)通过将传统的诉讼模式转变为社区监督和服务,防止某些罪犯未来的犯罪活动;(2)确保起诉和司法资源能够集中在重大案件上;(3)提供给罪犯复归社区和补偿被害人的机会。[③] 换言之,除了实现节约司法资源,审前分流机制更有利于激励被告改变行为方式和生活习惯,降低他们重新犯罪的可能性,为罪犯提供了改造和重新融入社会的契机,被害人和社区也能够从审前分流机制受益。[④]

(二)美国审前分流与检察自由裁量

美国刑事审前分流制度的决定权在检察官手中,《全美检察准则》(*National Prosecution Standards*,以下简称"NPS")规定,检察官行使自由裁量权决定对罪犯的替代性措施是否最有利于司法利益。检察官应明白且被通知所有替代性分流项目的范围以及可行性,检察机关应该采取措施保证所有分流措施都是可靠且有效的。若首席检察官认为当前的分流机制尚不充分,检察

[①] See Joseph M. Zlatic, Donna C. Wilkerson, Shannon M. McAllister, Pretrial Diversion: The Overlooked Pretrial Services Evidence-Based Practice, Federal Probation Journal, June 2010, p.28.

[②] See David M. Uhlmann, Deferred Prosecution and Non-Prosecution Agreements and the Erosion of Corporate Criminal Liability, Maryland Law Review, Volume 72, Issue 4, p.1303.

[③] See United States Attorneys' Manual § 9-22.010 (2009), available at http://www.justice.gov/usao/eousa/foia_reading_room/usam/title9/22mcrm.htm (explaining the timing, purpose, and objectives of pretrial diversion).

[④] 参见侯晓焱:《美国刑事审前分流制度评介》,载《环球法律评论》2006 年第 1 期。

机关应当督促设立、维护和加强必要的分流项目。①诚如前文所述,美国审前分流的价值之一在于分流程序能够实现个人和社区均能从中受益,检察官在作出审前分流的决定前,主要考虑以下方面:(1)犯罪的性质、严重程度以及种类;②(2)罪犯的特殊属性或困难;(3)被告人是否初犯;(4)被告人愿意配合的可能性以及他在多大程度上能够受益于分流程序;(5)一个可行的分流项目是否适合罪犯;(6)分流程序以及犯罪对社区的影响;(7)相关执法机关的建议;(8)被告人再犯的可能性;(9)被告在多大程度上能够维持现在的工作或留在学校;(10)被害人的意见;(11)恢复原状的条文约定;(12)犯罪对被害人的影响;(13)分流项目适用于类似情况的被告。③

(三)美国审前分流制度的相关程序

NPS中谈及了信息收集的问题,检察官应当掌握所有相关的调查资料、个人资料、个案资料和犯罪记录,从而作出一个合理的决定。首席检察官应当采取措施保障相关成文法以及法庭规则的有效施行,以确保检察官能够从有关机关获得上述信息。④审前分流应当包括以下程序:(1)一份规定了对被告所有要求的签名协议或法庭记录;(2)签署放弃获得迅速审判权的声明;(3)在指定的时间内,检察官有权就采取分流措施是否符合司法利益的情况下,决定进行刑事诉讼;(4)保障案件能够起诉的机制,如承认有罪、事实认定以及证人的提交。每个案件都应建立起被告人加入分流项目的记录,其中包括进入分流程序的理由。该记录由检察官办公室完善和维护,除非法律禁止,供执法部门

---

① National District Attorneys Association, National Prosecution Standards (3rd Edition), 4-3.
② 美国的刑事犯罪有不同种类 (the class of the offense):"重罪"(felony)、"轻罪"(misdemeanor) 和"违规"(violation),每一种类再分为两级 (classes)。"重罪"是被告因此将接受一年以上监狱刑期、为一级谋杀 (murder) 罪之死刑之罪。重罪之犯罪之分级:A 一级、A 二级、B 级、C 级、D 级、和 E 级重罪。"轻罪"被告将接受一年以下监狱刑期之罪。轻罪之分级有 A 级和 B 级轻罪。"违规"之监狱刑期 (jail sentences) 不得长于十五日以上,方可科以"非监狱刑罚"(a non-jail sentence),如对轻罪、D 级、E 级、和一些 C 级重罪等之一段期间之"缓刑"(probation)、或"有条件释放"(conditional discharge)、"无条件释放"(unconditional discharge)、"赔偿"(restitution)、或"罚金"(a fine)。有时,除了监狱刑期外可科以非监狱刑罚。参见 Criminal Practice Hand Book (《刑事审判实务手册》), available at http://troypllc.com/wp-content/uploads/2015/07/19-%E5%88%91%E4%BA%8B%E5%AF%A9%E5%88%A4%E5%AF%A6%E7%89%A9%E6%89%8B%E5%86%8A.pdf,最后访问时间 2017 年 9 月 3 日。
③ Supra note 6.
④ National District Atlorneys Association, National Prosecution Standards (3rd Edrtion), 4-3.

后续使用。检察官应应要求向被害人、证人、执法人员、法院等就分流决定提供适当解释，并在恰当的情况下向其他利益相关提供解释。①

二、美国审前分流制度遭受的质疑与发展

（一）适用审前分流案件类型与标准

审前分流机制被形容为"一种社会控制的新模式"，在审判前运用自由裁量权筛选出不作刑事犯罪处置的罪犯。1967 年，美国总统执法委员会和司法行政委员会建议分流那些需要治疗的罪犯，早期识别和转移到其他社区资源，不需要对该部分罪犯执行完整的刑罚。②美国检察官从罪犯的居所地、年龄、指控罪名、犯罪记录、就业情况、认罪情况等方面进行考察，以判断罪犯是否适用审前分流机制，如有任何一个条件不符合标准，则不能适用审前分流。特别需要指出的是，指控罪名这一标准是日新月异的。在一个新的分流机制建立伊始，对轻罪者亦是诸多限制，但随着刑事司法官对该机制越来越有信心，指控罪名的范围则扩张至非暴力犯罪的重罪。③

以美国的暂缓起诉制度为例，暂缓起诉被认为是替代性的解决方案，一开始只适用于被指控低级别的非暴力犯罪的个人，鼓励符合条件的罪犯加入康复计划，所以暂缓起诉协议经常用于非暴力的毒品犯罪分子、少年犯或者那些特别令人同情的案件。如今，美国的暂缓起诉协议已鲜用于鼓励个人参与戒毒等康复计划，而是用于公司犯罪。这些被指控犯罪的公司承认有罪，签署暂缓起诉协议，支付巨额的罚款给美国联邦政府，有时候也会在协议中承诺接受一段时间的监督。2008 年以来，在美国不断增长的暂缓起诉协议适用中，有 2/3 的暂缓起诉协议没有对公司的有关责任人提起公诉。④有观点认为，公司犯罪有可能影响千千万万的美国人，因为近来愿意签署暂缓起诉协议的被指控公司涉嫌金融犯罪或者恐怖主义网络犯罪，还有给美国的敌对势力运输武器装备等。这些犯罪都极其严重，涉案公司的相关雇员以及高管都应该承担起他们的责

---

① National District Atlorneys Association, National Prosecution Standards (3rd Edrtion), 4-3.

② President's Commission on Law Enforcement and Administration of Justice: The Challenge of Crime in A Free Society, available at https://www.ncjrs.gov/pdffiles1/nij/42.pdf, p.134.

③ See Pretrial Diversion from the Criminal Process, The Yale Law Journal, Vol.83, 1974, pp. 832-833.

④ See Brandon L. Garrett, Too Big to Jail: How Prosecutors Compromise with Corporations, Belknap Press: An Imprint of Harvard University Press(November 3, 2014), p.263.

任。① 如在2015年2月的福克（Fokker）公司案中，在长达五年时间里，福克公司违反美国制裁制度，出口飞机零部件给伊朗、苏丹和缅甸。美国检察机关与福克公司签署的暂缓起诉协议要求福克公司支付1050万美元的罚金、执行内部合规计划以及接受政府18个月的监督。美国司法界抨击该暂缓起诉协议没有强制福克公司接受独立合规监控，而是接收福克公司的自我违规报告。另外，建议的1050万美金的罚金也低于福克公司从非法交易中的获利。最重要的一点是，在该案中没有一名福克公司的职员受到了刑事指控，尽管证据显示该公司的雇员及高管是故意和明知违反美国的制裁制度。② 实质上，美国并不反对将审前分流机制适用于公司犯罪，但从恰如其分地保护美国本土安全以及经济稳定的前提出发，暂缓起诉协议应当附有对公司内不法行为者个人的指控。③

（二）美国审前分流制度的证据标准

审前分流制度的结果可能是检察官作出不起诉决定，也有可能是对罪犯提起诉讼，因此进入审前分流程序的案件证据仍然要以能够提起公诉为标准。因为审前分流避免了审判，法庭可能不会注意到分流案件本身的证据薄弱。被告可能会对指控是否证据充分产生质疑，但是在案件的初期他们是没办法证实自己的怀疑的。事实上，在证据薄弱的案件中，检察官和被告人就是否选择进入审前分流都承受着相当的压力。首先，促使被告人接受审前分流协议提出的条件的最重要因素就是诉讼风险最低。被告人可以通过审前分流程序获得免予刑事起诉、判决，同时免予留下污点。除非被告人有在审判中必胜的把握，那么他很大可能会选择进入分流程序。④ 其次，检察官有权决定案件是否适用审前分流制度，即便在美国的个别州，法院可监督检察官所作出的决定，刑事司法制度鼓励检察官和辩护人在证据薄弱的案件中接受审前分流机制。美国检察官同样面临着上级对案件质量的评估，而评估的依据经常是检察官起诉案件的有

---

① See, e.g., United States v. Fokker Servs. B.V., 79 F. Supp. 3d 160, 166(D.D.C. 2015)；United States v. HSBC Bank USA, N.A., No. 12-CR-763, 2013 WL 3306161, at *1(E.D.N.Y. July 1, 2013).

② See United States v. Fokker Servs. B.V., 79 F. Supp. 3d 160, 166(D.D.C. 2015), pp.165-167.

③ See Paola C, Henry, Individual Accountability for Corporate Crimes after the Yates Memo: Deferred Prosecution Agreements & Criminal Justice Reform, American University Business Law Review, 2016, Vol.6: 1, p.172.

④ See John L. Barkai, Accuracy Inquiries for All Felony and Misdemeanor Pleas: Voluntary Pleas but innocent Defendants?, University of Pennsylvania Law Review Vol. 126, No. 1(Nov., 1977), p.104.

罪判决——有罪率越高，检察官的表现越优秀。[1] 当案件证据太过薄弱以至于法院不可能作出有罪判决但检察官又坚信嫌疑人事实上是有罪的，审前分流机制中的"监督"成为了最优的替代性方案。从社会公众的角度来看，潜在的罪犯没有立即获得自由，检察官履行了其维护社区安全的基本义务。辩护律师在证据薄弱的案件中愿意接受分流程序的原因有以下两方面：一是辩护人说服他的当事人接受审前分流程序，他就可以将更多的谈判精力花在更重要或刑罚更重的案件上；二是如果当事人是一个药物成瘾或者酗酒者，从当事人的最大利益出发，辩护律师会给出接受审前分流的建议，让他的客户迅速进入治疗计划。

为了减少证据薄弱的案件进入审前分流程序，有学者建议检察官确认进入审前分流程序后，越早的证据开示，越有利于被告人解决案件证据是否充分的疑虑。同时，由于原本证据较为单薄，作出进入分流程序决定以后，相关的证据收集仍要继续进行，这是防止被告拒绝进入分流程序等情况出现，为接下来的庭审作准备。一方面，要不断加快已进入审前分流的薄弱案件的证据收集；另一方面，又要防止收集到的材料被滥用，诸如心理测评结果、专家报告、电子监控通知、测谎记录等证据材料，仅能用于审前分流程序。[2]

（三）美国审前分流制度与宪法权利

美国宪法第六修正案主要是保障诉讼中被告人所应具有的权利："在一切刑事诉讼中，被告有权由犯罪行为发生地的州和地区的公正陪审团予以迅速和公开的审判，该地区应事先已由法律确定；得知控告的性质和理由；同原告证人对质；以强制程序取得对其有利的证人；并取得律师帮助为其辩护。"[3] 美国审前分流制度是以被分流人员对宪法权利的知悉和自愿放弃迅速审判权和在成

---

[1] See Michael O. Finkelstein, A Statistical Analysis of Guilty Plea Practices in the Federal Courts, Harvard Law Review, Vol. 89, No. 2 (Dec., 1975), p. 309.

[2] See J. S. Feld, Pretrial Diversion: Problems of Due Process and Weak Cases, Boston University Law Review, pp. 330–331.

[3] In all criminal prosecutions, the accused shall enjoy the right to a speedy and public trial, by an impartial jury of the State and district wherein the crime shall have been committed, which district shall have been previously ascertained by law, and to be informed of the nature and cause of the accusation; to be confronted with the witnesses against him; to have compulsory process for obtaining witnesses in his favor, and to have the Assistance of Counsel for his defence.

文法定时限内对案件提起公诉的权利为签署分流协议的前提的。因审前分流制度最后的结果很有可能是不追究被分流人员的刑事责任，即被分流人员可能不会进入审判程序，很大程度上也没有对他们采取拘留或逮捕等措施，而美国宪法第六修正案中的权利指的是罪犯正式受到指控或因逮捕等受到事实上的限制时才获得的特殊保护（particular protections），① 所以不存在侵害到被分流人员的宪法性权利的问题。与此同时，被分流人员对权利的放弃的隐忧在于审前分流制度的设置本身。审前分流的结果也有可能是被分流人员没有完成协议中的项目或随着案件调查的继续推进，不符合不起诉的条件，检察官则需对他们提起公诉。因为被分流人员此前放弃过接受迅速审判的权利，此时案件再进入审判程序，可能意味着证明他们无罪证据特别是人证已经不复存在了，例如证人死亡、记忆消亡等。② 另外，接受审前分流机制还意味着被分流人员放弃了毋需自证其罪的权利。

放弃宪法性权利，应当建立在被分流人员自愿且对审前分流机制清楚、明了的前提上，他们也应当明白放弃权利后证据灭失等诉讼风险。因此，律师对被分流人员的帮助和引导至关重要。在接受审前分流机制的情况下，辩护人同样拥有较为充裕且合理的时间去应对可能会被提起的诉讼、收集必要的证据以及在辨明案件是非曲直后给他的当事人忠实的建议。因此，美国审前分流程序设置被分流人员必须得到律师的法律帮助，如果该人无法承担起律师费用，审前服务办公室（The Office of Pretrial Services）负责人会为他指定律师。同时对检察官的要求为审慎使用手中的检察裁量权，当决定罪犯是否符合审前分流的条件时，检察官应把有关案件和侦查报告提交给审前服务办公室负责人或市民缓刑局（Citizens' Probation Authority）听取初步建议。

三、南沙区检察院自贸区认罪认罚暂缓起诉机制的创新

目前我国尚未建立起完全的刑事审前分流制度，从诉讼规则层面确立起诉替代性措施的是未成年人附条件不起诉制度。广州市南沙区人民检察院为贯彻"宽严相济"的刑事政策及认罪认罚从宽试点具体工作，结合南沙区司法实际，

---

① United States v. Marion, 404 U.S. 307（1971）, p.320.

② See Kenneth W. Macke, Pretrial Diversion from the Criminal Process: Some Constitutional Considerations, Indiana University School of Law, Vol.50（1975）, p.799.

制定了《关于涉自贸区适格犯罪嫌疑人暂缓起诉工作规程（试行）》《广州市南沙区人民检察院刑事案件认罪认罚不起诉实施细则（试行）》（以下简称《实施细则》），在认罪认罚从宽制度进行类似"不起诉协议"的"暂缓起诉"机制创新。

（一）认罪认罚暂缓起诉机制设置的具体内容

所谓认罪认罚暂缓起诉，《实施细则》第5条有明确的规定："犯罪嫌疑人已达起诉条件，但犯罪情节轻微，依照法律规定宣告刑可能为三年以下有期徒刑，符合适用缓刑条件，且犯罪嫌疑人自愿认罪认罚，没有起诉必要的，可以对其作出认罪认罚不起诉处理。依照本条作出认罪认罚不起诉的，应当同时要求犯罪嫌疑人在本院规定的时间内完成社会公益服务，并提供相关证明。犯罪嫌疑人依照本院规定的时间完成社会公益服务，经查证属实，且没有新的犯罪事实或证据变化的，应当对其作出酌定不起诉处理。"

从上述规定内容可知，认罪认罚暂缓起诉是对于已经涉嫌犯罪，但社会危险性较弱，应受惩罚性尚未明确的成年犯罪嫌疑人，基于犯罪事实及情节、社会危害性及修复社会关系的后续情况、社会贡献等因素考虑，该院暂时不予起诉，要求犯罪嫌疑人在一定期限内监督考验，并视监督考验的情况，评价其应受惩罚性，最终决定是否对其提起公诉的一种缓起诉制度。[①] 该院在认罪认罚从宽机制中增加了罪轻的犯罪嫌疑人在规定时间内完成社会服务，[②] 则对该部分犯罪嫌疑人不起诉。南沙区检的"暂缓起诉"，虽在名称上与美国审前分流的"暂缓起诉"中文译称一样，但其未起到"庭审替代性程序"的功能。那么，这种"暂缓起诉"就仅仅是对适格的案件主体"缓起诉"，检察官最后的决定事实上仍归类于"相对不起诉"。该院在认罪认罚不起诉中的尝试更接近审前分流的"不起诉协议"，而并非审判替代性措施。[③]

---

① 《广州市南沙区人民检察院关于涉自贸区适格犯罪嫌疑人暂缓起诉工作规程（试行）》第2条，制度内涵。

② 现阶段主要是以社会服务的时间长短及表现作为评价标准。

③ 笔者认为，广州市南沙区人民检察院的该种认罪认罚不起诉的尝试更类似于嫌疑人以社会服务换取不检察机关不起诉的"不起诉协议"制度，而非普通法地区常说的"社会服务令"（Community service order）。社会服务令既有惩罚成分，也有使违法者改过自新的作用，但社会服务令是替代监禁的判刑选择，而非审判替代性措施，有权作出社会服务令的是法庭。参见维基百科"社会服务令"词条，https://zh.wikipedia.org/wiki/%E7%A4%BE%E6%9C%83%E6%9C%8D%E5%8B%99%E4%BB%A4，最后访问时间2017年9月10日。

（二）认罪认罚暂缓起诉机制设置的重要意义

认罪认罚从宽制度贯穿于刑事案件的各个流程，从宽是这一制度的表现形式，其在刑事诉讼的三个阶段各有不同。陈光中在其《认罪认罚从宽制度实施问题研究》一文中指出"从宽处理包括实体从宽和程序从宽，适用于刑事诉讼的各个阶段。在侦查阶段，主要是程序从宽，表现为侦查机关变更、解除强制措施，在起诉阶段，表现为检察机关采取非羁押性强制措施，或作出不起诉决定。在审判阶段，主要是实体从宽，表现为法院依据各个具体罪名的规定，在法定量刑幅度内从宽处罚"。设置认罪认罚暂缓起诉机制，起码具有以下几个方面的重要意义：

1. 检察机关行使诉权的应有之义

检察机关在刑事诉讼程序中的一项重要职能是对移送审查起诉的案件进行审查，以提起公诉，但并不能因此否认检察机关享有的不诉权。从权力的来源看，宪法定义检察机关行使法律监督职权，具体的权能通过检察院组织法、刑事诉讼法等规定体现。具体而言，审查起诉权应作扩大解释，即审查是权力行使的过程，那其结果应包含起诉和不起诉。只是受职权主义的影响以及司法实践，审查后起诉占绝大部分而成为一种常态，而不起诉往往被忽略了。暂缓起诉属于起诉流程的中止，通过赋予犯罪嫌疑人从事一定时间的社会服务方式，对犯罪嫌疑人的应受惩罚性进行考察，并视情况最终考虑是否作出酌定不起诉决定，这是对于检察机关诉权当中不起诉权力实现形式的有益补充。

2. 刑事诉讼法律条款的明确规定

目前，我国检察机关不起诉包括法定不起诉、酌定不起诉和证据不足不起诉、附条件不起诉。《刑事诉讼法》第 177 条第 2 款规定："对于犯罪情节轻微，依照刑法规定不需要判处刑罚或免除刑罚的，人民检察院可以作出不起诉决定"。从以上规定可以看出，现行法律明确赋予了检察机关在刑事案件中对于犯罪情节较轻、无需判处刑罚的犯罪嫌疑人作出酌定不起诉的权利。而目前南沙区人民检察院设置的认罪认罚暂缓起诉，正是以构成犯罪为前提，结合社会公益服务考验时间段来评价犯罪嫌疑人是否具备应受惩罚性，是否可以免除处罚，所以刑事诉讼法规定的酌定不起诉为检察机关适用认罪认罚暂缓起诉机制提供了法律依据。

3. 认罪认罚从宽体现的必由之路

认罪认罚从宽制度的从宽体现，在程序上其核心体现是对犯罪嫌疑人、被告人快审快结，减少案件办理期限，从实体上体现为两个方面，从常态上是在刑罚上体现从轻、减轻，终极意义上则是体现为构罪不罚。具体在南沙区人民检察院审查起诉阶段，南沙区人民检察院在程序上的从宽已有各个地区的先进做法，比如：一步到庭制度、三集中办理模式、捕诉合一等。而实体上的从宽，则主要体现在精准的量刑建议和不起诉处理。结合我国的司法实践，我国侦查机关对刑事案件不具有自由裁量权，在审判阶段进行无罪处理也较少，所以扩张检察机关的不起诉权是落实认罪认罚从宽的有力路径。

4. 保障自贸区企业的重要手段

企业建设与发展，人才骨干储备十分关键。企业业务骨干与管理人员的培养，往往需要耗费数年时间，投入大量精力及机遇提供才能完成。而该部分人员一旦脱岗，极可能对企业的发展和业绩的提高造成较大的影响。虽然对于该类人员向法院建议缓刑也是一种轻缓的处理体现，但只要构成犯罪且留有案底，许多专业资格将要被撤销，"行家里手"从此无法"发光发热"。为此，通过认罪认罚暂缓起诉机制给予犯罪情节较轻、可能被法院判处缓刑、所在企业愿意留任的企业骨干一次予以改过自新的机会，既能保障自贸区企业的持续发展，也能让犯罪嫌疑人在自己的岗位上勤勤恳恳作出贡献从而"戴罪立功"，又能通过社会服务修复因犯罪而导致的社会秩序破裂，在一定程度上减少社会对立面，更能体现恢复型司法及检察机关的"温度司法"。

（三）认罪认罚暂缓起诉机制设置的借鉴作用

通过上述机制，南沙区检察院截至2018年7月共对26名犯罪嫌疑人适用认罪认罚暂缓起诉，26名犯罪嫌疑人均能在考察期内完成规定的社会服务时长，最终被本院依法作出酌定不起诉决定，占同期不起诉人员比例的19.67%。经跟踪了解，最终作出不起诉决定的案件未有一件被上级机关撤销，也未有一人再犯罪。笔者认为，南沙区检察院的认罪认罚暂缓起诉机制有以下三个方面值得借鉴与推广：

1. 促进检察自由裁量权的运用

比较研究表明，进入20世纪中后期，各个国家的刑事犯罪数量都呈现迅速增长的态势，法院不同程度地出现案件积压，工作效率低下的情况。多数法治国家通过扩大检察机关起诉裁量权的方式控制进入审判程序的案件数量，使大部分刑事案件在检察机关被消化和吸收掉。① 自贸区可以作为探索审前分流制度探索的试验田，累积一定的数据和实践，这是我国对自贸区的定位赋予自贸区检察机关的使命。但只有从立法的层面确立刑事案件审前分流制度才更有利于保障检察自由裁量权的运用。武汉、上海、南京和昆明等地的基层人民检察院也曾针对一些特殊群体的犯罪嫌疑人采用暂缓起诉，当时便有反对者认为暂缓起诉突破了刑事诉讼法的立法规定，违背了宪法规定的平等原则和刑法上罪行相当原则。② 之所以会产生上述质疑，一方面是因为现行立法没有明确出现"暂缓起诉"等审前分流制度的表述；另一方面检察机关作为司法机关的职能没有得到应有的重视。与美国检察官行使自由裁量权以社会公益为标准以及出发点一样，我国检察官同样有参与社会治理的职权要求，有效地利用检察裁量权为当事人提供必要的司法保障，发挥保障人权以及维护公益的作用，检察机关当然可以行使非刑事化处理的权力。在认罪认罚工作中引入暂缓起诉机制，可以为检察机关自由裁量权的行使拓宽途径，进一步促进检察自由裁量权在司法实践当中的运用。

2. 推动庭审替代性程序的完善

在现行的法律框架下，相对不起诉是检察机关起诉的替代性措施。但是，相对不起诉与审前分流实质上是两个不同的概念：前者不需要科处附带性义务，在检察官作出不起诉决定后，公诉权归于消灭；后者是对于那些有追诉必要的案件，检察官根据公共利益和犯罪嫌疑人个人情况，暂时作出不予起诉的决定，同时保留起诉的可能性，犯罪嫌疑人履行法定义务的同时，作出暂缓起诉的决定。因此，暂缓起诉属于提起公诉的范畴，检察官运用起诉裁量权，对犯罪嫌疑人实现非刑罚的矫正。③ 非刑罚矫正目前主要针对的是未成年犯罪嫌疑人，这符合对未成年人犯罪由报应主义向保护主义转化的潮流，彰显对该类特殊人群的特殊利益的考虑。但从分流程序设计的初衷来看，暂缓起诉对象强

---

① 参见卢建平、王晓雪：《以审判为中心视角下检察权的定位与运行》，载《浙江大学学报》（人文社会科学版）2017年第3期。

② 参见张泽涛：《规范暂缓起诉——以美国缓起诉制度为借鉴》，载《中国刑事法杂志》2005年第3期。

③ 参见陈佑武：《刑事诉讼法修改中设立暂缓起诉制度实证调查》，载《华中科技大学学报》（社会科学版）2010年第4期。

调的是轻罪,适用对象可不限于未成年人,部分过失犯罪、残疾人犯罪案件、老年人犯罪案件等,都可以成为分流程序适用的对象。① 由于审前分流机制未完全建立起来,我国现行非刑罚处理方法也比较单薄,无法满足现实需要。②

广州市南沙区检察院的认罪认罚暂缓起诉的非刑罚处理为监督考察,该种观察考验是检察机关主导、犯罪嫌疑人所在单位或企业配合,共同落实观察考验措施。为了避免没有固定的机构容易让"监督考察"沦为单纯的一纸承诺,该院借鉴美国审前分流机制,建立以检察机关、公安机关、社工组织各部门通力合作的社会支持体系,在决定进入分流程序后,对自愿认罪认罚的犯罪嫌疑人采取"以检察机关为主导、司法社工为辅助"的考察模式,要求犯罪嫌疑人统一到南沙团区委下设的"团青汇"社工组织进行对接报到,并赋予其一个月内必须按照社工组织的要求完成20~60个小时不等的社会服务,由司法社工全程跟踪社会服务情况,从而充分体现"认罪认罚"不起诉决定当中"认罚"的具体内容,既体现惩罚功能③,又体现保障社区利益。在赋予社会服务的同时,南沙区检察院也将暂缓起诉的犯罪嫌疑人基本情况通报辖区公安机关,定期了解该人员在考察期内是否违反取保候审规定、有否实施新犯罪或违反治安管理规定、是否存在遗漏犯罪等情况,确保考察的全面、真实。

3. 保障分流程序性权利的落实

2016年9月4日施行的《关于在部分地区开展刑事案件认罪认罚从宽制度试点工作的办法》中明确规定"应当告知犯罪嫌疑人、被告人申请法律援助的权利""应当告知犯罪嫌疑人享有的诉讼权利"。上述办法还分别就"侦查阶段""审查起诉阶段""人民法院审理认罪认罚案件"三阶段,又分别强调必须告知犯罪嫌疑人享有诉讼权利的条款,可见认罪认罚机制试点对权利告知的重视。实践中,为保证犯罪嫌疑人、被告人明确知悉其诉讼权利,在审查起诉阶段就需要签署不少于两份的权利义务告知书,检察官、辩护人或值班律师亦向犯罪嫌疑人口头解释其在认罪认罚案件中的诉讼权利。可以说,以认罪认罚不起诉案件为代表的审前分流程序性权利告知已经落实得相当到位。南沙区检察

---

① 参见张寒玉:《构建我国暂缓起诉制度的思考》,载《人民检察》2006年第4期。
② 参见冯亚景:《公诉机关起诉替代措施研究》,载《中国刑事法杂志》2006年第1期。
③ 参见魏晓娜:《完善认罪认罚从宽制度:中国语境下的关键词展开》,载《法学研究》2016年第4期。

院将认罪认罚从宽试点工作与暂缓起诉创新试行相互融合，可以充分确保适用认罪认罚暂缓起诉的犯罪嫌疑人在审查起诉环节已经获得委托辩护人、指定辩护人或者值班律师的法律帮助，在及时理解其诉讼权利、案件证据情况、罪名认定结果的基础上，考虑是否适用认罪认罚暂缓起诉制度。若犯罪嫌疑人、辩护人明确表示不同意适用认罪认罚暂缓起诉制度，检察机关将依法对案件作出起诉决定，最大限度地保障犯罪嫌疑人的程序选择权。

自贸区检察工作与"智慧检务"工程融合发展研究

——以南沙区人民检察院为视角

楼再力[*] 袁训文[**]

【摘 要】"智慧检务"就是顺应"互联网+"的发展趋势,按照推进电子检务工程的具体要求,充分运用互联网发展成果,探索构建"互联网+检察"的工作模式,以信息化引领检察工作现代化,实现检察工作的与时俱进和创新发展。本文主要对南沙区人民检察院在实践"智慧检务"方面所做的努力进行阐述,结合基层检察院的实际,提出下一步探索推进自贸区检察工作与互联网、大数据、人工智能等新技术融合发展的努力方向。

【关键词】自贸区 智慧检务 互联网+ 大数据 人工智能 检察工作

"互联网+"是当前人类信息社会发展的标志和产物,其特点是以互联网、大数据、云计算、移动网络等为代表的新兴信息科学技术,深入影响人类社会生活的各个环节,检察工作也不例外。

"智慧检务"是指检察机关以电子检务工程为抓手,构建"信息感知、网络传输、知识服务、检务应用、运行管理"五位一体的检察信息化应用体系,通过运用云计算、大数据、物联网、人工智能等新技术,促进检察工作与信息化深度融合,实现"人在干,数在转,云在看"。[①]"智慧检务的核心任务是在检察机关数字化、网络化、信息化的基础之上,实现检察工作的全

---

[*] 楼再力,广东省广州市南沙区人民检察院技术科科长。
[**] 袁训文,广东省广州市南沙区人民检察院技术科科员。
[①] 赵志刚、金鸿浩:《传统检察信息化迈向智慧检务的必由之路——兼论智慧检务的认知导向、问题导向、实践导向》,载《人民检察》2017年第12期。

面智慧化。"①

南沙区人民检察院依托南沙国家级新区，南沙自贸区的独特优势，牢固树立"互联网＋检察工作"理念，贯彻落实"科技强检"战略，充分运用互联网、大数据、云计算、物联网、人工智能等现代科技手段，将信息技术与检察工作深度融合，积极打造具有南沙特色的"智慧型检察院"，为进一步深化南沙区人民检察院的检察工作改革创新，服务南沙新区，南沙自贸区的法治建设提供强有力的保障。

一、树立三个意识，打造自贸区检察机关"智慧检务"模式

南沙区检察院以科技强检战略推动检察工作，主动拥抱大数据、云计算、人工智能等现代科技，积极开展智慧检务建设，做了以下探索：

（一）树立"资源"意识，以"数据"助力办案

习近平总书记指出，大数据是新的石油，是本世纪最珍贵的财产，谁掌握数据，谁就掌握了主动权。南沙区检察院积极树立"数据就是资源"的意识，主动拥抱大数据，助力检察办案。

基于大数据、云计算和人工智能构筑智能量刑辅助系统。运用大数据思考方式，系统整合法院五年来的刑事判决数据，由机器自动识别、抽取个案情节，推送众数判决，实现量刑建议的精准化和可视化。而依托智能量刑辅助系统，南沙区检察院提出的量刑建议精准度高，符合南沙司法实践，且有大数据分析作为强大的说理支撑，审判法官对量刑建议精准度十分认可。从2016年12月至2018年7月，南沙区检察院对1288名犯罪嫌疑人启动了认罪认罚从宽机制，量刑建议提出率为100%，其中对86%以上的犯罪嫌疑人提出了准确型量刑建议，法院的采纳率高达98%。今年第一季度，法院对量刑建议的采纳率已经达到100%，量刑建议采纳率在全市检察机关排名第一。

（二）树立"共享"意识，以"融合"打破壁垒

互联网时代的精神是开放共享，是信息资源共建共享和合理公平配置的集中体现。南沙区检察院力求打破信息孤岛，融合一切资源，努力实现智能化办案、智能化服务。

---

① 刘俊祥：《"互联网＋"环境下的"智慧检务"工程进路》，载《中国检察官》2016年第6期。

1. 基于信息化技术和模糊检索建立智力支持库系统。建成并使用"刑事智库"项目及其升级版"刑事·法宝"系统。该系统整合了三万余件具有指导意义的刑事案例，按照案例裁判要旨进行了分类整理，支持模糊检索、一键直达，且可同步链接查阅专家学者观点和国外判例。

2. 基于物联网技术建设五大系统支撑检务保障。楼宇智能化集成系统，利用物联网技术对中央空调、灯光、安防、门禁等楼宇设施实现全方位管理，提高大楼综合利用效能。IT智能管理系统，及时掌握信息化设备运行情况，实现IT运维智能化、自动化，确保网络信息系统正常运行。资产管理系统，采用最新科技实现快速物联操作，有效提高资产管理效率与水平。智能档案管理系统，集成智能密集架，实现档案资料的安全管理。访客管理系统，利用RFID技术，实现访客定位，人员有序管理。

3. 基于移动互联网技术建设业务协同系统。移动协同办公系统，实现加密通话、考勤签到、文件审阅、公文审批等功能，提高办事效率。阳光检务平台，两微一端实现网上信访、举报、申诉、律师预约、行贿犯罪档案查询、案件信息和法律文书公开等多种业务，"让数据多跑路，让群众少跑腿"。电子卷宗共享，深度运用电子卷宗系统，所有审查起诉案件全部形成电子卷宗并刻录成盘，律师在线预约或现场申请，阅卷5分钟内即可完成相关手续。

（三）树立"引领"意识，以"智能"满足需求

2017年3月，人工智能首次被写入政府工作报告，人工智能必将深刻改变世界，包括司法工作。南沙区检察院积极拥抱人工智能，努力将人工智能打造为检察人员的得力助手。

1. 基于语音识别、手写识别技术构筑文字自动化辅助系统。部署讯飞语音识别软件，检察官助理制作笔录和草拟法律文书的效率大大提升。现阶段，审查报告和起诉书草拟效率提高100%和40%，各类会议记录基本可以实时生成。下一步该系统将植入文字自动化辅助模块，即针对法律文书中的模块化内容，探索开展"模块化输入"，实现"简单语音指令，规范文书表述"的目标。

2. 基于关键词抓取、人工智能构筑的出庭一体化解决方案。这是基于南沙区检察院需求定制原创性的贴合庭审实质化改革的产品，经办人只需要按照微调后的审查报告版本制作好审查报告，将之导入系统，即可得到出庭一体化解决方案，包括涉案人物关系图、待证事实和证据球匹配、电子卷宗自动链接以

及瑕疵证据自动预警等功能，不仅可以用于出庭，还可以用于案件汇报。

3. 基于机器学习技术构筑的法律文书纠错系统。可实现自动检查法律文书的书写、用语、法条引用等是否存在错误并予以提示，确保法律文书的规范、准确，有效破解了员额制之后法律文书错漏增加的问题。

二、推进"智慧检务"工程中遇到的挑战阳光检务平台的服务功能尚未得到充分发挥

一是门户网站和"两微一端"的建设除了侧重于信息的传播外，还需要做好"公开"和"服务"两方面工作。"公开"就是要注重公开与公众相关的检察信息，针对受公众关心的重大事件、政策等，在第一时间提供权威信息，有效地引导公众舆论；"服务"就是阳光检务平台须强化便民服务功能，通过在线查询、受理、办结、发布等将线下检察服务与线上办事服务相结合。二是"互联网＋检务公开"配套机制不完善。受基层检察院的一些实际困难的制约，比如检察机关的检察业务专网是秘密级局域网，与互联网物理隔离。这虽然保障了信息系统的安全，但从客观上阻碍了信息在检察专网和互联网之间的传递，影响了检务公开的效率。

（一）部门间信息壁垒与协同共享要求的矛盾突出

目前在推进"智慧检务"工程过程中，存在资源分散、信息孤岛等问题。检察院、法院、公安等政法单位的信息系统自成体系，彼此独立和封闭，需要跨部门移送的案件仍依赖于传统方法，阻碍了信息流通、更新和共享。

尚未接入本级行政机关的数据共享平台，不能便利获取和使用便于侦查部门办案所需要的各种电子数据。目前行政部门建设的数据共享平台已包含如公安户政信息、车辆、房产、所社保、水电、计生、税务、工商、移动通讯等海量数据，这些政府相关职能部门以及采集的数据资源，就是我们构建侦查与监督"大数据"的基本素材。

（二）复合型检察技术人才的缺乏和资金保障不足

在"互联网＋检察"工作迈向深度融合的过程中，需要既懂现代互联网信息技术又懂检察业务的复合型人才，在基层检察机关中适应新形势新要求的综合型创新型人才在数量与质量上均不能满足需求，造成检察技术人才不足的主要原因有：一是随着检察官员额制的实施，检察技术人员的职业待遇与其工

作任务重、工作强度大、工作内容杂等现状形成了鲜明的反差,导致很多技术人员不愿意从事检察技术工作,而选择走检察官序列,造成人才流失和队伍不稳。二是对于检察技术人员普遍存在重使用、轻培养的现象,在技术人才的培养投入上比不上对设备的投入。

三、探索自贸区检察工作与"智慧检务"融合发展的努力方向

(一)探索"互联网+检务公开",拓展司法为民新领域

互联网思维的核心是用户思维,在检务公开的各个环节中都以群众需求为中心去考虑问题。阳光检务平台作为自贸区检察机关对外联络服务民众的入口,其建设应借鉴"互联网+"领域先行者的经验,以公众体验为中心,为公众提供更多符合其实际需求的案件信息和检察服务,吸引群众积极参与。打造互联网时代的O2O(线上线下相结合)检务公开模式,把阳光检务平台建设成集案件信息公开系统、举报平台整合为统一的服务平台。在服务形式上,依托阳光检务平台作为检务便民的窗口;在服务内容上,主要包括案件进度查询、在线申诉、律师接待、法律咨询、检察人员违纪违法举报等内容,实现网上查询、网上受理、网上答复、网上指引、网上发布。

善于运用人工智能,更好落实便民利民要求,不断满足人民群众零距离沟通、即时性互动、无障碍共享等新需求。建设智能化检察为民综合服务平台,提供更为便捷的信息发布和更加个性化的检察服务。积极整合"信、访、网、电",升级视频接访系统,为当事人提供信访流程、相关法律规定及可能结果预判等服务,引导当事人形成理性预期。探索构建"实体检察院、掌上检察院、网上检察院"三位一体的新模式,通过人工智能将司法为民的好经验好做法集成在智能平台上,通过数字再造,实现更加精准的需求分析和定制化的内容推送。试点建设网上阅卷中心和远程听取律师意见平台,优化辩护人在检察环节的业务网上办理功能,智能分析律师需求变化和趋势,提供更加优质的服务。

搭建电子卷宗系统平台,搭建集电子卷宗制作、电子卷宗查阅及律师阅卷等功能于一体的综合性电子卷宗管理平台。电子卷宗是检察执法信息的重要载体,只有把纸质卷宗、文书转化成电子信息,才能将之通过互联网更快速、更便捷的传递给公众。

（二）建设跨部门共享平台，打破信息孤岛，加强现有资源的整合

大数据、人工智能时代，分享比拥有更有意义。最高人民检察院制定下发了《检察大数据行动指南（2017—2020）》（以下简称《行动指南》）提出了"需求主导、技术牵引、创新协调、开放共享、安全可靠"的总体思路，其中的"开放共享"就是要建立数据共享交换机制。

一是要建立和完善检察机关内部的数据共享交换机制。依托电子检务工程的应用支撑平台，建立纵向涵盖全国四级检察机关，横向跨越不同地区检察机关、不同检察业务的数据采集、共享交换机制，推动跨应用系统、跨业务部门、跨区域层级的检察机关内部数据开放，实现检察数据资源、知识库体系和支撑平台共享。由于目前已全面应用检察机关统一业务应用系统，因此无论是本地区上下级检察机关之间，还是跨地区横向的检察机关之间，原则上不存在应用软件、交换格式上的问题，关键是要明确共享的范围边界和使用方式。

全面推进检察大数据共享交换平台的建设，统一数据格式，梳理各级检察机关的数据资源，理清数据管理及共享的义务和权利，探索建立与公安、法院、司法行政等部门的数据交换协议、格式，推动公检法司以及政府部门间的数据资源共享。因此，公检法基于各自不同的业务需求，确实有相互共享办案资源的需要。

二是要探索建立政法系统数据共享交换体系。以审判为中心的司法体制改革，数据的运用应该以审判为中心，各个阶段虽然有不同的标准，但在数据收集、运用上，不应各自为政，公、检、法之间应该尽快协商解决数据一体化采集问题，打破信息壁垒，建立一个可以整合办案数据资源的协同共享平台，推进公检法跨部门数据共享共用。建立政法信息共享平台，首先，可以实行刑事案件电子卷宗的共享。刑事案件电子卷宗贯穿侦查机关、检察机关、审判机关，电子卷宗共享后，检察机关、审判机关在审理刑事案件过程中，可以复制、摘录侦查机关电子卷宗的笔录内容，减少重复劳动，且完整的电子卷宗可以通过多媒体技术在公诉阶段向当事人、诉讼代理人展示证据材料的内容，包括现场视频和图片，可以使证据材料更加直观地展示。同时也有助于实现刑事档案的电子化，方便归档、查找与利用。其次，可以实现法律文书的网上送达。公安机关的报捕、移送起诉、提押证等，检察院的批捕、提请公诉等，都可在网上进行，这样既可以提高法律文书执行效率，节省法律文书送达人力资

源，在提高办案效率的同时，节约办案成本。最后，可以实现办案过程的网上监督与制约。公、检、法相互网上监督，互相配合、互相制约，提高办案质量。

三是要探索建立面向社会的检察机关数据对外开放体系，充分利用多种信息技术手段、多类型数据信息资源，拓展检务公开深度和广度，提升司法公信力。包括目前广东省检察机关已经实施的行政执法与刑事司法衔接平台、行贿犯罪档案查询平台、案件信息公开网等，设立网上检察院、检务公开 APP 等，拓宽在线受理相关业务渠道，着力深化司法公开，努力维护司法公正。

（三）加大资金投入和加强检察技术人才培养

科技强检战略的实施，智慧检务的落地，背后是资金和人才的保障与支持。通过积极争取政府领导、财政部门对基层检察工作的支持，加大对科技强检战略实施的资金投入。检察机关积极主动制定好检察信息化建设的发展规划，按照需求主导，注重实效的原则用好资金。

建立检察技术人才体系，"互联网＋检察工作"模式需要一支强有力的检察技术信息化队伍，充分借助系统内外资源，加强有针对性的教育培训，加快培养专家型检察技术信息人才。以深化司法体制改革为契机，研究建立与检察技术信息人员履行司法辅助职能相适应的职业发展、晋职晋级等制度，畅通职业发展通道。

通过这几年的实践，我们越来越清楚地认识到，信息化应用的困难与硬件建设相比要大得多，因为"智慧检务"不仅仅是"互联网＋"与大数据及云计算等技术的简单运用，用计算机代替手工劳动，而是理念、思路、方式在检察工作中的全面重组。因此，在目前的网络及硬件条件下，必须紧紧依托信息技术，加快信息化技术向实际应用的转化，不断增强检察工作的科技含量，通过信息化进一步促进执法办案规范化、提高办案效率和质量、推进检务公开、加强检察事务管理，才是信息化建设的最终落脚点。在新的历史起点，机遇与挑战并存，南沙区人民检察院将继续深化科技强检战略，更加积极主动地拥抱大数据、人工智能时代，进一步强化科学技术与检察工作的深度融合，切实加快"智慧检务"建设，不断提升检察工作现代化、信息化水平，为检察工作插上现代科技的翅膀！

检察机关参与自贸区共建共治共享
社会治理格局建设问题研究

梁向军[*] 何嘉丽[**]

【摘　要】党的十九大报告提出，要打造共建共治共享的社会治理格局。习近平总书记参加十三届全国人大一次会议广东代表团审议时指出，广东要在营造共建共治共享社会治理格局上走在全国前列。为贯彻中央精神，本文对共建共治共享社会治理格局的概念进行阐释，结合南沙自由贸易试验区的背景分析论证了共建共治共享社会治理创新所面临的问题，并根据以上问题针对性地提出对检察机关参与共建共治共享社会治理格局建设的具体路径。

【关键词】共建共治共享社会治理格局　检察机关　自贸区

2018年3月7日，十三届全国人大一次会议期间，习近平总书记在参加广东代表团审议时强调，广东要在构建推动经济高质量发展体制机制、建设现代化经济体系、形成全面开放新格局、营造共建共治共享社会治理格局上走在全国前列。坚持在法治轨道上统筹社会力量、平衡社会利益、调节社会关系、规范社会行为、化解社会矛盾，以良法促发展、保善治，让人民群众在每一个司法案件中感受到公平正义，使尊法学法守法用法成为广大人民群众共同追求，确保社会在深刻变革中既生机勃勃又井然有序。2018年8月24日上午，中央全面依法治国委员会第一次会议召开。中共中央总书记、国家主席、中央军委主席、中央全面依法治国委员会主任习近平主持会议并发表重要讲话："要推进法治社会建设，依法防范风险、化解矛盾、维护权益，加快形成共建共治共享

---

[*] 梁向军，广东省广州市南沙区人民检察院控申科主任科员，员额检察官。
[**] 何嘉丽，广东省广州市南沙区人民检察院控申科试用期干部。

的现代基层社会治理新格局,建设社会主义法治文化。"①习近平总书记的重要讲话不仅赋予了广东新时代社会建设的新使命,也为社会治理改革创新提供了方法论指导。

习近平总书记的重要讲话,充分体现了党中央对共建共治共享以及对广东发展的高度重视、亲切关怀和殷切期望,强调了检察院在共建共治发挥的重要作用,催人奋进。作为检察干警,我们要提高政治站位,深刻领会总书记重要讲话的丰富内涵和精神实质,牢固树立"四个意识",坚定"四个自信",坚决维护以习近平总书记为核心的党中央权威。要讲政治、顾大局、谋发展、重自强,结合检察工作实际,细化责任分工,认真贯彻党的各项工作部署,努力答好新时代检察工作人民满意答卷。

一、共建共治共享社会治理格局的内涵

社会治理是政府治理和国家治理的基础,加强和创新社会治理是我国社会主义社会发展规律的客观要求,是人民安居乐业、社会安定有序、国家长治久安的重要保证。共建共治共享社会治理格局,是党委领导、政府负责、社会协同、公众参与、法治保障下的一种社会治理体制。共建共治共享坚持把人民利益摆在至高无上的地位,让改革发展成果更公平地惠及全体人民,朝着实现共同富裕的目标不断迈进,从根本上体现了以人民为中心的发展思想。②共建共治共享社会治理格局要求更加注重联动融合、增强合力、多方参与、共同治理;更加注重科技引领,提升社会治理的现代化、专业化和职能化水平;更加注重运用法治思维和法治方式,激发人民群众的主体意识和守法积极性;更加注重从源头上预防和减少矛盾发生,从被动应对转向主动预防。

社会治理法治化水平的提高,能够为社会治理社会化、智能化和专业化提供保障。只有依靠法治,实现社会治理法治化,善于运用法治思维和法治方式来解决各类社会治理问题,充分引进公众参与、专家论证、风险评估等关键节点的程序,追求正当程序价值,坚持说明理由原则,才能提高社会治理社会化

---

① 郝多:《这个委员会首次开会!4组数字读懂习近平重磅讲话》,载新华网,http://www.xinhuanet.com/politics/2018-08/25/c_1123326703.htm。

② 徐汉明、邵登辉:《打造共建共治共享社会治理格局》,载人民网,http://paper.people.com.cn/rmrb/html/2018-06/21/nw.D110000renmrb_20180621_1-07.htm。

水平,并确保社会治理的智能化和专业化,推动形成共建共治共享的社会治理格局。国家检察机关作为国家法律监督机关,实施法律监督的过程,同时也是处置社会事务、化解矛盾的重要途径。从规范层面而言,检察权的行使过程是依法对社会行为进行引导、示范、评价和规制的过程,这种司法行为不仅表现直接而且影响深远,已经成为我们国家和社会治理中不可或缺的重要环节。因此,在当前全面创新社会治理体系、提升社会治理能力的过程中,检察机关理所当然应有作用。

二、自由贸易试验区背景下共建共治共享社会治理创新所面临的问题

南沙新区片区被誉为广州"未来之城"、寄予发展厚望的区域,从国家级新区到自贸区,正以日新月异的速度发生着巨变,不断创造着发展的奇迹。在此重要的历史时刻,南沙区检察院从全局的战略高度,积极参与社会治理创新工作,延伸法律监督职能,为加快推动南沙新区、自贸区大开发大发展发挥了积极作用。

(一)自贸区新型疑难案件出现

规范有序、公平竞争、诚实守信的市场环境是一个地区投资环境良好、吸引客商投资入住的极其重要的环境因素之一,因此,整顿和规范市场经济秩序就显得尤为重要。有学者统计了2016年1月1日至2017年6月30日天津、上海、广东、福建四个自贸区涉自贸区案件量总体情况,四个地区在上述期间受理案件变化情况分别为:天津地区同比增幅为38.6%,上海地区同比增幅5%,广东地区同比增幅40.2%,福建地区同比增幅57.2%。以上数据表明各地区的涉自贸区案件数量同比均有所增长,且在总体趋势上案件数量呈上升态势,各地金融类纠纷和房地产类纠纷占较大比重,民间借贷纠纷、金融借款合同纠纷及融资租赁纠纷类案件多,占据各地区案件受理数量前十之列,广东自贸区内涉港澳案件数量大。[①] 自贸区投资便利化及利好的金融政策,使得金融机构扎堆聚集,商事主体较一般地区更为活跃,自贸区内资金需求旺盛,资金流动频繁,交易活跃,金融创新产品和种类层出不断,此类纠纷更具有专业性

---

① 天津市滨海新区人民法院课题组:《涉自贸区案件专题分析报告》,载《法律适用·司法案例》2018年第6期。

和复杂性,同时涉外案件数量增多,对司法人员的金融知识储备提出更高的要求,既要精通刑事和民商事法律,也要熟悉国际惯例和通行规则。

(二)社会治理任务繁重

幸福感、安全感高的宜居城市更具有吸引力,要擦亮安全城市的品牌,形成适宜安居落户的好口碑,这意味着自贸区承担的社会治理的任务更重。然而随着南沙自贸区的经济社会领域各项改革的不断推进,落户南沙自贸区的企业数量成倍上升,外来务工人员数量急剧增多,人员流动性增强,人口结构的多元化趋向越来越突出。南沙自贸区的不同群体之间利益需求剧增,对社会公共治理与服务的需求越来越强烈。大量人口集聚在同一社会环境中,不可避免会产生一些摩擦和冲突。由于社会闲散人员增多,流动人口服务治理成为难点,一些特殊人群成为违法犯罪的主体,同时,随着南沙自贸区的发展深入,征地拆迁工作逐步推进,社会不稳定因素相应增多,有的是群众长期居住在祖传的老房之中不愿搬迁,有的是认为补偿金额过低,有的是对政府的安置不满意,也有极个别的是想趁拆迁之机敲开发商或政府的竹杠,形成了"钉子户"和拆迁户与有关政府部门之间的矛盾和斗争,有的导致暴力抗法或恶性事件,有的引发了群体性事件,这些情况的出现,使社会治理任务较以往更加繁重。

三、检察机关参与共建共治共享社会治理格局建设的具体路径

社会司法的特质在于纠纷解决的主体选择自治与规范自治,其本质是社会自治。国家治理能力的提高有待于整合国家力量与社会力量,形成"共建共治共享"的社会治理的格局,进而催生出一个文明、理性、和谐而又诉诸法治的现代社会秩序。[①] 检察工作作为党和国家工作的重要组成部分,是维护社会稳定、守护公平正义的责任主体,责任重大。南沙区检察院自觉将检察工作纳入自由贸易试验区建设全局工作中,立足于南沙所处的历史方位和面临的阶段性任务,以完善工作体制机制、加强基层基础为保障,稳步推进社会治理创新工作,推进社会治理系统化、科学化、智能化、法治化,为服务南沙转型升级、更好参与共建共治共享的社会治理格局建设提供了实践依据。

---

① 蒲虎:《现代法治视角下社会司法对国家治理的意义——兼论一种"共建共治共享"的大司法治理格局的建构》,载《法治社会与社会司法——第二届法治战略论坛摘要集》,2017年11月。

（一）严厉打击与宽严相济相结合，提供法治化营商环境

1. 严惩危害社会治安、威胁人民生命财产安全犯罪

要占领发展先机，要吸引大量人才，就必须营造平安宜居住的环境，留得住人，才发展得起。安全和谐的社会环境是自贸区建设的基础，所以如危害公共安全、故意伤害、绑架、抢劫等恶性暴力的犯罪一定要认真严肃处理，起到良好震慑作用。将常态打击与专项打击结合起来，在审查过程中注意是否可能属于"黑""恶"势力，应全国"扫黑除恶"专项斗争的号召，绝不姑息放过严重影响人们正常生活、生产的"黑""恶"类型犯罪。

2. 严厉打击妨碍自由、公平竞争各类经济犯罪

如侵犯商业秘密、侵犯知识产权、金融诈骗、走私、非法集资、洗钱、逃汇、融资租赁、商业保理、金融衍生品交易等金融、知识产权犯罪案件及电信、医疗、法律、旅游、财会、电商等服务类行业中出现的刑事案件，依法快捕快诉，同时通过对涉自贸区民商事纠纷案件处理的检察监督，强化对自贸区企业的法律保护，为自贸区建立公平竞争的营商环境提供保障。

3. 注重宽严相济的刑事政策，发挥自贸区特色

对于影响自贸区人们正常生活、企业正常生产的严重犯罪，自然要严惩不贷，但自贸区区别于其他一般地区，更重要的是体现在包容性上，对于由于创新或者对政策理解错误的涉嫌轻微刑事犯罪的犯罪嫌疑人有更多"无罪""最轻"机会。如南沙区检察院还在全省率先制定《关于涉自贸区适格犯罪嫌疑人暂缓起诉工作规程》，对涉嫌轻微刑事犯罪、确有悔罪表现、且对自贸区企业建设具有一定贡献的企业骨干、高层管理人员暂缓起诉，并配套暂缓起诉犯罪嫌疑人社会贡献量化评估制度、社会服务令制度和不起诉听证会制度。因此，要求检察人员高度注意国内法律法规在自贸区内的调整适用以及自贸区先行先试的政策规范，准确区分虚报注册资本、虚假出资及抽逃出资行为罪与非罪的界限，审慎处理非法经营、逃汇与骗购外汇等案件，贯彻刑事宽严相济政策。

（二）做好风险研判和防控预警，提供事前预防检察服务

1. 建立办案风险预警工作模式，强化检察环节预防

强化检察环节预防，建立办案风险预警工作模式，排除不稳因素。积极贯彻将化解矛盾纠纷贯穿在执法办案中，扎实推进风险预警评估的工作，建立"1432"的风险预警程序和模式。"1"是指由案件承办人作为风险评估责任人，

做到"谁承办、谁评估、谁负责";"4"是指细化评估等级,细分为"绿、蓝、橙、红"四级预警级别;"3"是指多部门联动,按预警级别分别或同时联动侦监、公诉、控申和外宣部门;"2"是指成立快速联动应急指挥小组、应急处置小组两个小组。该风险预警工作模式,充分调动和盘活了多个部门的人员职能,实现风险评估范围的最大化和捕诉衔接的快捷化,对可能出现的不稳定因素及时排除,向来访人加强说理释法,有效提升办案质量和舆情研判的力度。

2. 化解基层社会矛盾机制建设,延伸修复社会关系职能

建立多元司法参与平台,构建系统化、多元化的纠纷解决机制。在涉自贸区金融、投资、贸易、知识产权等案件中引入专家咨询机制。建立自贸区商事纠纷特邀专家名册,引入政府机构、专业调解组织、多领域商会组织、金融保险等行业协会的专家参与纠纷化解。针对南沙自贸区发展过程中征地拆迁、环境保护、薪酬劳资等领域的矛盾纠纷,推动专业性调解组织建设,提高社会矛盾化解的专业化、社会化水平。要认真学习新时代"枫桥经验",强化释法说理,化解社会矛盾,延伸修复社会关系的职能。检察机关执法办案就是要以法律责任追诉为手段,保护国家、集体、个人的合法权益。一方面要惩治导致矛盾的被告方;另一方面要维护被害方的合法权益,弥补被害方的损失。从某种意义上来讲,检察机关执法办案适当向化解社会矛盾延伸,具有对激烈社会矛盾进行纠偏、修复和治理的作用。因此,推进社会治理创新,检察机关要以释法说理为依据,沟通信息,分清责任,定分止争,修复受损的社会关系,坚持以人为本、和谐发展的法治特征。打造司法为民"一站式"服务窗口,严格落实涉法涉诉信访事项依法终结制度,动态排查防控信访风险,为南沙自贸区经济社会发展营造良好环境。

3. 建立涉港澳纠纷风险防控体系,实现跨区资源信息共享

针对涉港澳的刑事案件较为多发的现象,紧紧围绕自贸区"依托港澳、服务内地、面向世界"的目标定位,突出自贸区作为粤港澳深度合作示范区、现代产业新高地、综合性服务枢纽的区域特色,要利用好粤港澳大湾区的地区行业优势,与涉港澳商会、行业协会密切联系,建立联席会议制度,定期通报潜在纠纷风险,提出合理化建议,加强对矛盾纠纷的诉前防控。加强对重大纠纷风险的识别和系统性风险的防范,做好反洗钱、反恐怖融资工作,防范非法资金跨境、跨区流动,完善粤港澳反洗钱和反恐怖融资监管合作和信息共享机制。同时,在积极促成相关方的共识的基础上,可探索合作实施检察工作交流、合

作研究、执法衔接配合、典型案例研究、检察工作人员互相借调学习等机制。

（三）注重多方联动共同治理，实现社会共建共享共治目标

1. 实施事中事后监管模式，联合政府全程监督企业生产

自贸区为实现投资便利，鼓励资金涌入，从严格的准入前"正面清单审批为主，准入后监督为辅"转变为"准入后监督为辅，正面清单审批为主"的模式，意味着从当前复杂严格的严把入口的审批制，改革为注重事中事后监管的备案制。[①] 政府各部门要逐步建立健全与人民法院、人民检察院等司法机关之间的信息共享和协调合作机制，有效形成工作合力，通过监管联动、执法协作等方面的制度支撑事中事后监管，是自贸区改革重要方向之一。

因此，可依托行政执法与刑事司法衔接信息共享平台等科技手段，进一步加强"两法衔接"工作，做好信息共享平台的信息录入、人员管理及平台维护工作，实现与政府通力合作、信息互通、案件情况通报。同时加强对辖区内相关行政机关及其站所的行政违法行为、行政强制措施及时开展监督，督促政府依法行政。

2. 强化对其他基层执法活动监督，保障基层群众合法权益

法律监督权既体现了权力在不同部门间的配置，也体现了权力的分立与制衡。检察机关的法律监督权赋予了检察机关纠正违法行为、检察建议等权力，这些权力是在检察机关参与相关执法办案环节过程中行使的，具有较强的针对性。监督公权首先应该监督最贴近人民群众、最有可能侵犯人民群众利益的基层执法司法活动。加强对公安机关基层派出所的刑事立案、侦查活动依法进行监督，打破传统依附于审查逮捕审查起诉办案、依赖于办理群众控告申诉的监督思维方式，实施全面覆盖式的监督模式，重点监督有案不立、有案不移的情况。加强对辖区司法所的刑罚执行活动进行全面动态监督，及时发现刑罚执行活动中存在的问题。加强对基层派出法庭审判活动监督，依法办理群众控告的审判活动违法的监督案件和当事人申诉的民事生效裁判案件，促进公正司法。检察机关在开展法律监督过程中，可以进一步规范和促进被监督主体更加积极参与社会治理创新，进一步强化法律监督职能，凸显法律监督刚性，为实现自贸区建设增强创新发展动力。

---

① 杨海坤：《中国（上海）自由贸易试验区负面清单的解读及其推广》，载《法学论坛》2014年第3期。

3. 强化检察服务平台建设，拓宽公众参与共建共治途径

完善派驻镇街检察室，更好地服务基层。随着反贪反渎转隶，自侦权不再属于基层检察院，基层检察室收集职务犯罪线索的重要功能将失效，派驻镇街检察室应当何去何从？依托现有的派驻镇街检察室，延伸法律监督触角，及时收集线索并受理辖区群众控告、刑事申诉、民事申诉、司法救助申请、国家赔偿申请等，方便人民群众来信来访。还有学者认为，设置派驻公安派出所基层检察室，加强对其刑事侦查活动及其他刑事相关活动的监督，同时，由于派驻检察室更接近最基层，可以对司法所的社区矫正工作和监外执行进行观察和监督。[①] 此外，发挥派驻检察室扎根群众、接近群众的独特优势，如在接受控告、申诉方面，应当主要依托派驻检察室，积极收集相关的法律监督线索。[②] 总而言之，力争做到工作在基层、社会矛盾化解在基层，减少辖区群众到检察机关办理相关事项的路途奔波，打造群众"家门口的检察院"，拓宽公众参与共建共治途径。

除了提供线下服务外，还要提供线上服务，推进司法公开，保障当事人的知情权和参与权。充分发挥"互联网+"的优化集成作用，打造网站、微博、微信、今日头条等媒体矩阵，全面公开司法信息，推进司法宣传。利用好"12309检察服务中心"，畅通群众诉求渠道。进一步完善网上信访、视频接访系统，为群众提供全方位、全覆盖、立体式的"一站式"便民检察服务。注重以人为本，把群众工作贯穿检察工作之中。严格按照首办责任制的要求，坚持"谁主管、谁负责"的原则，及时畅通群众诉求渠道，沟通思想，做好息诉罢访。建立窗口服务与网上服务并行的多渠道、一站式对外服务平台，构建开放、动态、透明、便民的阳光司法机制。

---

① 梁利波、张东：《基层检察室的设置与职能研究》，载《华北水利水电大学学报》2017年第4期。

② 刘冬根、杨世增、王继远：《派驻乡镇检察室法律监督权行使机制与路径选择》，载《五邑大学学报》2016年第4期。

司法警察职能概述

——自贸区检察机关司法警察职能深化初探

詹 锐[*]

【摘 要】立足检察职能,服务保障自贸区建设,提供有力的司法保障和高效优质的法律服务,是自贸区检察机关的责任和使命。检察机关为自贸区改革创新提供司法保障,其本质就是维护自由和公平的竞争秩序,通过开展齐头共进措施:一是加大惩处权力滥用、监管缺位、失效背后隐藏的国家工作人员的职务犯罪;加大打击涉及贸易商事方面的犯罪;加强公益诉讼活动的进行。二是强化法律监督职能,加强刑、民、行政诉讼监督。为有效保障检察工作顺利高效开展,结合检察机关司法警察职能,笔者就自贸区检察机关司法警察职能中围绕检察机关对区域范围内的职务犯罪提起公诉及公诉阶段自行补充侦查、公益诉讼调查等方面提出进一步深化的设想。

【关键词】司法警察 职能 补充侦查 公益诉讼调查 深化

2013 年,首个自由贸易试验区——中国(上海)自由贸易试验区在上海浦东正式宣告成立;2014 年,广东、天津、福建三个自贸区设立,并扩展上海自贸区的实施范围;2016 年,辽宁、浙江、河南、湖北、重庆、四川、陕西 7 个自贸区设立。建设自贸试验区,是以习近平同志为核心的党中央在新形势下全面深化改革、扩大对外开放的一项战略举措。自贸区发展的目标是实现国际化、法治化、市场化,作为法律监督机关的检察机关,必须深入贯彻落实党中央决策部署,立足检察职能,通过加大对涉自贸区职务犯罪提起公诉力度,提高对发生在自贸区范围内的一般刑事案件审查逮捕和起诉的效率与质量,加强相关案件刑事诉讼监督;加大对自贸区民商事审判、行政执法活动进行法律监督

---

[*] 詹锐,广东省广州市南沙区人民检察院司法警察大队副大队长。

的力度；增强对发生在自贸区范围内损害社会公共利益的案件提起公益诉讼的能力，全力营造优质的营商法治环境，服务保障自贸试验区建设，是检察机关义不容辞的重要使命和职责。作为自贸区检察机关的一支特殊力量，更是要充分发挥其职能，在夯实原有基础上进一步深化，切实为自贸区检察机关在履行检察职能的过程中，不仅提供常规性的警力保障，更是需要通过深化职能开展，为自贸区检察机关发挥法律监督机关作用提供有力的侧位支撑。以下，笔者通过对中外司法警察的发展和职能及我国检察机关司法警察目前履职概况进行分析，探索为提高自贸区检察机关业务在开展警务保障层面中应如何深化现有职能。

一、中外司法警察的发展与职能的异同

（一）域外司法警察的发展与职能

"司法警察"是近代警察制度发展细分的警种之一。19世纪初，法国首创了世界上现代意义的专职司法警察队伍。此后，世界许多国家尤其是西方各国纷纷效仿。"司法警察"在英文中一般翻译为"Courtroom officer""Bailiff"或者是"Judiciary Police"，不过"Courtroom officer""Bailiff"两个都是属于狭义的司法警察，也就是法庭警官或者法庭执行官，专指在法庭维护秩序的警察。"Judiciary Police"则可泛指在司法机关中维护司法秩序，执行司法机关命令的警察。根据我国国情，"Judiciary Police"的概念更为符合我国对司法警察的定义。之所以有不同的翻译，是因为各国司法警察的职能根据各国的国情设置，主要是维护保障司法秩序的正常运作，一般有以下职能：对司法机关及有关人员履行安全保护职能、在检察官指挥下或自行决定履行一般刑事案件侦查职能，根据司法机关或者司法官发出的司法决定履行强制执行职能。如俄罗斯联邦司法警察负责警卫法院，保障法官和诉讼程序其他参加人的安全，拘传证人到庭，保证各级法院、国际法庭和外国法院判决的执行。[①] 美国的司法警察除上述职责外，还负责证人的保护以及诉讼期间脱逃被告人或犯罪嫌疑人的追捕工作。[②] 另外，美国的司法警察还有权参与处置涉及违反联邦法律或严重损坏联邦财产的严重社会骚乱事件以及恐怖主义事件、劫持人质事件等。在日本、法国、中国台湾地区以及中国澳门等地，司法警察均主要履行刑事侦查的职

---

① 吴玲：《俄罗斯司法体制概述》，载中国法制网，http://www.legaldaily.com.cn/misc/2005-05/28.
② 马跃：《美国刑事司法制度》，中国政法大学出版社2004年版，第154~155页。

责,类似于我国的刑事警察。

(二)我国司法警察的发展与职能

在我国,司法警察始于清末,在 1906 年,清政府改刑部为法部,统管全国司法行政,改大理寺为大理院和各级审判厅,相应设立了各级检察厅,当时检察厅的职责就是对刑事案件实行侦查、提起公诉,充当民事案件的诉讼当事人和公诉代理人,监督判决的执行等。为了适应审判厅和检察厅履行司法职能的需求,在各级检察厅中设置了司法警察,主要履行逮捕人犯、收集证据、押送人犯、取保传人、检验尸伤、接受呈词等任务。在国民党统治时期:这个时期司法警察是为协助检察官和推事(后改称审判员)办理案件而设置的特殊警种,其人员有专职与兼职之分。在新民主主义革命时期:这个时期无论是工农民主政权还是抗日民主政权、解放战争时期人民民主政权,都建有革命的司法机关,尽管明确有司法警察的职务,但没有专门的人员履职,主要是通过司法机关调用赤卫队、警卫员、公安民警等人员执行司法警察的职务。中华人民共和国成立后,随着人民司法制度的建立和发展,司法警察作为特殊警种分设于各级人民法院和人民检察院之中。改革开放以后,我国司法警察是依据《中华人民共和国人民警察法》《中华人民共和国人民法院组织法》《中华人民共和国人民检察院组织法》《人民法院司法警察条例》《人民检察院司法警察条例》等设立在法院、检察院两家司法机关中,是中华人民共和国人民警察的警种之一,隶属于司法机关,通过行使职权,维护审判与检察的工作秩序,预防、制止妨碍审判和检察活动的违法犯罪行为,保障审判和检察工作的顺利进行。总括来说,我国司法警察从成立至今的主要任务是为了维护检察和审判工作的正常秩序,贯穿司法活动的始终,其职能对应不同时期检察机关和审判机关的职能变化而变化。司法警察是带有司法性质和行政性质,通过行使职权,执行相应的强制手段及措施,保障检察机关及审判机关依照法定职权和法定程序具体运用法律处理案件专门活动顺利开展的警察。

(三)域外司法警察与我国司法警察在职能上差异的原因

从以上可以看出,无论是域外的司法警察还是我国的司法警察,从本质上看,司法警察是通过行使警察权,以强制手段或者一定层次的武力,以保障司法机关正常工作秩序或者诉讼程序正常开展为目的,协助检察官、法官执行司法决定或者以单独行使刑事警察权参与诉讼。区别在于行使警察权细分过程涉及范畴大小,法律规范的严整性以及与行政权交叉程度的深浅。笔者认为,司法警察的含义及职能之所以存在一定的差异,主要是因为各国司法体制的差异而不同。在三权分立的国家,司法是与立法、行政相对应的一项国家活动,即国家适用法律解决纠纷的活动。在这些国家,所谓司法就是审判,相应地,司法权就是审判权,司法机关仅指法院。至于检察权,则是作为行政权的一部分,因而检察机关隶属于政府行政系统。如在美国,检察机关和司法行政机关合二为一,联邦总检察长即为司法部长,尽管美国的司法警察署受联邦司法部领导,但其主要职能是围绕法院审判活动开展。在法国,尽管同为三权分立的国家,但其司法权不仅归属于司法机关的法院,也归属于行政机关的行政法院,其检察机关虽然附设于法院,但受政府司法行政机关的领导和指挥。法国的警察分为司法警察和行政警察,由国家警察总署直接领导,均属于行政机关,而司法警察的职能则是根据刑事诉讼法典的规定,发现和查明犯罪,查找犯罪行为人,收集犯罪证据,协助共和国检察官和预审法官完成有关侦查活动。[①] 我国司法机关仅指人民法院和人民检察院,两者依照法定的职权与程序使用法律处理诉讼案件,公安机关、国家安全机关、司法行政机关是政府的工作部门,属于行政系统,不具有司法的性质和地位,这些机关的警察均不属于司法警察。由于我国司法体制是人民司法制度即中国特色社会主义司法制度。[②] 因此我国司法警察的职能有明显的中国特色,相对来说较为综合,涵盖职能种类较多,但细分程度以及具体执行程序不够完善。既有对司法机关及有关人员履行安全保护职能、根据司法机关或者司法官(指法官和检察官)依法发出的司法决定履行强制执行职能,也有在检察官指挥下履行协助性侦查职能。鉴于法院和检察院在审判和检察活动中司法警察所对应的职能有所区别,本文着重从检察机关司法警察职能的深化进行探讨。

二、目前我国检察机关司法警察主要履职概况

(一)检察机关司法警察履行职能的依据及职能涉权分类

目前我国没有专门的司法警察法对司法警察履职予以规定,检察机关司法警察履行职能依据的法律法规主要体现在两方面:一是较为分散地体现在现有

---

① 吴玲:《法国司法体制》,载豆丁网,http://www.docin.com/p-966480446.html。

② 由于我国实行"一国两制",我国大陆是社会主义法系,接近于欧洲大陆法系,香港属于英美法系,澳门、台湾属于大陆法系,鉴于篇幅原因,本文仅从我国大陆法系中的司法体制进行探讨。

的法律、行政法规和部门规章中。譬如警种设立及部分警察权体现在《人民警察法》8章52条当中除第二章专门规定公安机关职权职责及个别条款外的其他条款。在《中华人民共和国枪支管理法》《中华人民共和国人民警察使用警械和武器条例》中规定了司法警察有权使用枪支及警械的内容。在《人民警察制式服装及其标志管理规定》《人民警察警衔标志式样和佩戴办法》和《人民警察警衔工作管理办法》《授予退（离）休人民警察警衔荣誉章的规定》《人民警察警徽使用管理规定》中，规定了司法警察的服装、警衔、标识、警徽等内容。二是集中体现在司法解释和检察机关部门规章中。譬如《人民检察院司法警察条例》《人民检察院司法警察执行职务规则（试行）》《人民检察院司法警察看管工作细则》《人民检察院司法警察押解工作规则》《人民检察院司法警察警衔工作管理细则》《人民检察院枪支管理规定》《人民检察院司法警察装备暂行规定》等。这些司法解释及部门规章对检察机关司法警察职能履行的范围及具体内容作出了明确的规定，总的来说主要有三大工作领域：一是刑事侦查中的协助职能。保护直接立案侦查案件的犯罪现场（该项职能随着检察机关对职务犯罪侦查权移交到监察委而不再具备），参与搜查、勘验、检查，参与讯问，参与调查取证，追捕逃犯，寻找涉案当事人、证人等。二是检察活动中的执行及协助执行职能。如执行传唤、拘传，执行送达，执行押解、看管、提押，协助执行其他强制措施、参与执行死刑临场监督，协助执行查封、扣押等。三是对检察机关、检察活动场所及检察人员的安全保卫职能。保护办公场所安全，维护办公秩序，防范办案安全事故，保障检察人员的人身安全，保护出席法庭及执行死刑临场监督检察人员的安全，协助维护群众来访场所的秩序和安全，参与处置突发事件。

上述三大工作领域涉及的警察权方面有：关于协助侦查方面采取的强行带离、强制约束、强行开启等，必要时可使用武器警械；为了维护检察或者侦查秩序，保障检察人员人身安全，保护人民生命财产安全，对突发重大暴力犯罪依法实施的特别措施及办法方面采取武器警械使用权、现场管制权、紧急征用和使用权等；关于直接立案侦查案件犯罪现场保护、执行看管、押解以及来访场所秩序和安全维护方面可采取犯罪现场警戒权（目前不再具备）、来访场所警卫权、看管场所警戒权、强行隔离、盘问检查、留置审查、扣留物品、强行带离等，必要时可使用武器警械。

在司法实践当中，笔者认为，根据司法警察履行职能是否依据于法律法规等规范及检察机关的决定,可以在没有检察官在场的情况下独立行使职权或者是依据于检察官依法作出司法决定以协助的角色行使职权可分为保障型职能①和协助型职能。保障型职能一般含括执行传唤、拘传、提押、送达、看管、押解、对专门场所及实施检察活动的检察人员警卫保护、对公民人身、财产安全受到侵犯或者处于其他危难情形实施救助、对拒绝或者阻碍检察官和人民警察依法执行职务的行为予以制止。协助型职能一般含括协助检察机关补充侦查权及调查权的实施,如协助搜查、协助检察官调取证据、讯问、询问、协助执行强制措施、协助执行扣押、查封任务、协助追捕逃犯,也包括对突发事件及死刑临场监督的参与处置。对刑事诉讼法中规定的检察机关对证人的保护,个人认为应归属于在检察官的主导下进行的协助型职能。上述分类有助于司法警察更加清晰何种情况下应主动而相对独立地履职的情形以及何种情况下需要在检察官的指挥下或者发出的司法决定进行履职。从而为深化司法警察职能履行提供清晰的导引。

(二) 目前我国检察机关司法警察职能履行现状

我国检察机关目前司法警察人数1万多名,尽管高检院要求,在检察机关专项编制中,需按全院干警人数8%~12%的比例配备司法警察。但长期以来,由于体制、编制、思想观念、地区经济和地域发展程度等因素,各地检察机关司法警察人数配备满编的极为少数,加上一些历史因素,各地司法警察人员年龄架构偏大,专业知识水平不够,而且实际当中由于对司法警察职能履行的认识偏差,造成目前我国一些地方的检察机关司法警察在履行职能中不够专业,主要表现在两个方面:一是没有厘清检察官与司法警察职能的区别,对司法警察参与检察活动的认识不深,仍然以检代警,而依法应由司法警察履行的职责却由检察官直接实施,譬如文书送达、看管犯罪嫌疑人、传唤等工作等;有的检察院办案任务繁重,办案人手不够,让司法警察与检察官同等行使检察权、监督权,没有差异地办理检察业务。有的地方甚至在组建司法警察队伍过程中,将单位的其他工作如专职司机、机关卫生、报纸收发等作为司法警察的主要工作。二是没有建立统一、规范的管理模式。有些检察机关由于对司法警察工作重视不够,尽管组建司法警察部门,但采用分散管理的方法,司法警察散布于各个业务部门或者综合部门,由各部门负责管理,使司法警察队伍失去了

---

① 保障型职能也可称之为独立型职能,即在相对独立的情况下履行保障检察业务正常开展的职能。

科学、有效、统一管理的基础，严重影响司法警察职能作用的发挥。有些地方由于较为发达，经济水平较高，理念较为先进，对司法警察队伍的建设也比较到位，司法警察履职的专业性也比较高，但往往也受限于行政编的警力不足的困境，对司法警察各项职能也是通过选择性的侧重履行。

无论是在司法警察建设方面较为落后的还是较为先进的检察机关，司法警察履职情况基本可以以自侦部门转隶为界限进行划分。转隶前，我国检察机关司法警察主要侧重于保障自侦部门查办案件，履行部分协助侦查及执行职能，履职情况较多的有：参与搜查、执行提押、看管、押解、传唤、拘传，协助执行其他强制措施及协助追逃。兼顾保障检察机关办公及接访场所安全及文书送达。而履职情况较少的譬如直接立案犯罪现场的保护，出席法庭及死刑临场监督、检察人员的安全保护、协助调取证据、协助查封、扣押等。转隶后，检察机关的司法警察相对较为侧重于保障机关及接访场所安全，协助监察委移送起诉案件的强制措施执行、提押、看管、押解及文书送达。司法警察职能履职种类随着自侦转隶而相对有所减弱。对于目前这种情况，有不少司法警察感到困惑，甚至有些论调认为，随着自侦部门的转隶，检察机关的司法警察队伍应该解散甚至取消该警种的设置。笔者认为，造成这种思想误区是由于对世界各国及我国司法警察设立的原因及作用没有深层次的认识，关于世界各国及我国司法警察设立的原因及作用本文前面已有叙说，此处不再重复。这里从目前检察机关司法警察的职能进行考量。首先，要清楚认识到，检察机关司法警察是保障整个检察活动正常秩序的警察，而不仅仅是保障自侦部门侦查案件的警察。其次，随着我国司法体制的深化改革，自侦部门的转隶，检察机关原有侧重自侦办案，兼顾刑检，其他监督部门相对弱化的局面发生彻底的改变，检察机关通过全面综合提升各部门业务重心，提高监督层面，全面强化检察机关履行法律监督职能的作用，那么随之司法警察保障检察机关开展检察业务范围更广，涉及职能更多。可以看到的是，有不少理念较为先进的检察机关，对于司法警察履职现状根据实际作出了不少调整，以适应司法改革的新需求，但多数均侧重于保障型职能的履行，涉及协助型职能较少。作为检察机关面向国际的前沿阵地——自贸区检察机关，其检察业务的开展更要以公正、高效、权威为目标，那么作为自贸区检察机关司法警察应深化其职能履行，为自贸区检察机关履职提供深层有效的警务保障。

三、自贸区检察机关司法警察职能深化方向

笔者认为,自贸区检察机关司法警察职能深化方向应紧紧围绕自贸区检察机关保障自贸区建设重点展开,司法警察中的保障型职能主要保障检察业务顺利开展、协助型职能可以提高检察业务效率及检察机关分类职能清晰化,考虑到一般自贸区检察机关现有警力状况,有条件地开展自贸区检察业务中司法警察职能深化,本文从以协助性职能为主,保障型职能为辅的角度进行探索,主要有以下两方面:

(一)探索自贸区检察机关司法警察参与自行侦查,保障公诉指控犯罪职能的效率及质量

《刑事诉讼法》第175条第2款规定,"人民检察院审查案件,对于需要补充侦查的,可以退回公安机关补充侦查,也可以自行侦查"。《人民检察院刑事诉讼规则(试行)》第380条规定,"人民检察院认为犯罪事实不清、证据不足或者遗漏罪行、遗漏同案犯罪嫌疑人等情形需要补充侦查的,应当提出具体的书面意见,连同案卷材料一并退回公安机关补充侦查;人民检察院也可以自行侦查,必要时可以要求公安机关提供协助"。第383条规定,"人民检察院在审查起诉中决定自行侦查的,应当在审查起诉期限内侦查完毕"。然而司法实践中,由于公诉部门案多人少,自行侦查占用审查起诉期限,加上退回公安机关补充侦查既不占用公诉部门的办案人手,也不占用审查起诉期限,而且鉴于个别原因的考虑,通过退查后审查期限重新计算,可以起到"延长审查期限"的效果,因此,检察机关很少自行侦查,导致"自行侦查权"形同虚设,影响公诉案件的效率及质量,弱化法律监督职责。而公安机关强调的是破案率,主要侧重案件侦查终结移送审查起诉,对后续的补充侦查工作重视不够。并且公安机关在补查不力的情况下,公诉部门往往将案件再次退回,二次退查后只能作出不起诉或者"存疑"起诉的决定,影响指控犯罪职能的有效发挥。作为自贸区检察机关,为提升办案效率及办案质量,充分发挥打击犯罪的公诉职能,为自贸区发展营造平安稳定的法治环境,理应加强自行侦查。

笔者认为,通过深化司法警察协助公诉部门自行侦查的方式,在一定程度上可以有效解决公诉部门案多人少,侦查方式比较单一,侦查效果不明显,办案周期过长等问题。因为司法警察在自侦转隶前主要侧重自侦部门侦查办案保障,对侦查手段侦查方式及侦查程序较为熟悉,对证据的调取,侦查措施的

使用也有较深的参与程度。那么通过加强司法警察的协助型职能履行，以保障型职能为辅，协助公诉部门派员自行侦查的开展，或者根据检察官的指挥，相对独立完成某项较为简单的侦查事项。在一定程度上可以解决公诉部门案多人少、审查期限紧张的情形，也更加有效地整合检察机关的司法资源。另外，对监察机关移送的案件，根据《中华人民共和国监察法》第六章第47条规定，检察院对监察机关移送的案件，必要时可以自行补充侦查。司法警察对职务犯罪办案流程比较了解，更容易理解检察官对补充证据的需求，通过司法警察参与自行侦查，让公诉部门更为有效地对职务犯罪案件进行审查起诉，为自贸区发展打造良好的政务廉洁环境。一方面，将司法警察的侦查工作优势和检察官的诉讼业务优势有机结合起来；另一方面，利用司法警察保障型职能对自行侦查过程的安全保障，可以更好地实现检察机关法律监督职能。

（二）探索自贸区检察机关司法警察参与调查取证，保障公益诉讼顺利开展

"建立检察机关提起公益诉讼制度是党的十八届四中全会提出的改革要求，是党的十九大关于建设中国特色社会主义法治体系、建设社会主义法治国家的重要制度安排。由于公益诉讼案件中调查取证难度很大，为避免出现因证据收集不及时、不充分导致的程序'空转'，充分发挥公益诉讼制度功能，及时有效保护社会公共利益，《解释》[①]第6条规定，人民检察院办理公益诉讼案件，可以向有关行政机关以及其他组织、公民调查收集证据材料；有关行政机关以及其他组织、公民应当配合；需要采取证据保全措施的，依照民事诉讼法、行政诉讼法相关规定办理。"本文中的公益诉讼，是指检察机关，根据法律的授权，对侵犯国家利益、社会公共利益或不特定的他人利益的行为，向法院起诉，由法院依法追究相对人法律责任的诉讼活动，包括民事公益诉讼和行政公益诉讼。

民行部门办理的公益诉讼中，涉及面广，利益牵扯多，有行业性的垄断、限制竞争、不正当竞争、侵犯不特定消费者权益、各种食品药物环境安全，也包括了行政执法部门在执法过程中由于众多原因没有行使和发挥好行政职能。因此，所需调查取证内容往往较为繁杂，证据获取十分不易，并且在调查过程

---

① 江必新：《认真贯彻落实民事诉讼法、行政诉讼法规定全面推进检察公益诉讼审判工作——〈最高人民法院、最高人民检察院关于检察公益诉讼案件适用法律若干问题的解释〉的理解与适用》，中华人民共和国最高人民法院网，http://www.court.gov.cn/zixun-xiangqing-83602.html。

中容易受到各种阻碍甚至是出现暴力威胁抗拒执行公务的情况。一般检察机关的民行部门，办案人员少，并且还需要履行民事行政诉讼方面进行法律监督的职责，这就造成民行部门在办理公益诉讼时更加感到捉襟见肘，工作难以开展。而自贸区在经济高速发展的过程中，生态环境安全、食品药品安全、国有资产安全、国有土地使用权出让安全等领域更容易出现国家利益和社会公共利益受到侵害的情况。自贸区检察机关民行部门在履行公益诉讼职责时需要更多的司法资源支持。

笔者认为，一方面，司法警察通过主要履行协助型职能保障公益诉讼的开展。譬如，根据案情需要，参与调取证据时，协助检察官询问当事人、证人或其他涉案人员，参加相关书证、物证和视频资料等证据的收集、调取工作。协助检察官、专业技术人员，依法对涉案现场进行勘验，在检察官的指挥下，对涉案现场进行警戒隔离。另一方面，司法警察通过履行保障型职能，譬如保护相关证据资料及涉案物品，防止发生转移、隐匿或者销毁的情况出现；对以暴力、威胁或者其他方法妨碍现场勘验活动的人员，应及时予以控制，并保护现场检察人员或勘验人员的人身安全，承担参加公益诉讼案件有关检察人员和重要证人的出庭保护职责。

自贸区检察机关电子卷宗共享应用的逻辑进路

许洁琳[*]

【摘　要】电子卷宗共享系统的应用，是贯彻实施科技强检战略的创新举措，也是检察机关探索信息化建设的有益尝试。在自贸区优化营商环境大背景下，新时期检察机关应深化信息化建设，加强电子卷宗共享应用，助推检察工作提档加速。本文结合南沙自贸区检察工作实际，对电子卷宗共享应用的逻辑进路进行探讨和思考。

【关键词】自贸区　检察机关　电子卷宗　共享　信息化

一、自贸区检察机关部署应用电子卷宗管理系统的背景及其现实意义

（一）自贸区检察机关部署应用电子卷宗管理系统的背景

电子卷宗是检察机关将装订成卷的纸质案卷材料，依托数字影像技术、文字识别技术、数据库技术等媒介技术将纸质案件材料制作而成的具有特定格式的电子文档和相关电子数据。随着全国检察机关统一业务应用系统的上线运行，检察机关逐渐实现网上办案，传统的纸质卷宗已不能满足案多人少的办案需求，在此情况下，电子卷宗管理系统顺应检察机关信息化发展潮流应运而生，助推网上办案智能化。电子卷宗的应用，实现了案件卷宗的同步数字化，是新时期检察机关创新工作机制的重要举措，也是加强信息化建设的关键一环。2015年12月，最高人民检察院审议通过了《人民检察院制作使用电子卷宗工作规定（试行）》，进一步规范了检察机关电子卷宗的制作范围、制作要求以及制作方式。

---

[*] 许洁琳，广东省广州市南沙区人民检察院案管中心科员，检察官助理。

（二）自贸区检察机关部署应用电子卷宗管理系统的现实意义

1. 提高办案效率。电子卷宗共享系统应用是顺应时代发展潮流，提高办案效率的重要途径。解放检察生产力，提升办案效率是信息科技应用的重要价值。自贸区的宽松政策和激励措施焕发了投资生机和人流涌入，贸易和人口红利也逐渐显现。在迎来新的发展机遇的同时，各种高发犯罪也接踵而来，自贸区检察机关案多人少的矛盾日益突出，检察生产力日渐趋于饱和，对其服务和保障自贸区营商环境建设产生一定的掣肘。在此情况下，电子卷宗共享系统顺应时代发展潮流应运而生，成为新时期提升检察办案效率的重要手段，打破了传统办案模式下检察生产力日渐趋于饱和的困境。相比于传统纸质卷宗，电子卷宗传输速度快、共享性能强、方便保存等特性大大缩短了检察官的办案周期，提高办案效率。因此，电子卷宗管理系统的部署和应用是新时期自贸区检察机关提升办案效率的重要引擎，换言之，检察机关要提升办案效率，就要加强和深化电子卷宗系统应用，让其释放出检察生产力的红利，集中力量保障检察院一线办案的效率，提高司法资源的能效。

2. 提升办案质量。随着自贸区的成立和发展，自贸区犯罪案件错综复杂，犯罪主体多元化、国际化；犯罪手段隐蔽化、专业化；跨境、跨国、跨区域的犯罪逐渐增多等这些自贸区特有的标签，都给检察机关的执法办案增加了不少侦查难度，同时也对检察官承办案件的业务能力提出了新的要求，在检察机关服务保障自贸区营商环境建设的大背景下，如何提升检察机关的办案质量成为摆在我们面前的一道现实难题。案件卷宗是检察机关司法办案的重要载体，案件的事实、证据、程序都是通过卷宗呈现，直接反映检察机关的办案质量、效率和效果。[①] 新时期自贸区检察机关要善于和勇于将信息科技融入到检察工作中，将信息科技的创新成果深度融合于自贸区检察工作之中，加强和深化电子卷宗共享系统应用，提升自贸区检察机关的办案质量。电子卷宗共享系统可以实现网上阅卷，在检察官办案组这种多人办案模式下，可以多人同时阅卷，加强证据研判分析，提升办案质量。电子卷宗不仅可以供多人同时在线查阅，还可以转换成文本格式，大大方便了经办检察官复制、摘抄案卷笔录、证据等，同时，检察院案管部门也可以依托电子卷宗系统，对办案过程进行同步监督，

---

① 申云天、宋少鹏：《健全机制推进电子卷宗系统应用》，载《检察日报》2015年12月9日第3版。

进一步强化案件质量。①检委会讨论、决定重大疑难案件时，承办人可以在汇报前将电子卷宗共享给各参会委员，有利于其全面了解案情，提高汇报效率和检委会决策质量。②

3. 强化律师执业权利保障。南沙自贸区距离市区较远，对于一些信息量巨大、卷宗繁多的案件，律师当场实体阅卷的时间较长，也容易产生卷宗灭失损坏的风险。电子卷宗系统上线运行后，律师完全实现无纸化电子阅卷，将扫描好的卷宗文件从电子卷宗系统导出刻录成光碟，律师可以灵活地安排阅卷的时间和场地。电子卷宗系统的应用既简化阅卷程序，又确保诉讼卷宗安全，给律师阅卷提供了便利，充分保障律师的执业权利的同时也提高了检察机关的司法服务质效。

二、当前电子卷宗共享存在的问题

电子卷宗共享系统的部署和应用，是检察机关对科技强检战略的积极尝试和有益探索，并取得了一定的成效，但在实际应用中，仍存在一些不容忽视的问题。

（一）原始卷宗制作不规范

检察机关电子卷宗的制作，很大程度上关系到公安机关对原始卷宗的制作和装订是否规范完善。但目前由于原始卷宗的制定和装订没有统一规范，工作实践中，公安机关移送的原始纸质卷宗存在以下问题：（1）装订太厚。一般来说，纸质版卷宗装订不应超过2厘米，但是公安机关移送过来的卷宗有的甚至多达两三百页，厚度超过2厘米。（2）纸张大小不一。卷宗的纸张大小一般采用A4纸制作，但在工作实践中，公安机关制作的卷宗，除了A4还有A3，甚至还有更大的四开图纸；一些交通肇事的案件卷宗，还经常附有相片、硬纸板等不方便直接在扫描仪上过机的材料，需要先另行复印，再重新扫描。（3）页码编制不规范。当前公安机关的卷宗页码编制多数采用人工手动编码，容易出现跳页、重页等情况。以上这些问题，使得扫描过程中容易出现页面歪斜、多页少页、模糊乱码等异常，严重影响扫描质量和效果，导致检察机关制作的电子卷宗跟公安机关的原始卷宗不完全一致。

---

① 刘恒恒：《电子卷宗应用问题研究——以检察系统应用为视角》，载《法制与社会》2017年第19期。

② 吴锐利、历晓兰：《拓展共享功能　深化电子卷宗应用》，载《检察日报》2017年6月2日第3版。

（二）共享应用利用效率不高

电子卷宗系统的应用和推广，打破了检察机关内部垂直信息壁垒，但在横向部门之间，目前仍不能实现跨部门信息共享，存在信息孤岛的现象。公检法虽属不同职能部门，各司其职，但三者均为政法机关的重要组成部分，特别是在刑事案件中，公检法的职能联系更为密切，处于同一司法程序链上，电子卷宗的横向共享显得尤为重要。但目前检察机关的电子卷宗只能进行垂直共享而不能实现横向信息传递导致其信息共享的利用效率不高。

（三）系统本身存在的问题

检察工作实践中，电子卷宗的完整制作过程一般是由案管人员利用高速扫描仪将纸质版卷宗制作成电子卷宗，并上传至电子卷宗管理系统，经其识别完成后方可在全国检察机关统一业务应用系统上显示。但电子卷宗管理系统运行不稳定，卷宗文件上传更新速度较慢，特别是一些涉及团伙诈骗、盗窃等证据信息庞大、卷宗材料繁多的案件，系统识别时间过长，容易影响律师申请阅卷时的导出效率。另外，在冲案高峰期，一般在月尾和年底内网系统会不同程度出现网络拥堵、访问失效、服务器响应时间过长等情况，一方面，直接影响了电子卷宗管理系统的应用体验，不利于检察工作的顺利开展；另一方面，电子卷宗制作时间耗费长、工作量大等给案管部门带来一定的工作负担，容易冲淡案管部门的主责主业。

三、当前国内各地政法机关信息共享平台建设经验借鉴

目前，南沙自贸区尚未建成政法机关电子卷宗共享平台，电子卷宗只能在检察系统内垂直共享，而不能对其他政法机关横向传递，这对电子卷宗的信息利用效率大打折扣，不利于检察机关服务保障自贸区的营商环境建设。因此，及早建立政法机关间的信息共享机制，建立信息交换平台，开展信息共享应用，是当前我国政法机关的迫切需要，也是国家机关信息化发展的重要内容。[①]近年来，全国各地纷纷探索政法机关信息共享平台建设，取得了一定的成效并形成可复制的先进经验，值得我们借鉴。

---

① 秦仲学、张启浩:《建立政法机关网络信息交换与共享机制势在必行》，载《智能建筑》2010年第6期。

（一）赤峰市检察院的"公检法电子卷宗共享传输平台"

赤峰市检察院依托电子检务工程，以大数据运用为引领，以点对点专线联网为载体，创新搭建电子卷宗数据共享平台，实现公检法三机关纸质案卷数字化流转，推动了"智慧检务"进入"数据流"发展新阶段。电子卷宗数据共享平台将法院、检察、公安三个机关之间的电子卷宗形成数据流，实现高效传递，改变了以往案卷需要人工传送的传统工作模式，提高了办案效率、降低了司法成本。

（二）昆山市在公检法之间建立政法信息共享平台

江苏省昆山市在公检法之间建立政法信息共享平台，实现诉讼案件信息共享和流转，有效节约了人力资源，提高了诉讼效率。在昆山，公安机关通过信息共享平台，能零时间向检察院移送案卷电子档。检察院收到后可直接用于登记案卡，摘录证据后制作阅卷笔录、撰写法律文书。检察院审查后直接把批捕决定书通过平台发送给公安机关，公安机关打印出文书后马上执行。案件移送起诉时，公安机关同时将文书卷和电子卷移送检察院，检察院审查后把起诉书和证据材料的电子档发给法院，法院可直接用于网上办案。法院判决书制作后可直接发送检察院，检察院可以直接打印。判决生效后，法院将判决书电子档直接发送看守所执行。政法信息共享平台的建立，实现了案件数据自动交换和数字化办案。只要是可以共享的信息资源，政法部门之间均可以通过平台自动交换，并通过采集功能自动进入各自的办案系统。可以说，自动交换功能的建立，使政法部门重复录入相同内容的现象一去不复返。[①]

（三）贵阳市建设政法大数据共享应用平台

贵州省贵阳市依托大数据发展契机，把司法体制改革与大数据紧密结合，建设政法大数据共享应用平台，在全国率先实现了政法信息综合管理。这不仅破除公、检、法办案壁垒，打通了政法"高速公路"，还有效解决了"案多人少"难题，让办案人员随时了解案件审查情况，有助于互相监督，加以借鉴和规范。 随着政法大数据办案系统的上线，贵阳市制定《政法共享数据接口的业务数据交换标准与规范》，统一公、检、法三家的业务流程标准、数据结构标准、数据交换标准以及安全标准。在公安机关法制部门签收案件后，将进行

[①] 《创新政法信息共享平台》，载《检察日报》2011年11月28日。

证据材料的实质性审查,审查结束,一键移送起诉,将电子卷宗移送至检察机关,同时,将与电子卷宗一一对应的纸质卷宗在 24 小时内移送检察机关。一直以来制约公、检、法等部门实现信息网上传输和数据共享的壁垒被打破,直接使这些部门相互衔接、沟通、协作畅通,打破"信息孤岛"。大量相同的法律文书、证据材料等信息网上流转共享,不仅缩短了办案周期和成本,更增加了办案质量和效率。①

四、自贸区政法机关电子卷宗协同共享的逻辑进路

信息科技应用的广度和深度,直接关系到检察机关的综合实力和工作水平。自贸区检察机关如何借力信息科技,破解当前自贸区司法领域存在的难点、痛点,成为进一步深化检察改革创新、服务保障自贸区营商环境建设的关键一环。随着科技强检战略的深入推进,智慧检务也已拉开了时代的序幕,未来已来,信息科技风暴席卷了整个世界,也深刻地影响着我们的工作理念和工作方式。智慧检务的蓝图已然绘就,创新发展正当其时。无论是赤峰经验还是昆山、贵阳的成功案例,无疑都在告诉我们,自贸区建立政法机关电子卷宗协同共享平台势在必行。

(一)以部门需求为导向

如前所述,公检法虽属不同职能部门,各司其职,但三者均为政法机关的重要组成部分,特别是在刑事案件中,公检法的职能联系更为密切,处于同一司法程序链上。但是目前政法机关各部门,案件业务信息的传递都是单向的,且每个部门的信息触面有限,难以形成完整的信息网,延伸监控的触角。从总体上讲,公检法相互之间都存在对对方案件信息数据的需求,双向需求因素大于单向需求因素,这是建立政法机关信息交换与共享工作机制的基础,也是实现信息共享的优势。②因此,从政法机关各部门信息需求的角度来看,以电子卷宗管理系统为基础,建立自贸区政法机关电子卷宗协同共享平台是信息化发展的必然趋势。

---

① 《数据共享破"信息孤岛"》,载《法治生活报》2017 年 7 月 13 日。
② 秦仲学、张启浩:《建立政法机关网络信息交换与共享机制势在必行》,载《智能建筑》2010 年第 6 期。

（二）以数据共享为途径

数据共享就是让在不同地方使用不同计算机、不同软件的用户能够读取他人数据并进行各种操作、运算和分析。互联网时代已经带来，自贸区也迈入信息化的高速进程。"数据"是信息时代最重要的资源，而"共享"则是这个时代最鲜明的标签。当前电子卷宗共享应用最大的困境之一就是不能打破横向信息壁垒，实现跨部门共享传输，政法机关不同部门之间就像一座座信息孤岛，信息之间不能得到及时有效的衔接，影响政法工作的开展和质效。因此，当前自贸区检察机关要深化信息化建设，就要充分运用共享思维，让数据共享成为释放检察生产力的重要引擎，破解政法机关跨部门之间信息孤岛的困境，向数据要效率。让数据多跑路，积极推动政法机关部门之间数据共享，实现信息效用最大化。所以说，数据共享是建设政法机关电子卷宗协同共享平台的必由之路和重要途径。

（三）以业务协同为目标

政法机关各部门之间虽然业务、职能不同，但是彼此紧密联系，相互贯通，因此，自贸区政法机关电子卷宗协同共享平台的建设应以实现业务协同为价值目标。如人民法院将其开庭通知书、判决书、上诉状、二审裁判情况等文书信息共享给检察院，大大方便检察机关通过共享平台及时、有效地开展审判活动监督，及时掌握案件进展和动向；监狱等刑罚执行机关可及时向检察机关提供减刑、假释、保外就医、变更强制措施、刑满释放等刑罚执行信息，与检察机关的刑事执行检察科直接对接，架起跨部门互通互联的信息桥梁，实现业务数据实时同步传输，从而提高检察机关对刑罚执行的监督水平，进一步促进司法行为的规范化等。业务协同可加强部门联动，聚合部门职能，助推自贸区政法工作提质增效。

国际化、法治化的营商环境对自贸区检察工作提出了新的要求。[①] 新时期为进一步深化自贸区检察改革创新，在更高的站位上，以更高的标准、更宽的思路开展服务保障自贸区法治化营商环境建设，就要在信息化的浪潮中勇立潮头，做好互联网时代检察工作的加法，让电子卷宗共享应用成为释放检察生产力的新引擎，助推自贸区检察工作提档加速。

---

① 朱毅敏、吴加明：《探索建立与自贸区建设相匹配的检察工作模式》，载《人民检察》2014年第8期。

图书在版编目（CIP）数据

服务保障自贸区·大湾区建设检察理论与实务/赵剑主编.
—北京：中国检察出版社，2018.11
ISBN 978-7-5102-2227-6

Ⅰ.①服… Ⅱ.①赵… Ⅲ.①自由贸易区—检察机关—工作—研究—南沙区 Ⅳ.① D926.32

中国版本图书馆 CIP 数据核字（2018）第 267519 号

服务保障自贸区·大湾区建设检察理论与实务
赵 剑 主编

出版发行	中国检察出版社
社　　址	北京市石景山区香山南路 109 号（100144）
网　　址	中国检察出版社（www.zgjccbs.com）
编辑电话	（010）86423707
发行电话	（010）86423726　86423727　86423728
	（010）86423730　68650016
经　　销	新华书店
印　　刷	北京宝昌彩色印刷有限公司
开　　本	710mm×960mm　16 开
印　　张	19.5　插页 4
字　　数	329 千字
版　　次	2018 年 11 月第一版　2018 年 11 月第一次印刷
书　　号	ISBN 978-7-5102-2227-6
定　　价	58.00 元

检察版图书，版权所有，侵权必究
如遇图书印装质量问题本社负责调换